**SILKE PORATH /
SÖREN PRESCHER**

Mörderische
Sächsische Schweiz

KRIMINELL SCHÖN »Endlich mal raus aus dem täglichen Trott in der Buchhandlung. Nichts als Natur und Kultur.« Buchhändlerin Meta Malewski möchte ausspannen und macht sich mit viel Zeit und der Kamera im Gepäck auf in den südöstlichsten Teil Deutschlands. Ihre Reise führt sie nach Pirna, Struppen, Königstein, Wehlen, Rathen, Hohnstein, Stolpen, Sebnitz, Bad Schandau, Schöna und Bad Gottleuba. Doch die Hobbyfotografin bekommt nicht nur grandiose Landschaften und weltbekannte Kulturdenkmäler vor die Linse, sondern trifft auch viele Menschen, die ihr spannende und amüsante Geschichten erzählen. Meta merkt: die Sächsische Schweiz kann auch ganz schön kriminell sein …

Silke Porath und Sören Prescher haben im Gmeiner-Verlag bereits die kriminellen Reiseführer über die Donau und die Lausitz veröffentlicht. Beide sind Mitglied bei den 42er Autoren und haben bereits zahlreiche Romane veröffentlicht.

Silke Porath ist auf der Schwäbischen Alb aufgewachsen. Die Lehr- und Studienjahre verbrachte die bekennende Schwäbin zum Teil im badischen Exil. Heute lebt sie mit ihrem französischen Mann wieder in ihrer Heimatstadt Balingen. Die ausgebildete Redakteurin und PR-Beraterin hat drei Kinder. Ihre Leidenschaft gilt dem Schreiben und das vermittelt sie als Schreibtrainerin großen und kleinen Autoren. Ihre Geschichten und Romane wurden mehrfach ausgezeichnet. www.silke-porath.de

Sören Prescher ist in Bautzen geboren und wohnt mit seiner Familie in Nürnberg. Neben seiner Arbeit für ein internationales Wirtschaftsunternehmen schreibt er für das Nürnberger Musik- und Kulturmagazin RCN. In den vergangenen Jahren erschienen mehrere Romane von ihm, die von Steampunk über Mystery und Horror bis zu Thrillern beinahe sämtliche Genres abdecken. Weitere Infos: www.soeren-prescher.de.

SILKE PORATH / SÖREN PRESCHER

Mörderische Sächsische Schweiz

11 Krimis und 125 Freizeittipps

GMEINER

Dieses Werk wurde vermittelt durch
die Literarische Agentur Ashera GbR, 87733 Markt Rettenbach
sowie durch
die Literarische Agentur Thomas Schlück GmbH, 30827 Garbsen

Immer informiert

Spannung pur – mit unserem Newsletter informieren wir Sie
regelmäßig über Wissenswertes aus unserer Bücherwelt.

Gefällt mir!

Facebook: @Gmeiner.Verlag
Instagram: @gmeinerverlag
Twitter: @GmeinerVerlag

Besuchen Sie uns im Internet:
www.gmeiner-verlag.de

© 2017 – Gmeiner-Verlag GmbH
Im Ehnried 5, 88605 Meßkirch
Telefon 0 75 75 / 20 95 - 0
info@gmeiner-verlag.de
Alle Rechte vorbehalten
4. Auflage 2020

Lektorat: Claudia Senghaas, Kirchardt
Herstellung: Mirjam Hecht
Umschlaggestaltung: U.O.R.G. Lutz Eberle, Stuttgart
unter Verwendung eines Fotos von: © manfredxy / shutterstock.com
Druck: Custom Printing Warschau
Printed in Poland
ISBN 978-3-8392-2064-1

INHALT

METAS AUFBRUCH

Mit einem schwachen Pusten entfernte Meta Malewski die Staubkörnchen vom Armaturenbrett. Dann steckte sie den Schlüssel ins Zündschloss, atmete einmal tief ein und startete den Wagen. Hatte sie wirklich an alles gedacht? Meta schaltete den Motor wieder ab. Es war bereits halb drei am Freitagnachmittag. Eigentlich hätte sie seit zwei Stunden unterwegs sein wollen. Ein ereignisreiches Wochenende lag vor ihr. Ohne nervende Kunden, ohne nörgelnden Chef und ohne das Gefühl, wieder einmal den halben Tag mit dem Staubwedel vergeudet zu haben.

Meta mochte ihren Job, irgendwie. Aber als Buchhändlerin verkaufte sie eben nicht nur gute Geschichten, sondern war auch dafür zuständig, dass die Krimis und Romane staubfrei blieben. Sie fixierte ein imaginäres Staubkorn auf dem Tachometer und schloss die Augen hinter der gelb umrandeten Brille. Nicht, dass sie eine Brille gebraucht hätte, aber seit vor drei Jahren neben der Buchhandlung ein Optiker eröffnet hatte, war die 46-Jährige so was wie ein Brillenjunkie. Andere Frauen shoppten Schuhe, wenn die Beziehung in die Binsen ging. Meta verlegte sich auf Brillen, von denen sie mittlerweile zwei Dutzend besaß, in allen erdenklichen Farben. Und da sowieso nur Fensterglas in den Gestellen war, auch recht günstig erstanden. Wie jenes Modell, das sie heute trug. Das Gelb biss sich zwar ein wenig mit dem Fahlbraun ihrer Haare, passte dafür aber exakt zu den Streifen auf ihrem Shirt.

Mit geschlossenen Augen ging sie die Packliste durch. Die Brillen hatte sie schon am Vorabend mit den Klamotten im Rollkoffer verstaut. Die Kamera thronte in ihrer schwarzen Polstertasche wie ein stummer Freund neben ihr auf dem Beifahrersitz. Das neue Weitwinkelobjektiv war zwar schwer, würde aber wunderbare Panoramafotos liefern. Und herrliche Panoramen, hatte sie gelesen, sollte es in der Sächsischen Schweiz jede Menge geben. Meta fotografierte noch nicht allzu lange, aber lange genug, um zu wissen, dass ihr nie ein gutes Porträt gelingen würde. Geschweige denn ein passables Foto von einem Tier, wenn das nicht tot irgendwo lag, womöglich noch als Schnitzel in der Theke beim Metzger (Food-Fotos machte sie zwar manchmal, aber daran fand sie keinen rechten Geschmack). Alles, was sich schneller als eine Schnecke bewegte, kam ihr nicht mehr vor die Linse.

Zahnbürste, Deospray und Einwegrasierer? Alles im Beautycase. Bücher? Musste und wollte sie nicht mitnehmen. Das hätte sich angefühlt, als würde ein Finanzbeamter mit einem Stapel Steuererklärungen im Gepäck in Ferien fahren. Wanderschuhe? Im Koffer. Ladekabel fürs Handy? In der Kameratasche. Ingwerbonbons?

»Mist!« Meta zerknüllte die leere Packung, die sie in der Mittelkonsole aufbewahrte. Das also hatte sie vergessen. Was kein Drama war, schließlich gab es ihre Lieblingssorte an jeder Tankstelle. Aber sie wäre gerne ohne Verzögerung losgefahren und hatte den Wagen bereits gestern Abend vollgetankt. Der schaffte die knapp 540 Kilometer von Wiesbaden bis nach Ostsachsen also locker. Aber ob sie ohne nervenberuhigende Lutschpastillen durchkäme?

»Egal, wird schon gehen«, ermunterte Meta sich selbst und startete das Auto zum zweiten Mal. Scherte aus der

Parklücke aus und lenkte den Wagen Richtung Mainzer Straße und A66. Für einen Freitagnachmittag war erstaunlich wenig Verkehr und bis zur Auffahrt auf die A5 hatte sie erstens dreimal lautstark die Lieder im Radio mitgesungen und zweitens beinahe vergessen, dass sie keine Bonbons hatte. Bis ein schwarz lackierter Lkw mit polnischem Kennzeichen just in dem Moment ausscherte, als Meta auf der linken Spur mit 160 Sachen ankam. Sie trat auf die Bremse, schnappte nach Luft und starrte auf die schwarze Wand, die unaufhaltsam näher kam. Beinahe hätte sie die Augen zusammengekniffen. Sie schlug auf die Hupe und atmete erst wieder aus, als sich der Abstand zwischen ihr und dem Laster auf ein gesundes Maß verringert hatte. Hinter dem Brummi herfahrend, überholte sie einen tschechischen Lastwagen, verkniff es sich, dem Verursacher des Schneckenrennens im Vorbeifahren einen Vogel zu zeigen, und hielt Ausschau nach der nächsten Raststätte. Es war definitiv Zeit für ein Ingwerbonbon.

Eine Tasse Kaffee, ein trockenes und viel zu teures Salamibrötchen und einen Abstecher aufs Klo später saß sie wieder im Wagen. Das Navi führte sie im Feierabendverkehr an Zwickau und Chemnitz vorbei nach Dresden. Als es dämmerte, verließ sie die Autobahn und atmete auf. Nun musste sie nur noch ihre Pension in der Altstadt finden, dann hatte sie das erste Ziel ihrer Reise geschafft.

Meta reckte sich, schnappte sich die Kameratasche vom Beifahrersitz und ging über die Straße zu der kleinen Pension, die sie über das Internet gebucht hatte. In Dresden selbst war sie zwar noch nie im Leben gewesen, hatte aber schon viel Tolles über die Elbmetropole gehört. Schade eigentlich, dass ihr gar keine Zeit für das Grüne Gewölbe und den Zwinger blieb. Aber für diesen Kurzurlaub hatte sie sich die Sächsische Schweiz ausgeguckt – was ja nicht bedeutete, dass sie sich beim nächsten Mal nicht die Landeshauptstadt vornehmen würde. Genug Sehenswertes gab es hier allemal.

Als sie den breit grinsenden Glatzkopf hinter dem Empfangstresen sah, fühlte sich Meta sofort willkommen. Ihre Reservierung fand er auf Anhieb. Fünf Minuten später befand sie sich in ihrem Zimmer im zweiten Stock. Der Ausblick auf die Altstadt war traumhaft.

Lange Zeit zum Genießen blieb Meta nicht. In den ersten Monaten als Single, direkt nach der Trennung von Hajo, dem Inhaber eines Elektroladens und der Mensch, welcher ihr die Kamera und damit ein neues Hobby geschenkt hatte, war sie oft genug alleine mit der Minibar in irgendwelchen Hotelzimmern gewesen. Hatte Rotz und Wasser geheult. Und den Inhalt des winzigen Kühlschranks in sich hineingekippt, während im Fernsehen platte Reportagen liefen. Der Liebeskummer war längst verklungen, trotzdem plante Meta gerne ihre Abende. Und für heute hatte sie eine Karte im Tom-Pauls-Theater in Pirna reserviert. Blöd nur, dass das Navi eine Fahrtzeit von einer reichlichen halben Stunde veranschlagte. Und noch blöder, dass die Vorstellung bereits in einer Viertelstunde beginnen sollte. Aber vielleicht würde sie es ja noch bis zur Pause schaffen.

Meta hastete aus der Pension, zerkaute während der Fahrt – dank einiger besonders langsamer Zeitgenossen wurden es satte 40 Minuten – drei Ingwerbonbons und fand tatsächlich beim Stadtmuseum einen Parkplatz. Sie warf sich die Kameratasche über die Schulter und hastete die Dohnaische Straße hinunter. Irgendwo hinter ihr floss die Elbe, aber daran konnte sie nun keinen Gedanken verschwenden. Sie bog nach der Barbiergasse in die Schössergasse ein, staunte kurz über das auch im Dunkeln imposante Rathaus und fand das Baumeisterhaus auf Anhieb, in dem das kleine Theater untergebracht war. Sie stieß die Tür des liebevoll restaurierten Hauses auf. Oder wollte dies tun – denn es war abgeschlossen. Ganz leise hörte sie von drinnen einen Mann sächseln, das Publikum lachen und klatschen.

»Herrje.« Meta ließ sich auf den Stufen nieder. Zur Pause würde sicher jemand öffnen, sagte sie sich selbst und schob einen Ingwerdrops nach.

»Na, junge Frau, ist Ihnen nicht gut?« Ein baumlanger Kerl in den Fünfzigern stand plötzlich wie aus dem Nichts vor ihr.

»Nein, alles gut.« Meta stand auf. »Ich wollte rein, aber …«

»… die Tür klemmt?« Der Mann grinste und wuchtete sich gegen die Pforte. Tatsächlich ging sie auf.

»Theater oder Ilses Kaffeestube?« Er ließ ihr den Vortritt.

»In die Vorstellung platz ich lieber nicht rein«, antwortete Meta und musterte den Mann. Sehr gepflegtes Erscheinungsbild, erstaunlich dunkles Haar, erstaunlich viele Falten. Passte nicht ganz zusammen, sah aber attraktiv aus. Wenn auch weit entfernt von ihrem Beuteschema.

»Ich geh zu Ilse«, teilte der Mann ihr mit und es klang irgendwie wie eine Einladung. Fühlte sich auch so an, als die beiden das kleine Kaffeehaus betraten und sich nebeneinander auf ein altertümliches, dunkelrot gepolstertes Sofa setzten.

»Sie sind nicht von hier«, stellte der Mann fest.

»Nein, aus Wiesbaden«, sagte Meta.

»Aber nicht vom BKA, oder?«

Sie lachte. »Nein, nur weil das so oft im Tatort gezeigt wird, gibt es bei uns trotzdem noch andere Jobs.«

»Ich war noch nie dort.« Der Mann bestellte einen Rotwein. Meta tat es ihm gleich und orderte außerdem eine Portion Würzfleisch. Die Eierschecke würde sie bis zum Dessert abwarten, falls sie vor der zweiten Spielzeit noch Zeit hätte.

»Ich war noch nie in Pirna«, gab Meta bekannt. Sie sagte nicht, dass sie sowieso erst seit knapp 15 Minuten in der Stadt war. »Ich bin übrigens Meta.«

»Kurt«, sagte er und die beiden gaben sich die Hand. Dann mussten beide lachen. Wie das manchmal so ist, wenn zwei Wildfremde sich begegnen.

»Urlaub?«, fragte Kurt.

»Sozusagen. Und Sie?«

»Rente. Ich war bei der Stadt beschäftigt. Archivar. Aber eigentlich wollte ich Polizist werden. Wie alle kleinen Jungs.«

Meta hatte zwar ein wenig Probleme, sich den hünenhaften Kurt als kleinen Jungen vorzustellen, vergaß dann aber alles um sich herum und beinahe auch das Würzfleisch, das die Kellnerin irgendwann vor ihr abstellte. Denn als Kurt von seinem Hobby zu erzählen begann, stockte ihr der Atem: Er hatte nicht nur die Stadtgeschichte archiviert, sondern sämtliche Kriminalfälle rund um Pirna und die Sächsische Schweiz. Und schon der erste Fall, den er zwischen Burgunder und Mineralwasser erzählte, ließ ihr die Nackenhaare zu Berge stehen.

PIRNA, 2013

Ratlos. Damit konnte man den Gesichtsausdruck von Kommissar Hellstein am besten beschreiben, als er auf den Leichnam starrte. Der irgendwie zurückzustarren schien aus weit aufgerissenen, sehr toten Augen. August Hellstein unterdrückte ein der zu frühen Stunde geschuldetes Gähnen, reckte die Schultern und trat einen halben Schritt vor, darum bemüht, keine Spuren auf dem Bürgersteig vor dem Lokal »Weißes Roß« zu zerstören. Ein lauer Maiwind wehte ihm entgegen, war aber nicht unangenehm.

Wieder starrte er sekundenlang auf das Bild, das sich so gar nicht einordnen ließ, und trat dann zwei Schritte zurück. Nun hatte er quasi die Totale im Blick. Hellstein blendete die Kollegen der Spurensicherung in ihren weißen Overalls aus, die Streifenwagenbesatzung und die beiden Angestellten des Bestattungsunternehmens, die bereits mit den Füßen zu scharren schienen, um die Leiche endlich in den Zinksarg zu packen.

»Wer hat den Mann gefunden?«, fragte er automatisch und vernahm wie durch einen Nebel die Antwort des Polizeiobermeisters: »Ein Gassigänger, hat wohl einen Schock. Hund und Herrchen sitzen da hinten auf der Bank.« Hellstein scannte den Tatort und versuchte, sich so viele Details wie möglich einzuprägen. Der Tote sah auf den ersten Blick aus wie einer, der im »Weißen Roß« zu lange und zu viel gezecht hatte und dann hier hinten umgefallen war. Und auf den ersten Blick könnte man meinen, er habe sich vielleicht beim Aufprall auf einen der mit roten Geranien bepflanzten Blumenkübel, die entlang der Wirtshausfassade aufgestellt waren, das Genick gebrochen. Und zwar auf eine so saubere Art und Weise, dass sie ganz genau zum äußeren Erscheinungsbild der Leiche passte: beiger Trenchcoat, darunter ein anthrazitfarbener Anzug, der sicher einen halben Polizistenmonatslohn gekostet hatte, eine dezent grüne Krawatte und Schuhe aus weichem Leder, deren Sohlen kaum abgelaufen waren. An der linken Hand trug der Tote eine klobige Uhr. »Raubmord scheint das nicht gewesen zu sein«, mischte sich Kollege Hansen ein. Hellsteins Assistent hatte sich bis jetzt im Hintergrund gehalten und begann nun damit, Fotos vom Tatort zu machen.

»Haben wir eine Tatwaffe?«, wandte Hellstein sich an die Kollegen der SpuSi.

»Negativ.«

»Was könnte das gewesen sein?« Der Kommissar nickte in Richtung Hals des Toten. Der war, wie der Rest des Gesichts, glatt rasiert. Einzig ein Schnitt entlang der linken Halsschlagader störte das adrette Bild. Und die Blutlache, die sich auf dem weißen Hemd ausgebreitet und auf dem Kopfsteinpflaster fortgesetzt hatte.

»Spitzer Gegenstand.«

Hellstein seufzte. Und dachte dran, dass er jetzt eigentlich gar nicht hier sein müsste, wenn Kommissar Hans Jürgen Rabenschmidt und seine Partnerin Heike Gerlach nicht gleichzeitig Urlaub machen würden. Er beim Wandern auf der Schwäbischen Alb, sie bei der Hochzeit einer Cousine in Nürnberg. »Geht mich eigentlich nichts an«, murrte er innerlich und nahm sich vor, die Zuständigkeiten innerhalb der Pirnaer Polizei bei der nächsten Betriebsversammlung anzusprechen. Dann stülpte er sich die Plastikhandschuhe über, die der wortkarge SpuSi-Kollege ihm reichte, ging in die Knie und betastete das Jackett des Toten. In der Innentasche wurde er fündig. »Brieftasche, na bitte.« Das lederne Etui enthielt neben knapp 300 Euro Bargeld zahlreiche Kredit-, Vielflieger- und sonstige mehr oder weniger sinnvolle Plastikkarten. Und den Ausweis des Mannes. »Gerd Ziegler, 17. August 1974 in Stuttgart geboren, wohnhaft in Pirna, Lautenbachstraße 3.«

»Das ist ja gleich um die Ecke«, bemerkte Hansen und knipste den Ausweis in der Hand seines Vorgesetzten. Hellstein zog die Hand zurück und ließ die Papiere allesamt in einen wiederverschließbaren Plastikbeutel gleiten. Kurz dachte er daran, wie viel lieber er jetzt an der Elbe sitzen würde, aufs gemächlich fließende Wasser starren, in der einen Hand einen Becher Milchkaffee, in der anderen eine selbstgedrehte Zigarette. Aber erstens hatte er vor Jahren mit dem Rauchen aufgehört und zweitens machte sein Lieblingscafé gerade Betriebsferien wegen Umbaus. Da konnte er genauso gut mit Hansen durch das morgendlich stille Pirna zur Adresse des Toten stapfen. Das Gasthaus würden sie sich später vornehmen, denn zu so früher Stunde waren hier noch alle Schotten dicht und niemand hatte auf Klopfen und Klingeln reagiert. Verständlich, wer hatte schon Lust, im Morgengrauen zu arbeiten? Und der unglückliche Dackelbesitzer könnte seine Aussage im Lauf des Tages auf dem Revier machen. Hellstein gab den Kollegen noch ein paar dienstliche Anweisungen, dann nickte er seinem Assistenten zu. Hansen ließ den Deckel aufs Objektiv der Kamera klacken, verstaute den Apparat in der Schutztasche und reichte ihn den SpuSi-Kollegen. Die würden schon dafür sorgen, dass die Bilder in Kürze im Intranet verfügbar waren. Dann drückte er den Knopf der Fußgängerampel, an deren Pfahl die Absperrbänder leicht flatterten, wartete automatisch auf Grün, obwohl kein einziger Wagen die Königsteiner Straße befuhr, und ging los, einen halben Schritt gefolgt von Hansen.

Die Polizisten folgten der Breiten Straße bis zum Dohnaschen Platz, dann bogen sie links in die Grohmannstraße ein. Wann war er zuletzt zu Fuß da gewesen? Es musste Lichtjahre her sein. Wahrscheinlich, als er im Kino in der benachbarten Gartenstraße war. Aber mit wem? Welcher Film? Er erinnerte sich nicht, kam aber auch nicht zum Nachdenken, denn Hansen rief mit der Begeisterung eines Kindes in der Stimme: »Da sind wir schon!«

Innerlich rollte Hellstein die Augen. Entlang der Straße waren so viele Parkplätze, da hätte der Dienstwagen bestens Platz gehabt. Andererseits – so ein kleiner Spaziergang hatte noch niemandem geschadet, sagte er zu sich selbst und betrachtete das Haus mit der Nummer 3. Ein Wohnblock wie viele, entstanden in der Zeit des Sozialismus, in den 1990ern aufgehübscht und mittlerweile wieder in die Jahre gekommen. Immerhin war es zur Elbe quasi nur ein Steinwurf, es galt lediglich, die Bahnschienen zu überqueren.

»Da!« Hansen zeigte auf den Klingelknopf, neben dem ein mit Tesa fixierter Papierstreifen pappte. »Ziegler!«

»Scheint noch nicht lange hier zu wohnen«, stellte Hellstein beim Blick auf die anderen Namensschilder fest, die allesamt akkurat ausgedruckt und unter die Plastikscheibe der Klingeln gestopft waren.

»Soll ich?« Hansens Zeigefinger schwebte über dem Knopf. Die Entscheidung wurde den Beamten abgenommen, denn just in diesem Moment wurde die Haustür von innen geöffnet.

»'Tach«, schnodderte ein Mann in blauer, ungewaschener Trainingshose und mit Müllbeutel in der Hand. Sein ehemals wohl weißes Unterhemd spannte sich über dem fassartigen Bauch. Der Mann brachte ein Aroma von schalem Bier, frittierten Zwiebeln und Schweiß mit sich. Hellstein rümpfte die Nase, ließ den Mann passieren und trat dann in den Hausflur. Hier legte sich über das schmalzige Düftchen des Trinkers etwas Zitroniges, das vermutlich vom Putzmittel kam. Die Tür links stand einen Spalt breit offen, vermutlich hauste hier der Herr von eben. Hellstein und Hansen erklommen die Stufen und betrachteten jedes Namensschild an den drei Türen pro Stockwerk. Im zweiten Stock wurden sie fündig. »Ziegler«, stand auf einer gelben Haftnotiz, die unter dem Türspion klebte. Vor der Tür lag eine graue Matte im Design einer PC-Tastatur. Das Preisschild lugte unter der Gummiumrandung vor. 19,99 €. Gekauft im Pirnaer Baumarkt. Als vom Erdgeschoss her das Schließen einer Wohnungstür zu hören war, klopfte Hansen an die Ziegler'sche Tür.

Der ist nicht da, dachte Hellstein. Laut sagte er: »Der ist hier allein gemeldet.« Hansen fuhr herum und starrte seinen Chef an. Dieser wedelte mit dem Smartphone vor dessen Gesicht: Die Kollegen hatten bereits mit den Hausaufgaben begonnen und ihm weitere Infos zum Toten geschickt. Er war vor anderthalb Wochen von der Rudolf-Renner-Straße hierhergezogen. Polizeilich nicht erfasst, allein gemeldet, Besitzer eines aus zweiter Hand gekauften BMW X5.

»Hausfrauenjeep«, knurrte Hellstein.

»Was?« Hansen sah wieder aus wie ein Kind.

»Nüscht. Lass mich mal.« Er drängte den Kollegen zur Seite und machte sich mittels Plastik-Rabattkarte vom Supermarkt am Schloss zu schaffen. Innerhalb weniger Sekunden war die Tür offen.

»Durchsuchungsbeschluss?«, flüsterte Hansen und sah aus wie …, ja wie ein Kind eben, das man beim Kekseklauen erwischt hatte.

»Später. Dauert zu lange jetzt und den kriegen wir nachher doch sowieso.« Hellstein rief ein halbherziges »Hallo?« ins Appartement, dann trat er ein. Hier roch es eindeutig besser als im Flur, nach neuem Holz und leicht nach Kaffee. Was in dem Kommissar wieder den Gedanken an die Elbe aufflackern ließ. Ein Blick ins Wohnzimmer bestätigte den Holzgeruch. Neben großen Stapeln von Umzugskartons warteten zwei halb fertige Kommoden aus einem schwedischen Möbelhaus darauf, fertig zusammengeschraubt zu werden. Die piktogrammartige Anleitung lag leicht zerknüllt auf dem Parkett.

»So was kenn ich«, grinste Hansen. »Passt nie.«

»Ist aber kein Grund für Mord. Es sei denn, man will Billys Erfinder mit dem Schraubenzieher ins Reich der ewigen Elche befördern«, scherzte Hellstein zurück. Wurde dann aber wieder ernst und machte sich gemeinsam mit Hansen daran, die Wohnung genauer zu inspizieren. Was nicht allzu viel Grips und Zeit in Anspruch nahm, denn der Tote war vor seinem Ableben offenbar noch nicht dazu gekommen, seine Habseligkeiten zu verstauen. Schweigend kramten die Polizisten in den Umzugskartons, förderten Hosen und Socken, Besteck, Badezimmerartikel und sonstigen Kram hervor.

»Hier wird's interessant!«, rief Hansen nach einer guten Viertelstunde. Hellstein musterte das Hinterteil des Kollegen, der sich über einen geöffneten Karton beugte und bekannt gab:»Ordner und Akten!«

Das machte ihn neugierig genug, den Stapel mit persönlichen Fotos des Toten zurück in die dazugehörige Papp-Box sinken zu lassen. Ein Großteil der Aufnahmen schien bei verschiedenen Feierlichkeiten aufgenommen worden sein. Dazu Fotos von ein paar Frauen, aber keine davon war auf mehr als drei Bildern verewigt. Mit längerfristigen Bindungen hatte es der Tote offenbar nicht so gehabt. Oder er hatte, wann immer Schluss war, die Erinnerungen so konsequent wie möglich gelöscht. Trotzdem machte sich Hellstein den Gedächtnisvermerk, Zieglers privates Umfeld später noch mal genauer zu beleuchten. Nicht selten stammten die Täter bei Gewaltverbrechen schließlich aus dem Familien- oder Freundeskreis. Der erst vor Kurzem erfolgte Umzug ließ hier zwar was anderes vermuten, aber der Schein trog ja bekanntlich gern mal.

»Alle Achtung, hier will es aber einer genau wissen«, murmelte Hansen, während er einen Packen Computerausdrucke herauszog. »Das sind jede Menge Infos über die Stadt Pirna. Wie sich die Bevölkerung zusammensetzt, was für Industrie und Freizeitattraktionen es gibt.«

»Vielleicht will Ziegler fürs Bürgermeisteramt kandidieren«, überlegte Hellstein.

»Schon möglich. Wobei, warte mal, hier gibt es auch etliche Seiten, in denen es ums ›Weiße Roß‹ geht. Und das sind nicht bloß Speisekarten oder Infos über die Kegelbahn. Wusstest du, dass der Gasthof schon im Jahr 1550 erwähnt wurde?«

»Natürlich. Im Dreißigjährigen Krieg ist er allerdings komplett niedergebrannt und wurde irgendwann Ende des 17. Jahrhunderts wieder aufgebaut. So was hatten wir früher in Heimatkunde dran.«

Der Kollege reichte ihm die Unterlagen, die Hellstein dankend annahm. Ein kurzer Blick auf die Blätter genügte, und er fühlte sich tatsächlich in seine Schulzeit versetzt. Vor allem nachdem er las, dass in dem Lokal schon Leute wie Kaiser Alexander von Russland, Johann Wolfgang von Goethe und der sächsische König Friedrich August der I. zu Gast waren. Weniger rühmlich waren die 20er- und 30er-Jahre des letzten Jahrhunderts, als der Gasthof als Volkshaus für politische Zwecke herhalten und sogar eine Stürmung der SA erdulden musste. Das »Weiße Roß« blickte in der Tat auf eine bewegte Vergangenheit zurück. Kurz überlegte Hellstein, wann er die Gaststube das letzte Mal aufgesucht hatte. Kollege Rabenschmidt hatte ihn mal zu irgendeinem Vereinstreffen hinschleppen wollen, aber dann war doch irgendein Fall dazwischengekommen. Wie so oft, wenn man als Polizist private Termine hatte.

»Vielleicht war der Ziegler gestern Abend gar nicht zum Vergnügen im Lokal«, sagte Hansen.

Hellstein nickte zustimmend. »Das sollten wir später, wenn der Laden offen hat, unbedingt genauer anschauen.«

»Was machen wir bis dahin?«

»Wir überprüfen seinen Background. Gib mal den Kollegen Bescheid, dass sie sich als Erstes Zieglers Finanzen vornehmen sollen. Wer in seiner Brieftasche 300 Euro spazieren trägt, nagt nicht unbedingt am Hungertuch. Auch unter dem Krimskrams in den Umzugskartons befindet sich jede Menge Designerzeug. Außerdem sollen sie mal für alle Fälle das ›Weiße Roß‹ genauer durchleuchten.«

Während sein Partner das Telefonat führte, streifte Hellstein nochmals durch die Wohnung. Vor der Anrichte im Flur blieb er stehen. Ein Autoschlüssel mit BMW-Emblem lag neben einem Zettelblock und einem nicht angeschlossenen Festnetztelefon. Sofort kam ihm Hansens Bemerkung über den Hausfrauenjeep in den Sinn und er nahm den Schlüssel an sich. Weitere verdächtige Gegenstände fand er nicht.

Nach Hansens Telefonat stand Klinkenputzen auf dem Plan. Stockwerk für Stockwerk klopften sie an den Wohnungstüren. Nicht überall wurde ihnen geöffnet, aber bei jedem Treffer folgte die Ernüchterung nur wenige Sekunden darauf. Da Ziegler erst vor wenigen Tagen eingezogen war, hatte ihn ein Großteil der Leute noch nicht einmal zu Gesicht bekommen. Und selbst wenn, war es nicht über ein flüchtiges Hallo hinausgegangen. Auch Hellsteins letzte Hoffnung, der Mann in der blauen Trainingshose, konnte ihnen nicht weiterhelfen.

Mürrisch verließ der Kommissar das Wohnhaus und suchte die Straße nach Zieglers Wagen ab. Er entdeckte ihn eingepfercht zwischen einem Skoda und einem Laubbaum, mit jeder Menge weißer Vogeldreckflecken auf der schwarzen Motorhaube. Ein kurzer Blick ins Handschuhfach förderte weitere Computerausdrucke über Pirna zutage. Etwas wirklich Neues verrieten ihm die Seiten aber trotzdem nicht. Auf der Rückbank sah er halb unter der Rückenlehne ein Stück Papier klemmen. Sofort war sein Interesse geweckt und er beugte sich vom Beifahrersitz aus nach hinten. War es ein Indiz, das ihn weiterbringen würde? Nein, es war doch bloß ein Maniküre-Gutschein eines Pirnaer Nagelstudios. Da war die auf der Fußmatte liegende Packung teuer aussehender belgischer Pralinen schon deutlich interessanter. Mit Mandeln und Nougat. Mhhhm … Aber auch das half ihm nicht weiter.

Frustriert verließ er den Wagen. Hansen, der den Kofferraum unter die Lupe genommen hatte, schüttelte ebenfalls den Kopf.

Doch nichts anderes hatte Hellstein erwartet. Dieser Fall schien eine wirklich harte Nuss zu werden. »Lass uns mal in seine alte Wohngegend fahren. Vielleicht haben wir dort ja mehr Glück.«

Die ellenlange Rudolf-Renner-Straße befand sich im oberhalb der Elbe gelegenen Teil der Stadt und führte einmal quer durch die gesamte Nordhälfte Pirnas. Hellstein kannte diesen parallel zur Hauptstraße verlaufenden Weg recht gut, war ihn früher ziemlich häufig gefahren, wenn er seine Schwiegermutter oben im Ortsteil Hinterjessen besucht hatte. Das lag Jahre zurück und inzwischen ruhte die Frau deutlich zentraler.

Trotz seiner guten Ortskenntnisse dauerte es allerdings einige Zeit, bis sie ein Stück oberhalb der Schillerstraße endlich die richtige Hausnummer ausgemacht hatten. Der immer weiter zunehmende Berufsverkehr erschwerte die Suche zusätzlich.

Entsprechend genervt verließ Hellstein den Wagen und scannte auf dem Weg zu dem Mietshaus das Gebäude von oben bis unten ab. Von einer leer stehenden Wohnung war da weit und breit nichts zu sehen. Überall hingen Gardinen oder Jalousien an den Fenstern, meist gepaart mit einigen Topfpflanzen. »In welchem Stock hat er gewohnt?«

Hansen zückte seinen Notizblock. »Im zweiten.«

Dort wohnten jetzt laut Klingelschild auf der linken Seite die Radkes und rechts die Liehrs. Hellstein schellte bei Letzteren und bekam gleich darauf ein verrauschtes »Ja?« durch die Gegensprechanlage zu hören.

»Kripo Pirna. Wir hätten da ein, zwei Fragen an Sie.«

Kurzes Zögern. Dann Türsummen.

Oben erwartete sie ein jugendlich anmutender Endvierziger mit langem Pferdeschwanz. Lediglich vereinzelte Grausträhnen durchzogen das ansonsten tiefschwarze Haar.

»Ich hab nüscht gemacht«, beteuerte der Mann im schönsten Pirnaer Dialekt.

»Das ist schon mal gut zu wissen. Kennen Sie einen Gerd Ziegler, der bis vor Kurzem hier gewohnt hat?«

»Ist das mein Vormieter? Meine Frau und ich sin' hier erscht letzte Woche eingezog'n. Eigentlich hätt'mer erst in zwee Woch'n reingedurft, aber der Vermieter hat vom Ziegler grünes Lischt bekomm'n. Wir selbst ham ihn aber bloß eenmal geseh'n. Wenn's hochkommt, hammer da vier Sätze mit'nander gewechselt.«

»Wie wirkte er da auf Sie?«

Liehr zuckte mit den Schultern. »Ganz normal. Isser'n Schwierigkeiten?«

Hellstein ignorierte die Frage absichtlich. »Standen, als Sie einzogen, noch irgendwelche Sachen von Ziegler in der Wohnung?«

»Ne alte Stehlampe, die er nimmer gebraucht hat. Wir ham se gern genomm'n. Ist globisch sogar'n Designer-Stück.« Das letzte Wort sprach er aus wie »Däseinorr-Schtügg«.

»Haben Sie mitbekommen, dass Herr Ziegler mit jemand anderem aus dem Haus im Kontakt stand?«

»Isch glob, mit den Radkes von nebenan. Zumindest ham se sich bei der Verabschiedung umarmt und gägenseitisch all's Gute gewünscht. Und dass'se im Kontakt bleiben woll'n. Was man da eben so sagt.«

Hellstein bedankte sich für die Info und ließ den Mann in seine Wohnung zurückkehren. Seine Nachbarn schienen eindeutig die besseren Ansprechpartner zu sein. Und waren idealerweise ebenfalls daheim. Gleich nach dem ersten Läuten öffnete ihnen ein gemütlich aussehender Endfünfziger mit grauem Haar und silberner Brille. »Ja, bitte?«

Sie zeigten ihre Ausweise vor und Hellstein wiederholte seine Anfangsfrage von gerade eben. Diesmal mit mehr Erfolg.

»Klar kenn ich Gerd. Über zwei Jahre haben wir Tür an Tür mit ihm gewohnt. Ist ein sehr netter Zeitgenosse. Warum wollen Sie das wissen?«

»Wir überprüfen gerade sein altes Umfeld. Hat Herr Ziegler hier allein gelebt?«

»Ja, es gab zwar ein paar Frauenbekanntschaften, aber offenbar nichts, was über ein paar Monate hinausging.«

»Wie lang das mit seiner letzten Beziehung zurücklag, wissen Sie nicht zufällig, oder?«

Er zuckte mit den Schultern. »Er traf sich da gelegentlich mit einer schlanken, recht großen Blondine. Er hatte sie mir sogar mal vorgestellt. Wie hieß die noch gleich? Es war irgendein merkwürdiger Name, den ich vorher noch nie gehört hatte.«

»Der Vorname?«

»Ja. Zuerst dachte ich, ich hätte mich verhört und er meinte Marion oder von mir aus Margot. So wie Honeckers Frau. Aber nein, es war was ganz anderes.« Er grübelte einen Moment lang und schnippte mit den Fingern. »Sie hieß Manon. Jetzt fällt es mir wieder ein.«

»Manon?«, wiederholte Hellstein. Diesen Namen hatte auch er noch nie gehört. Aber das traf auf viele andere Sachen ebenfalls zu. »Gab es Probleme zwischen den beiden?«

»Ach, iwo. Alles bestens. Soweit ich das beurteilen kann.«

»Hat Herr Ziegler irgendwelche anderen Schwierigkeiten oder Komplikationen erwähnt?«

»So nahe standen wir uns dann auch wieder nicht. Allerdings …« Er stockte, und instinktiv drehte Hansen sein Ohr weiter in seine Richtung.

»Allerdings?«

»Na ja, wahrscheinlich ist es unwichtig.« Radke zögerte kurz, sprach aber weiter, als er die erwartungsvollen Blicke der Polizisten sah. »Zwei Tage nach seinem Auszug sind hier drei dubios aussehende Kerle aufgetaucht und haben nach ihm gefragt.«

»Was meinen Sie mit ›dubios‹?«

»Na ja, sie waren schick angezogen. In teuer aussehenden Anzügen und so. Aber sie schauten irgendwie finster drein. Ich glaube, mit denen war nicht gut Kirschen essen. Ist natürlich bloß mein ganz persönlicher Eindruck.«

»Könnten Sie sie näher beschreiben?«, fragte Hellstein.

»Sie waren um die 30, würde ich sagen. Dunkle Haare. Ich glaube, sie hatten einen osteuropäischen Akzent. Könnte Russisch oder Polnisch gewesen sein. Auf jeden Fall hielt ich es für besser, denen Zieglers neue Adresse nicht zu geben. Das war doch kein Fehler, oder?«

»Nein, Sie haben alles richtig gemacht.«

Die Befragung der anderen Hausbewohner brachte keine neuen Erkenntnisse. Jeder im Haus hatte Ziegler als freundlichen Nachbarn kennengelernt, mit dem es nie Probleme wegen zu lauter Musik oder dergleichen gegeben hätte. Seine blonde Freundin hatten zwei andere Nachbarn ebenfalls gesehen, an die dubios aussehenden Osteuropäer konnte sich jedoch niemand erinnern.

Das Polizeirevier in der Oberen Burgstraße war ein kastenförmiger Bau mit weißem Anstrich. Beim Eintreten grüßte Hellstein alle ihm entgegenkommenden Kollegen, hielt aber nicht an, um einen Plausch mit einem von ihnen zu halten. An seinem Schreibtisch entledigte er sich seines Jacketts. Während der Computer hochfuhr, überprüfte er, was die Kaffeemaschine anzubieten hatte. Er hatte Glück: Die Kanne war noch halb voll. Und heiß war der teerfarbige Muntermacher ebenfalls.

Hansens PC war als Erstes einsatzbereit. Während Hellstein noch an seiner Tasse schlürfte, tippte sein Partner bereits munter auf seiner Tastatur herum. Allerdings nur wenige Sekunden. Dann lehnte er sich zurück und verschränkte die Arme hinter dem Kopf. »Also, der Name Manon kommt aus dem Ägyptischen oder Aramäischen. Ist eine Ableitung von Maria oder Miriam und steht entweder für Verbitterung oder dafür, von Gott geliebt zu werden.«

»Manche würden fragen, ob das nicht das Gleiche ist. Ich frage mich eher, inwiefern das für unseren Fall relevant sein soll.«

»Wahrscheinlich gar nicht. Ich wollte dich bloß nicht dumm sterben lassen.«

»Vielen Dank.«

»Übrigens gibt es nur eine einzige Frau dieses Namens in ganz Pirna und Umgebung. Heißt Dittmann mit Nachnamen und betreibt einen Maniküre-Laden in der Innenstadt. Adresse habe ich notiert.«

»Dann werden wir der guten Frau nachher mal einen Besuch abstatten.« Bingo, dachte der Kommissar. Passt zur Quittung aus dem Wagen. »Haben die Kollegen schon was über Zieglers Finanzen zugeschickt?«

»Ja, allerdings wird uns das auch nicht weiterhelfen. Auf seinem Girokonto sind 2.817 Euro, ungewöhnliche Abbuchungen gab es im letzten halben Jahr keine. Die SCHUFA-Abfrage hat ebenfalls nichts gebracht.«

»Was ist mit dem ›Weißen Roß‹?«

»Dazu habe ich noch nichts. Aber …« Er schaute auf die Uhr. »Inzwischen ist es kurz vor halb elf. Da hält sich dort bestimmt schon jemand auf und wärmt die Herdplatten fürs Mittagessen an.«

»Appetit auf eine kleine Soljanka?«

Hansen leckte sich über die Lippen. »So was geht immer.«

Das Lokal zu erreichen, erwies sich schwieriger als gedacht. Mittlerweile schien die Nachricht über den Toten vor dem »Weißen Roß« in Pirna die Runde gemacht zu haben. Zumindest hatte sich um die rot-weißen Absperrbänder der Polizei eine größere Menschentraube angesammelt. Selbst ein Kamerateam des lokalen Fernsehsenders PTV berichtete live vom Tatort.

Hellstein war gezwungen, seinen Wagen eine Querstraße weiter vor einem Bistro-Imbiss zu parken und das letzte Stück zu Fuß zurückzulegen. »Und das auf nüchternen Magen«, maulte sein Partner und schlängelte sich zwischen den Schaulustigen hindurch. Ein uniformierter Polizist ließ sie die Absperrung passieren und das »Weiße Roß« betreten.

Drinnen kam ihnen ein Mann mittleren Alters im anthrazitfarbenen Anzug entgegen. »Was für eine Katastrophe!«

Wie ein Kellner sieht der nicht aus, fand Hellstein und behielt Recht. Der Mann stellte sich als Geschäftsführer heraus und wirkte gleich etwas erleichterter, als ihm dämmerte, dass er es mit jemandem zu tun hatte, der bei dieser Ermittlung etwas zu sagen hatte. »Wie lang müssen die Absperrbänder draußen hängenbleiben? So was ist tödlich fürs Geschäft!«

»Bis die Kollegen mit ihrer Arbeit fertig sind«, sagte Hellstein und zog ein Foto mit Zieglers Konterfei aus der Jackettinnentasche. »Wir versuchen gerade zu klären, ob der Verstorbene Kunde in Ihrem Lokal war. Möglicherweise kam er ja öfters vorbei.«

Beim Studieren des Bildes schien der Mann immer bleicher zu werden. »Ehrlich gesagt war er in den vergangenen Wochen wirklich einige Male hier. Er kam allerdings nicht zum Essen. Also nicht nur. Meist hat er mir einige Fragen über das ›Weiße Roß‹ gestellt. Ein bisschen komisch kam mir das schon vor. Zuerst dachte ich ja, er wollte mir ein Angebot für das Lokal machen, aber über Verkaufsabsichten hat er kein Sterbenswort verloren. Vielleicht war er ja von der Konkurrenz oder wollte in der Nähe ebenfalls eine Gaststätte eröffnen. Deshalb habe ich mich mit Auskünften auch sehr zurückgehalten.«

»Ist er allein oder in Begleitung hierhergekommen?«

Der Blick des Geschäftsführers wanderte in die Ferne. »Zweimal war er alleine da, einmal mit drei Osteuropäern und einmal mit einer hübschen Blondine. Aber da schien es ihm tatsächlich hauptsächlich ums Essen und seine Begleitung zu gehen. Sie hatte einen Dresdner Sauerbraten in Rosinensoße, er Schwarzbiergulasch.«

»Lassen Sie uns noch mal zu den Osteuropäern zurückkommen. Was für Leute waren das denn genau? Wie kommen Sie darauf, dass sie aus Osteuropa stammen?«

»Weil sie so gesprochen haben. Als Ziegler kurz auf dem Klo und sie unter sich waren. Worum es ging, hab ich leider nicht verstanden. In der Schule hatte ich zwar etliche Jahre Russischunterricht, aber das liegt zu lange zurück. Ich weiß nur noch Kleinigkeiten wie Swinje Sobaka‹, ›Moloko‹ oder das ewig lange ›Dostoprimechatelnosti‹. Aber danach klang die Sprache irgendwie nicht.«

Ein dünnes Lächeln schlich sich in Hellsteins Gesicht. An diese Worte erinnerte er sich aus seiner Schulzeit ebenfalls noch zurück. »Schweinehund«, »Milch«, »Sehenswürdigkeiten«. »Haben Sie mitbekommen, in welchem Verhältnis diese Männer mit Herrn Ziegler standen?«

»Sie waren nicht unbedingt Freunde. Eher so wie bei Geschäftskollegen. Man kennt sich schon eine Weile, aber richtig ungezwungen ist es trotzdem nicht. Verstehen Sie, was ich meine?«

Der Kommissar verstand. Und verstand auch das ungeduldige Räuspern seines Kollegen. Das hieß übersetzt: »Hunger!«, weswegen er sich fürs Erste beim Geschäftsführer bedankte, sich gegenüber Hansen an einen mit Blumen und Kerzen hübsch dekorierten Tisch setzte und wenig später den Löffel in eine heiße, würzige Suppe tunkte.

Mit vollem Magen konnte Hellstein noch nie gut denken. Wieder schweiften seine Gedanken zum Elbufer und der verlockenden Aussicht, dort zu sitzen, aufs Wasser zu starren und ganz nebenbei zu verdauen. Aber mit Hansen an der Seite und dem Ermittlungsdruck im Nacken war daran nicht zu denken. Nachdem die Ermittler die Soljanka verputzt hatten, füllte sich das Lokal. Der Geschäftsführer hatte sich wohl geirrt: Auch Schaulustige bekamen Hunger und strömten kurz nach 12 Uhr zu Dutzenden ins »Weiße Roß«, um sich zu stärken. Und vielleicht, um sich ein bisschen zu gruseln, was allerdings in der gemütlichen Atmosphäre des Traditionslokals kaum vorstellbar war. Die Kommissare beglichen die Rechnung und schlängelten sich an den Journalisten vorbei unter den Absperrbändern durch.

Hellstein sah fast schuldbewusst auf seine Hände. Die Fingernägel waren kantig geschnitten, die Nagelhaut eingerissen. Und unter dem rechten Daumennagel war noch immer das Hämatom zu sehen, das er sich selbst beim Aufhängen der neuen Küchenuhr eingehämmert hatte. Dann fiel sein Blick auf die perfekt manikürten Männerhände, die als Plakat im Schaufenster von »Manon's Nagelbüdchen« prangten. Direkt neben dem Pendant für perfekte Frauenhände.

»Deppenapostroph«, knurrte Hansen. Hellstein grinste. Ihm war es so breit wie lang, ob jemand orthografisch korrekt unterwegs war. Schließlich stand er selbst mit einigen Dingen der neuen Rechtschreibung auf Kriegsfuß und war der Meinung, dass Grammatik sowieso völlig überbewertet wurde. Er schielte zwischen den beiden Werbeplakaten hindurch in den Salon. Darin standen zwei identische weiße Tische. Einer war unbesetzt, am anderen saß eine schlanke Blondine mit dem Rücken zum

Fenster und ihr gegenüber eine Kundin. Eine Hand hatte die Frau in eine Art Minibackofen geschoben, aus dem blaues Licht flammte. Die andere hielt sie prüfend gegen das Licht, kniff die Augen zusammen und nickte dann. An ihren Lippen las Hellstein das Wort »Geil!« ab. Diese Meinung mochte er angesichts der nachtschwarzen überlangen Krallen mit den Glitzersteinen nicht teilen.

»Warten wir noch einen Moment«, sagte er zu Hansen. Aus dem Moment wurden fast zehn Minuten, in denen Hansen ein paar Sprüche brachte, dass man unter »Nagelbüdchen« ja auch ein Etablissement mit roter Lampe verstehen könnte, die Nagelmodellage vollendet wurde und die Kundin zahlte. Was die beiden Kommissare breit grinsend durchs Schaufenster beobachteten, denn mit den waffenähnlichen Kunstnägeln schien es gar nicht so einfach zu sein, das Münzgeld aus dem Portemonnaie zu fischen.

»Haben Sie einen Termin? Wir arbeiten nur nach Terminvergabe. Also haben Sie einen?« Die Blondine sah die beiden Männer verwundert an, die das »Nagelbüdchen« betraten, als die Kundin eben den Salon verlassen hatte. Sie klappte das Terminbuch zu und legte den Kopf schief.

»Nicht direkt.« Hellstein war versucht, seine Hände mit den angeknabberten Nägeln in den Hosentaschen zu vergraben. Ließ es aber bleiben und zückte in bester Fernsehkommissarmanier seinen Dienstausweis. Die Kollegen erlaubten sich regelmäßig den Scherz, sich wie ›Tatort‹-Ermittler zu benehmen – und auch er konnte dann und wann nicht widerstehen. Bei der Blondine wirkte es, sie kam umgehend hinter dem Kassentresen hervor.

»Sind Sie Manon Dittmann?«

»Ja. Und wenn Sie wegen Marisa kommen, die hab ich entlassen. Schon letzte Woche. Ich habe wirklich nicht gewusst, dass sie illegal in Deutschland ist.« Bei den letzten Worten ließ Manon Dittmann die Wimpern klimpern. Hellstein hätte wetten können, dass die genauso unecht waren wie die in Vitrinen, die ihn an Setzkästen für Modellautos erinnerten, ausgestellten Kunstnägel. Schon erstaunlich, dachte der Kommissar, was man auf so kleiner Fläche unterbringen kann. Ihm leuchteten ganze Urwälder mit Paradiesvögeln, grafische Muster und viel, viel Glitzer in Knallfarben entgegen.

»Wir sind nicht vom Wirtschaftsdezernat«, klärte Hansen auf.

»Ah.« Das klang gleichermaßen erleichtert wie verwundert.

»Mordkommission«, platzte Hellstein raus und stellte sich vor, tatsächlich in einem ›Tatort‹ mitzuspielen. Das war so blöd, dass es schon fast wieder gut war.

»Kennen Sie einen Herrn Ziegler?«, fragte Hellstein und ließ den Gesichtsausdruck von Manon Dittmann auf sich wirken. Erst zog sie die Augenbrauen hoch, dann kniff sie die Augen zusammen. Schürzte die Lippen. Zuckte kaum merklich mit den Achseln. Das alles im Bruchteil von Sekunden.

»Ja«, antwortete sie schließlich. »Warum?«

»Herr Ziegler wurde heute Nacht ermordet.« Hellstein fand, ein Fernsehermittler hätte das auch nicht besser sagen können.

Die Wirkung auf Manon Dittmann jedenfalls war filmreif: Sie riss die blauen Augen auf, dann den Mund, seufzte, hustete, rollte mit den Augen, schließlich verbarg sie das Gesicht in den Händen. Die, wie der Kommissar erstaunt feststellte, mit ultrakurzen, pastellrosa lackierten Nägeln versehen waren. Er hätte zwei andere Dinge bei Manon Dittmann erwartet. Erstens einen Zusammenbruch, zweitens lange Krallen. Aber vielleicht war das wie beim Friseur, der ja auch immer die zauseligsten Haare hatte?

»Gerd ermordet.«

Vielleicht hätte es eine Frage sein sollen, klang aber mehr wie eine Feststellung. Hellstein verzichtete darauf, die Nageldesignerin mit den blutigen Details zu konfrontieren. Stattdessen tat er es Manon Dittmann gleich und ließ sich in einen der erstaunlich bequem gepolsterten schwarzen Sessel fallen. Nun saß er ihr genau gegenüber an einem der Tische, auf exakt jenem Platz, an dem bis eben die Kundin ihre schwarz gegelten Nägel bekommen hatte. Hansen grinste und lehnte sich an den Kassentresen. Hellstein ließ den Blick über die Tiegelchen, Fläschchen und Töpfchen gleiten, entdeckte Feilen, eine winzige Fräse und allerlei spitze Gerätschaften, die genauso gut in einen OP gepasst hätten.

»Gerd ermordet?« Das war nun eindeutig eine Frage, die der Kommissar mit einem Kopfnicken beantwortete.

»Warum?«

Hellstein war froh, dass sie nicht »Wie?« gefragt hatte.

»Gute Frage«, sagte er und schob eine Palette mit Lackfarben zur Seite. »Vielleicht können Sie uns weiterhelfen? Immerhin waren Sie und Herr Ziegler sehr eng bekannt.«

Manon Dittmann seufzte wieder. »Waren wir, wenn Sie das so ausdrücken möchten. Wobei das sehr, sehr platt klingt. Gerd und ich waren seit vier Jahren zusammen. Wir haben uns bei einem Empfang im Rathaus kennengelernt, für Neubürger, ich bin auch erst nach Pirna gezogen, habe zuvor in Kamenz gewohnt. Also waren wir in der Tat mehr als gut bekannt.« Da schwang nun ein kleiner Vorwurf mit. Ganz so, als habe der Polizist keine Ahnung von Zwischenmenschlichem. »Wir wollten heiraten. Irgendwann. Sobald eben alles geregelt ist. Wäre. Gewesen wäre.« Manon Dittmann brach ab. In ihren Augen schimmerten Tränen, und Hellstein hatte den Eindruck, als käme erst in diesem Moment die Tragweite seines Besuchs bei der jungen Frau an.

»Was hätte denn geregelt sein werden wollen müssen?« Mist. Nun brachte er auch noch die Grammatik durcheinander. Aus dem Augenwinkel sah er den grinsenden Hansen, der tonlos das Wort »Deppenapostroph« mit den Lippen formte.

»Gerd hatte Pläne.« Manon Dittmann schob eine Feile hin und her.

»Welcher Art?«

»Na ja, geschäftlich. Das spielt doch jetzt keine Rolle mehr.«

»Für uns schon. Alles kann wichtig sein«, verfiel Hellstein wieder in die Rolle eines Vorabendermittlers. »Hatte Herr Ziegler Feinde? Ist Ihnen in der letzten Zeit etwas aufgefallen? Jedes Detail kann wichtig sein.« Diesen Satz, dachte er, hatten Drehbuchautoren sicher als Baustein im Repertoire und fügten ihn in jeder zweiten Folge ein. Vermutlich zu Recht, denn Manon Dittmann reagierte wie gewünscht: zunächst nachdenklich, dann redselig.

»Wie das eben so ist in der Politik«, begann sie. Hansen zückte sein Handy. Und tat etwas, was eigentlich nicht erlaubt war – er schnitt das Gespräch mit. Hellstein und er hatten schon Dutzende Male diskutiert, aber Hansen wiegelte stets ab, er sei zu faul und zu langsam zum Mitschreiben und ein offizielles Verhör würde ja auch aufgezeichnet.

»Das heißt, Gerd wollte in die Politik. Er kam ja aus dem Westen, aber der war keiner von denen mit der Mauer im Kopf, der war ziemlich engagiert, und na ja, der hatte Ideen. Nicht nur für Pirna, auch das Umland.« Manon Dittmanns Aussage klang wie ein politischer Nachruf. »Als Unternehmensberater wollte er sich hier einen Namen machen, eigentlich kam er ja aus der Verwaltung, und sein absolutes Spezialgebiet waren Immobilien, also deren Umnutzung. Wir wollten gemeinsam investieren, wir und einige andere. Mit kleinem Geld quasi, aber zu großem Wohnraum. So ganz genau habe ich das auch nicht verstanden, aber ich bin sicher, Gerd hätte Erfolg gehabt.«

»Macht man sich in solch einer Branche nicht automatisch Feinde?«, hakte Hellstein ein.

»Wieso das denn?« Manon Dittmann klang erstaunt.

»Nun ja, wir haben gehört, dass Herr Ziegler auch, sagen wir mal … Kontakte in den Ostblock hatte.«

»Ja und?« Die Geschäftsfrau sah ihn an, als hinge ihm ein Goldfisch aus dem Ohr. In dem Moment, als er das Wort »Mafia« nennen wollte, wurde die Tür zum »Nagelbüdchen« aufgestoßen und drei schwarz gekleidete, sehr breitschultrige, sehr stämmige und sehr gebräunte Männer platzten herein. Hellstein sah, wie Hansen auffällig unauffällig nach der Dienstwaffe im Holster griff.

»Manon, Süße, wollen wir nicht stören dich!« Die Grammatik des Wortführers, um dessen Stiernacken eine schwere goldene Kette baumelte, war zum Davonlaufen. Einerseits. Für einen Mann aus Rumänien, wie Hellstein der starke Akzent verriet, aber respektabel.

»Ihr doch nicht.« Manon Dittmann stand schwerfällig auf, als sei sie in den vergangenen zehn Minuten um 20 Jahre gealtert.

»Hast du Kundschaft, komm ich später«, winkte der Koloss ab.

»Keine Kunden.« Die Dittmann trat einen Schritt auf den Fleischberg zu und nahm ihn in den Arm. Dann schluchzte sie hemmungslos in dessen schwarzes Hemd. Die beiden anderen sahen betreten und ein wenig dümmlich drein.

»Gerd ist tot«, schniefte Manon gegen den teuer aussehenden Stoff.

»Was?«

»Umgebracht.«

Der Rumäne wurde blass und drückte Manon fester gegen seine Brust. »Aber wer machen so was? Wer hat getan? Du da?« Er zeigte mit dem Finger auf Hansen.

»Ich bin Polizist!«, rief der wenig professionell, aber sehr nervös. Bei solchen Gesellen konnte man ja nie wissen …

Der Rumäne ließ Manon los. Blickte von Hansen zu Hellstein. Und wischte sich über die Augen, in denen tatsächlich Tränen schimmerten.

»War so guter Mann, Zieglergerd, sehr gutes Mann.«

»Das mag sein, aber wer sind Sie?« Hellstein erhob sich und fragte die Personalien der drei Herren ab. In seinen Ohren klangen die Namen wie Lolek, Bolek und Drollek, und selbst Hansen, der im Erkennen fremder Namen und Orte besser war, hatte Mühe. Schließlich schrieben die drei ihre Namen nebst Adressen (alle drei wohnten in Pirna) auf. Und leider auch das Alibi: Sie waren Mitglieder einer Laientheatergruppe und hatten gestern vor knapp 80 jugendlichen Zuschauern auf der Bühne gestanden. Und waren danach mit deren Lehrern bis früh um fünf diskutierend in der Garderobe der Turnhalle versumpft. Zeugen waren zwei Studienräte, ein Direktor und zwei leere Kisten Radeberger.

Nichts mit Mafia also, sondern schlicht und einfach Freunde. Als die drei gegangen waren, setzte Hellstein sich wieder. Auch Manon nahm Platz.

»Wo waren Sie eigentlich in der Nacht von gestern auf heute zwischen 19 und 6 Uhr?« Manchmal war der direkte Weg der beste. Manon Dittmann jedenfalls sah nicht sehr amüsiert aus.

»Sie fragen *mich*?« Die Empörung war so schlecht gespielt, dass es nicht mal für eine der Nachmittagssendungen bei RTL2 gereicht hätte.

Hellstein lächelte unschuldig. »Sie wissen ja, Routine, wir müssen das fragen.« Und wieder punktete er mit der ›Tatort‹-Masche.

»Ich war bis acht im Laden. Kann auch halb neun gewesen sein«, sagte die Dittmann. »Ich hab viel zu tun, muss ja die Kunden von Marisa auch noch übernehmen.«

»So viel kann das nicht sein.« Hansen hielt das schwarze Terminbuch hoch, in das er von der Besitzerin unbemerkt einen Blick geworfen hatte. Die schwarzhaarige Kundin war heute die einzige, die eingetragen war, für den Folgetag standen zwei Namen im Buch, danach herrschte Leere.

»Na ja, also … die stehen da ja nicht alle drin. Und manche kommen einfach so.«

»Ich dachte, Sie arbeiten nur nach Terminvergabe?« Hellstein setzte ein möglichst unschuldiges Gesicht auf. Mit dem gewünschten Effekt: Die Dittmann geriet aus dem Konzept.

»Ja, schon, nein. Ach, wissen Sie, das ist ziemlich schwierig zurzeit, da macht ein Studio nach dem anderen auf, die meisten bieten billige Schundnägel mit Gel und

Lack aus China an. Da kann ich preislich nicht mithalten. Aber Qualität setzt sich durch, ich habe eben gerade eine Durststrecke, die Kundinnen kommen schon wieder.« Letzteres klang nicht sehr überzeugt.

»Zurück zu gestern Abend«, unterbrach der Kommissar die unternehmerischen Ausführungen. »Und danach?«

»Bin ich nach Hause gegangen. Kisten packen. Schließlich ziehen Gerd und ich ja zusammen. Wollten wir. Also ... hatten wir vor.«

»Und dafür gibt es Zeugen?«

»Natürlich nicht. Ich war den ganzen Abend allein zu Hause. Ist das ein Problem?«

»Das nicht, Frau Dittmann. Aber vielleicht die Tatsache, dass in Herrn Zieglers neuer Wohnung alles auf eine einzelne Person ausgelegt war. Das sah, mit Verlaub, nicht nach einem Heim für ein Pärchen aus.«

Die Dittmann wurde blass. Dann knallrot. Dann wieder blass. Ein faszinierendes Farbspiel, wie der Kommissar fand. Hellstein schaltete in eine andere Rolle, etwas zwischen väterlichem Freund und verständnisvollem Mann und legte Frau Dittmann die Hand auf den Arm. Mit enormer Wirkung: Sie brach in Tränen aus.

»Ich muss aus meiner Wohnung raus, ich hab doch gekündigt, weil Gerd sagte, er und ich ... wir beide ... ein Penthouse ... ich hab ihm doch mein Geld ...« Das genügte, um nach ein paar gezielten Fragen eine ganz andere Geschichte als die des erfolgreichen und verliebten Investmentpaares zu zeichnen. Ziegler war nämlich pleite. Die Beziehung zu Manon totgelaufen. Und die Investition in ein Mehrfamilienhaus eine einzige Katastrophe mit Wasser im Keller und Schimmel unterm Dach. Manon Dittmann berichtete von immer wieder verschobenen Hochzeitsterminen, nie gemachten Reisen, ins Unendliche verschobene Kinderpläne. Der Frust vieler Monate brach wie Wasser aus einem geborstenen Staudamm aus ihr heraus. »Aber umgebracht hab ich ihn deswegen nicht!«, schloss sie nach einer Viertelstunde ihre Erzählung.

Wumms. Hellstein und Dittmann zuckten erschrocken zusammen, als Hansen das schwarze Terminbuch aus der Hand fiel und mit einem lauten Klatschen auf dem Boden landete.

»'Tschuldigung«, murmelte Hansen wie ein beim Kekseklau ertapptes Kind und bückte sich unter dem Tresen nach dem Buch. Kam aber erst nach einigen Sekunden wieder in die Senkrechte und hielt einen sehr langen, sehr roten Gegenstand zwischen Daumen und Zeigefinger.

»Was ist das denn?«

Die Dittmann wurde wieder blass – und blieb es dieses Mal.

»Lag im Papierkorb. Da liegt eine ganze Menge davon.«

»Zehn Stück, Sie müssen nicht zählen«, flüsterte Manon Dittmann und sackte in sich zusammen. Hellstein stand auf, umrundete den Tresen und starrte in den mit einer Plastiktüte ausgelegten Eimer, der offensichtlich als Abfallbehälter diente. Darin lagen einige benutzte Papiertaschentücher – und neun weitere pfeilspitze, künstliche Nägel. Er fischte einen heraus. Das Teil war gute sieben Zentimeter lang, an der Unterseite abgeknipst und hart wie Stahl. Damit könnte man ganz sicher keine Münze aus dem Portemonnaie klauben. Er starrte das Monstrum an – und entdeckte an der plastikweißen Unterseite ein paar braunrote Schlieren.

»Lassen Sie mich raten – das ist Blut?« Er hob den Kunstnagel in die Höhe.

Manon Dittmann nickte.

»Zieglers Blut?«

Wieder nickte Frau Dittmann. »Das hab ich nicht gewollt«, flüsterte sie kaum hörbar. »Ich wollte ihn doch nur ein bisschen kratzen. Weil er … mit dieser Schlampe … und ich … mich hat er abserviert … einfach so … und fährt mit meinem Geld weg … mit der Tussi …«

»Da haben Sie aber feste gekratzt«, sagte Hellstein trocken und gab Hansen mit einem Kopfnicken zu verstehen, dass dieser einen Streifenwagen rufen sollte.

»Ich weiß. Aber ich dachte, wenn ich die Nägel abmache … und ich wollte den Mülleimer ja leeren, aber dann kam Frau Schädlich eine halbe Stunde zu früh.«

»Die Termine für morgen sollten Sie absagen.« Hellstein legte den blutigen Nagel zurück zu den anderen. Darum würden sich nachher die Kollegen der SpuSi kümmern.

»Wie gut, dass ich meine Wohnung schon gekündigt habe«, schnaubte Manon Dittmann und stand auf. Streckte sich in die ganze Länge ihrer 180 Zentimeter und atmete tief durch. »Aber schade, dass ich die Premiere von Loleks neuem Stücks verpasse.«

Sie klang so fatalistisch, dass Hellstein einen Moment lang befürchtete, sie könne sich mit der Nagelfeile selbst richten. Tat sie aber nicht, sondern griff zu einem Fläschchen mit grauem Lack. »Der passt bestimmt gut zur Knastkleidung«, sagte sie und ließ den Flakon in ihre Hosentasche gleiten.

Die gut 780 Jahre alte Stadt war und ist buchstäblich steinreich. Denn der gelbe Sandstein der Gegend ist seit jeher
Exportschlager Nummer eins. Kein Wunder also, dass die
Elbstadt sich selbst den Slogan gibt: »Pirna – Sandstein
voller Leben«. Meta jedenfalls hat die Stadt sehr gefallen. Und sie hat diese zehn Reisetipps für Sie (natürlich
gibt es, wie überall in der Sächsischen Schweiz, noch viel
mehr zu sehen und zu erleben ... entdecken Sie es gerne
auf eigene Faust!):

Den historischen Marktplatz mit dem Canalettohaus (der
berühmte Maler hat hier viele Spuren hinterlassen) besuchen Sie am besten mit einer Stadtführung der besonderen Art. Beim TouristService (Markt 7, Telefon 03501/
556446) gibt es Führungen für jeden Geschmack. Tags,
nachts oder Metas Liebling: »Biddeln mit Landwein und
Schniddeln«. Führer in historischen Gewändern zeigen
Pirnas schönste Seiten, anschließend gibt es ein gutes Glas
und leckere Fettschnitten. Wer nicht laufen möchte, kann
Frank Salzmann buchen (Telefon 03501/638144), der
die Gäste mit seiner Rikscha durch die malerische Altstadt chauffiert.

Wer mit Kindern auf Schatzsuche gehen will, kann das auf
Schloss Sonnenstein tun. Seit 2008 »herrscht« der Land-
rat in den damals renovierten Mauern. Bis dahin hat die
Burg eine wechselhafte Geschichte erlebt, die nachzu-

spüren lohnt. Blumenfreunde kommen in den 2012 wiedereröffneten Terrassengärten ins Schwärmen. Von hier aus hat man einen einzigartigen Blick über die Altstadt. Aber wohl kaum auf die spannendsten Bewohner Sonnensteins – für Fledermäuse sind die jahrhundertealten Mauern perfekte Wohnungen.

Das Stadtmuseum im ehemaligen Dominikanerkloster ist übrigens eines der ältesten in ganz Sachsen. Allein das Gebäude, welches historischen Sandstein mit modernen Elementen verbindet, ist einen Besuch wert.

Wer zeitgenössische Kunst mag, der ist mit einem Besuch in der Galerie Plan (unterhalb des Schlosses gelegen) sehr gut beraten. Die Galerie bietet ständig wechselnde Ausstellungen, in denen modernste Kunst auf barocke Architektur trifft.

Liebhaber alter Gotteshäuser kommen in St. Marien voll auf ihre Kosten. Das barocke Schmuckstück hat – natürlich! – eine Kanzel aus Sandstein. Sehenswert ist auch die Klosterkirche St. Heinrich (Infos und aktuelle Öffnungszeiten im TouristService erfragen).

Man muss kein eingefleischter Wagnerianer sein, um einen Abstecher in den Ortsteil Graupa zu machen, denn die Richard-Wagner-Stätten sind ein multimediales Museum rund um den großen Meister, dessen Musik und Dichtung, untergebracht im Jagdschloss. Im Schlosspark kann man buchstäblich auf Richard Wagners Spuren wandeln, denn dort hat der Heimatverein einen Geschichtenwanderweg installiert.

Theaterfreunde kommen in Pirna voll auf ihre Kosten. Zum einen in Tom-Pauls-Theater, in dem Meta zu Gast war (Am Markt 3), die Kleinkunstbühne »Q24« bietet Kabarett und Konzerte (Obere Burgstraße 2) und in der Herderhalle treten Stars mit einem Programm für Jung und Älter auf.

Stechmücken, Mückenlarven, Spottdrosseln? Sind in Pirna kein Zoo, sondern ein mit sehr viel Engagement betriebenes Kabarett, entstanden aus einer Jugendgruppe. Die Kleinkunstgruppe tritt immer wieder auf, Termine finden sich im Internet unter www.kabarett-stechmuecken.de.

Klar lockt die Sächsische Schweiz vor allem Wanderer an. Aber auch Wasserratten kommen voll auf ihre Kosten, sei es mit Kanutouren privater Anbieter oder ganz gemütlich mit der Sächsischen Dampfschifffahrt. Die Elblinie bietet einen ganz anderen Blick auf die herrliche Landschaft. Abfahrtszeiten und weitere Infos gibt es online unter www.saechsische-dampfschifffahrt.de. Und auch im Wasser kann man sich vergnügen. In Pirna selbst locken zahlreiche Bäder wie das Geibeltbad oder der Natursee Copitz.

Wer eine Reise macht, der bringt gerne etwas mit – oder gönnt sich selbst ein Souvenir. In Pirna empfehlen wir die »Unikate« – das sind an die 20 Betriebe und Kunsthandwerker, die schöne Dinge herstellen, die es nur in Pirna gibt. Zum Beispiel das Schlafmützchenbier, das Pirnaer Stollenmesser oder die Pirnaer Oma-Heftel, in denen Wolfgang Bieberstein originelle Geschichten erzählt. Wer die Unikate und ihre Macher aufspüren will, dem sei die Internetseite www.pirna-unikat.de empfohlen. Oder man macht sich selbst ans Werk in der Kerzenzieherei Krietzewitsch (täglich von 10–20 Uhr, Telefon 0 35 01 / 71 03 70).

Metas Extratipp: der Pirnaer Wochenmarkt. Dieser findet immer mittwochs und samstags ab 9 Uhr am Marktplatz statt. An den Ständen bieten die Händler frisches Brot, Wurst- und Käsespezialitäten und ganz viel Leckeres aus der Region feil. Meta mag übrigens am liebsten die Eierschecke und sagt, dass die Version ohne Rosinen, wie sie in Pirna gebacken wird, unwiderstehlich sei.

Kurt hat auch noch einen Tipp: Die DDR lebt. Und zwar in der Rottwerndorfer Straße 45, wo man in einer ehemaligen NVA-Kaserne auf 2.000 m² Ausstellungsfläche den Alltag im untergegangenen Staat nacherleben kann, zum Anfassen und Mitmachen. Weitere Infos: www.ddr-museum-pirna.de.

VON PIRNA NACH STRUPPEN

»Nagelbüdchen.« Meta kicherte. Kurt zwinkerte ihr verschwörerisch zu und meinte dann mit einem Blick auf ihre unlackierten Nägel: »Natur pur. Immer am besten.«

Meta fragte sich, ob ihre Zufallsbekanntschaft flirten wollte. Was ihr schmeichelte, einerseits. Andererseits war dieser Kurt nun definitiv nicht der Typ Mann, in den sie sich verlieben könnte. Wenn sie denn wollte. Wollte sie aber nicht. Und war froh, als das Pirnaer Urgestein begann, von der Natur rings um die Stadt zu schwärmen. Das war ja der Grund, warum sie hier war und am morgigen Tag, für den die Wetter-App ihres Smartphones einen wolkenlosen Himmel versprach, mit der Kamera auf die Pirsch gehen wollte.

Als die Kellnerin die leergeputzten Teller abräumte, verlangte Kurt nach der Dessertkarte. »Es sei denn, Sie haben es eilig?«

Meta warf einen Blick auf die Uhr. »Wann ist denn drüben im Theater Pause?«, wollte sie von der Bedienung wissen.

»Die war vor fünf Minuten.« Die junge Frau zuckte entschuldigend mit den Schultern. »Hätten Sie Karten gehabt?«

»Ja. Nein. Egal.« Meta seufzte. Es war nicht das erste Mal, dass sie Geld für Kultur ausgab und die Karten später nicht nutzte. Manchmal kam einem eben eine Grippe dazwischen, mal waren es Überstunden. Und eigentlich war für sie die Vorfreude sowieso das Schönste. Außerdem fühlte sie sich auch so bestens unterhalten, Kurt sei Dank.

»Wissen Sie was, ich werde Sie trösten.« Kurt lachte – und das auf eine so entwaffnende und freundschaftliche Weise, dass sie sich noch mehr entspannte, als sie es ohnehin schon tat.

»Da bin ich aber neugierig«, entgegnete Meta.

Kurt nahm ihr die Dessertkarte aus der Hand und stand auf. »Ich bin gleich wieder da«, sagte er und ging in die Richtung, in der Meta die Küche vermutete. Sie nutzte den Moment, um in ihrer Tasche nach dem Reiseführer zu kramen. Es war ein älteres Exemplar, das sie in der Bücherei entliehen hatte. Mit Post-Its hatte sie jene Ziele markiert, die sie ansteuern wollte. Als Nächstes stand Struppen auf ihrem Plan. Gleich morgen früh wollte sie in dem kleinen Ort Station machen.

»Ah, Struppen«, sagte Kurt, als er sich wieder neben sie setzte und einen Blick in das kleine Büchlein warf. »Schön da.«

»Ja, das hoffe ich.« Meta klappte den Reiseführer zu und verstaute ihn wieder in der Tasche. »Und womit werde ich jetzt getröstet?«

»Mit Kalorien.« Kurt zwinkerte ihr zu. »Und wie Sie aussehen, können Sie welche vertragen.«

Meta fühlte sich geschmeichelt. Es war Jahre her, dass ihr jemand ein Kompliment gemacht hatte.

»Ich habe jedenfalls zu Hause keine Waage«, antwortete sie. Und sagte dann eine ganze Weile nichts, sondern gab sich dem Nachtisch hin. Hauchfeine Crêpes, die mit verschiedenen Saucen gereicht wurden: Schokolade, Vanille und hausgemachte Erdbeermarmelade.

»Erdbeermarmelade«, murmelte Kurt. »Warten Sie mal.

Da war doch was ... ach ja. Genau. In Struppen. Ich könnte Ihnen da noch eine Geschichte erzählen.«

»Über Konfitüre?« Meta lachte.

»Lustig ist die nicht. Aber spannend.«

»Dann schießen Sie los«, forderte Meta ihren neuen Bekannten auf. Der ließ sich nicht lange bitten, und schon kurz darauf war sie mitten drin in Struppen und einem Kriminalfall, den sie niemandem geglaubt hätte. Außer Kurt. Der dermaßen gut erzählte, dass sie erneut die Zeit vergaß und sich in einem schmucken Einfamilienhaus auf einer Baustelle wiederfand ...

STRUPPEN, 2008

Mirko Wagenfeld betrachtete sich als ziemlich ausgeglichene Person. Er war nicht ausgeflippt, als seine zwei Kinder vor Kurzem der Meinung gewesen waren, dem noch kein halbes Jahr alten Citroen mit ihren Fahrrädern ein markantes Seitenmuster zu verschaffen. Oder nachdem sein Nachbar seine Tierliebe entdeckt hatte und auch im Sommer mehr als ein Dutzend Meisenknödel aufgehängt hatte, sodass mittlerweile wahre Vogelschwärme aufschreckten, wann immer jemand an dem Grundstück vorbeiging, und diese regelmäßig Mirkos geteerten Weg in eine schwarz-weiße Kackpiste verwandelten.

Diese Handwerker allerdings brachten ihn förmlich zur Weißglut. Als sie das Bad in der ersten Etage begutachtet hatten, war von einer Woche Umbauzeit die Rede gewesen. Nur kurz die 40 Jahre alten rosa Fliesen abklopfen, ein neues Wand-WC installieren, die Badewanne austauschen und am Ende alles neu verfliesen. Zugegeben, er war schon im Vorfeld davon ausgegangen, dass es vermutlich ein bisschen länger dauern würde.

Ein bisschen.

Doch auch nach anderthalb Wochen war nicht mal ansatzweise ein Ende in Sicht. Woran es lag? Mirkos Ansicht nach an einer fatalen Kombination aus Faulheit und Inkompetenz. Am ersten Tag waren die Handwerker ja noch pünktlich und voller Elan erschienen. Bis abends halb sieben hatten sie gehämmert und gebohrt und so das Bad komplett von seinem alten Glanz befreit. Für den zweiten Tag hatte sich der Elektriker angekündigt, der erst gegen Mittag aufgetaucht und nach einer Stunde wieder verschwunden war. Getoppt wurde das von Fliesenleger Krause, der zwei Tage später mit seiner Arbeit begann, aber schon nach kurzer Zeit merkte, dass er sich beim Ausrechnen der Quadratmeter wohl etwas vertan und zu wenige Fliesen eingekauft hatte. Zwar hatte er unverzüglich seinen Kollegen angerufen, doch es hatte satte vier Stunden gedauert, bis der endlich aufgetaucht war. Viel passiert war in der Zwischenzeit nicht. Wie auch, wenn das Material fehlte?

Schon da hätte Mirko ahnen müssen, dass es mit diesem Mann Schwierigkeiten geben würde. Aber obwohl der Bursche offenbar kein Rechengenie war, dürfte er – als Meister – doch zumindest sein Handwerk verstehen.

Nach weiteren drei Arbeitstagen klebten die Fliesen an den Wänden. Allerdings hatte Krause einige Kacheln sichtbar schief angebracht, bei anderen die Übergänge so schlampig gestaltet, dass es Mirko wohl selbst mit seinen zwei linken Händen kaum schlechter hinbekommen hätte. Verfugte Abschlüsse von den Fliesen zur Wand oder wenigstens ein paar Abschlussleisten gab es nicht.

Mirko bereute es, ausgerechnet an dem Tag nicht daheim gewesen zu sein. Aber nach den vollmundigen Prognosen der Handwerker hatte er lediglich eine Woche Urlaub bei seinem Chef beantragt und in der zweiten Woche wieder zu seinem Bürojob nach Pirna zurückkehren müssen. Als seine Frau Elke ihm den Pfusch schließlich gezeigt hatte, war Mirko sofort die Zornesröte ins Gesicht gestiegen. Ganz klar, hier musste der Fliesenleger nachbessern. Bei einem Stundenlohn von sportlichen 60 Euro stand alles andere gar nicht zur Debatte.

Am Abend – inzwischen war Donnerstag – hatte er den Handwerker nicht mehr erreicht, und am Freitag war dieser erst mal unterwegs zu einem anderen Kundentermin gewesen. Wenigstens hatten es die Klempner an dem Tag geschafft, das neue Klo, die Badewanne und den Boiler zu installieren. Das Waschbecken kam ebenfalls, allerdings reichte die Zeit nicht, es an die Wasserleitung anzuschließen. Heizung und Duschwand gab es gar keine. Für Erstere passten die Anschlüsse nicht, Letztere war vergessen worden, zu bestellen. Laut Auskunft der Handwerker würde es weitere zwei bis sechs Wochen dauern, bis sie verfügbar wäre.

Auch hier war Mirko ruhig geblieben. Beim Rückruf des Fliesenlegers allerdings biss er sich vor Wut in die zur Faust geballte Hand. Krause war allen Ernstes der Meinung gewesen, mit seiner Arbeit fertig zu sein. »Nächste Woche bin ich auf einer anderen Baustelle. Und danach habe ich zwei Wochen Urlaub. Im Anschluss könnte ich aber wieder bei Ihnen vorbeischauen.«

»Ich höre wohl nicht richtig! Es gibt noch nicht mal Abschlüsse von den Fliesen zur Wand. Wenn wir uns duschen, läuft das Wasser direkt dahinter!«

»Ach, das ist nicht weiter tragisch. Das macht man heutzutage so. Ein bisschen Wasser dahinter schadet nicht. Das wird von der Mauer absorbiert.«

»Dahinter liegt das Kinderzimmer! Ich will nicht, dass dort Wasser hinläuft und irgendwas zu schimmeln beginnt!«

»Da wird nichts schimmeln. Glauben Sie mir, es hat alles seine Richtigkeit.«

Mirko atmete tief durch und zählte innerlich bis zehn. Trotzdem wollte die Wut nicht verfliegen. »Ich möchte, dass es richtig gemacht wird. Punkt. Aus. Ende.«

Kurzes Schweigen am anderen Ende der Leitung. Danach ein entnervtes Stöhnen. »Ich komme am Dienstag vorbei. Dann mache ich das schnell.«

»Tun Sie es bitte nicht schnell, sondern vernünftig.«

»Selbstverständlich.«

Das Wochenende über duschten sie im Sitzen (was schon mal eine Verbesserung war, zuvor waren sie dafür immer zu den Schwiegereltern nach Thürmsdorf gefahren) und versuchten, die Makel im Bad zu ignorieren. Es klappte mehr schlecht als recht, aber zumindest war ja die Besserung in Sicht. Für den Dienstag – sowie vorsichtshalber auch gleich Mittwoch und Donnerstag – nahm sich Mirko Urlaub. Sein Plan war es, dem Handwerker diesmal genau auf die Finger zu schauen, damit in der dritten Arbeitswoche endlich alles ordnungsgemäß erledigt wurde.

Oder eben nicht.

Der Dienstagvormittag verstrich, ohne dass sich Krause blicken ließ. Über das Handy war er nicht erreichbar. Auch im Büro seiner Handwerksfirma ging niemand an den Apparat.

Langsam, aber sicher schwoll Mirko der Kamm. Was bildete sich dieser Fatzke überhaupt ein? Dass er es hier mit einem Idioten zu tun hatte, den er bedenkenlos versetzen konnte? Nein, verdammt noch mal! Mirko war ein zahlender Kunde. Und der Handwerker verdiente weiß Gott nicht zu knapp an ihm. Oder hatte der Fliesenleger sein Geschäft wegen Reichtums geschlossen und brauchte sich nicht mehr um bestehende Aufträge zu kümmern?

In Gedanken malte sich Mirko bereits aus, wie er zu dessen Büro in Porschdorf fuhr, die Tür eintrat und jeden Anwesenden zur Rede stellte. Doch in dem Moment klingelte es an der Tür. Ein braun gebrannter Mittvierziger mit schulterlangem, wallendem Haar stand davor. Krause. Nur sein Goldkettchen schien er heute daheim gelassen zu haben.

»Entschuldigung, mir ist kurzfristig was dazwischengekommen«, heuchelte er. In seinen Mundwinkeln klebte noch ein letzter Rest Senf. »Aber jetzt bin ich ja da. Wo brennt's denn?«

Gleich bei dir im Gesicht, lag es Mirko auf der Zunge. Dass der Kerl die Dreistigkeit besaß, ihn *das* zu fragen, stellte ihn erneut auf eine Geduldsprobe. Aber er atmete tief durch und führte den knapp zehn Jahre älteren Handwerker ins Bad, um ihm all die Stellen zu zeigen, an denen nachgebessert werden musste.

Erstaunlicherweise zeigte sich Krause sehr einsichtig, nickte immerzu und versprach, sich sofort ans Werk zu machen. Die Unterredung verlief dermaßen reibungslos, dass sich Mirko allein deswegen wieder Sorgen machte.

Aber Krause schlappte gut gelaunt zu seinem direkt an der Hauptstraße geparkten Passat, lud zwei Pakete Fliesen aus und verschwand samt dazugehöriger Werkzeugtasche im Badezimmer. Gleich darauf hörte Mirko ihn hämmern und bohren.

Als nach drei Stunden endlich wieder Ruhe einkehrte, atmete er erleichtert auf. Inzwischen war das Dröhnen auch in seinem Schädel angekommen. Trotzdem trieb ihn die Neugierde sofort ins Badezimmer. Noch im Türrahmen blieb er stehen. Dass dieser von den Bohrarbeiten einen deutlichen Riss davongetragen hatte, registrierte er zwar, doch für den Moment war es ihm egal.

Die ganze Rückwand sah aus wie Dresden 1945. Kaum

ein Stein befand sich noch auf dem anderen. Geschweige denn eine Fliese an der Wand.

»Was in Dreiteufelsnamen tun Sie da?«

»Ich erneuere die Fliesen. Das wollten Sie doch.«

»Ich wollte, dass Sie die Abschlüsse richtig machen und *vielleicht* ein, zwei Fliesen entfernen, die Sie letzte Woche schief eingesetzt haben.«

»Ein, zwei Fliesen geht nicht. Wie sieht denn das aus? Entweder ganz oder gar nicht.«

Mirko schnappte nach Luft.

Der Handwerker lächelte. »Nun machen Se sich mal nicht ins Höschen. Das wird schon wieder. Ich befürchte allerdings, dass ich die anderen Fliesen auch noch mal entfernen muss. Das mit den Rissen darin war nicht beabsichtigt.«

»Was denn für Risse?«

Mit unkontrolliert hämmerndem Puls schaute er sich die noch an den Wänden befindlichen Kacheln genauer an – und hatte das Gefühl, ihm würde dabei das Gesicht einschlafen. Da waren überall haarfeine dünne Striche auf den weißen Fliesen. Für Spinnweben waren sie zu dunkel. Und zu zahlreich. Sie zogen sich über mehrere Kachelreihen, selbst im Eingangsbereich schienen welche zu sein. Das durfte doch alles nicht wahr sein!

»Es sieht schlimmer aus, als es ist«, sagte Krause mit dümmlichem Grinsen. »Die Sachen habe ich schwuppdiwupp ausgetauscht.«

»Schwuppdiwupp«, wiederholte Mirko mit schwerer Zunge. Er fühlte sich seltsam benommen. Die Welt um ihn herum wankte. Alles, was er sah, war Krauses Lächeln. Er schien den Moment zu genießen. Wahrscheinlich hatte er mit Absicht gepfuscht.

»Allerdings muss ich erst mal neue Fliesen bestellen.«
Krause hob das eine verbliebene Paket an. »Das hier reicht
dafür sicher nicht. Außerdem muss ich schauen, wo ich
Sie in meinem Terminkalender unterbringe. Der ist der-
maßen voll, das glauben Sie gar nicht. Ich glaube, in drei
Wochen habe ich was frei. Ist doch kein Problem, oder?«

Die Stimme des Fliesenlegers klang kilometerweit entfernt. Bloß sein Grinsen war nach wie vor sehr präsent.
Schien breiter und breiter zu werden. Als ihm Krause
kumpelhaft auf die Schulter klopfte, riss Mirko der
Geduldsfaden.

Wie ferngesteuert schnappte er sich das letzte Fliesen-
paket, hob es an und ließ es voller Wucht auf den Kopf
des Handwerkers niedersausen. Es knackte und knirschte.
Blut spritzte Mirko auf Hände und Gesicht, doch das
war egal. Krauses Feixen verschwand und auch die ner-
vige Stimme verstummte. Mit einem Glucksen brach der
Mistkerl zusammen.

Eine Sekunde lang fühlte Mirko unendliche Befrie-
digung.

Dann kehrte sein Bewusstsein in die reale Welt zurück
und er begriff, was er getan hatte.

Oh, Scheiße.

Panisch wich er zurück. Er sah die reglose Gestalt auf
dem Fliesenboden liegen. Die Platzwunde an der Stirn,
aus der noch immer Blut sickerte. Um den Kopf herum
hatte sich bereits eine Lache gebildet.

Mirkos Bauch zog sich schmerzhaft zusammen. Er
hatte das Gefühl, sich gleich übergeben zu müssen, und
presste vorsichtshalber die Hand vor den Mund.

Eine Ewigkeit lang stand er einfach nur da. Unfähig,
etwas zu denken oder zu tun. Nachdem die Übelkeit

nachgelassen hatte, suchte er bei Krause nach einem Puls. Es gab keinen. Einem Impuls folgend, rüttelte er noch einmal kräftig an dessen Schultern, aber auch das holte den Toten nicht ins Leben zurück. Nichts und niemand würde das mehr schaffen.

Was nun? Die Polizei rufen? Auf keinen Fall. Das hier war keine Notwehr, sondern eine Affekthandlung gewesen. In den Krimis nannten sie so was Totschlag. Dafür bekam man zig Jahre aufgebrummt.

Das wollte er nicht. Nicht für diesen Drecksack. Krause hatte ihn provoziert. Ja, es regelrecht herausgefordert.

Mirko blieb keine Wahl. Er musste die Leiche verschwinden lassen.

Ganz bewusst ließ er einige Minuten verstreichen, um sich weiter zu beruhigen. Dann streifte er sich die Lederhandschuhe über, die ihm Elke zu Weihnachten geschenkt hatte. Die dürften genügen, um keine Fingerabdrücke zu hinterlassen. Er lehnte Krauses Oberkörper gegen die Wand und wischte das Blut weg. Erst mal nur grob. Um die Feinheiten würde er sich später kümmern. In Krauses Hosentaschen fand er dessen Autoschlüssel und fuhr den rostbraunen Kombi in die Einfahrt. Idealerweise hatte der Handwerker im Kofferraum Folie ausgelegt, damit ihm Werkzeuge, Fliesen und sonstiges Zubehör nicht alles schmutzig machten. Mit einigen Mühen hievte Mirko den Leichnam hinein. Zum Glück war das Grundstück von dichten Hecken umgeben, die jeden neugierigen Blick von außen abschirmten. Dazu war es relativ früh am Nachmittag und die meisten Nachbarn um diese Zeit noch auf Arbeit. Selbst die Kinder würden noch eine gute Stunde lang im Schulhort bleiben, bevor Elke sie abholte.

Das musste genügen.

Zunächst tuckerte er ziellos die Struppener Hauptstraße entlang. Auf Höhe der Landfleischerei hielt er kurz an und bog dann nach Norden in Richtung Thürmsdorf ab. Der Bärensteinstraße folgend, steuerte er schließlich auf das fünf Kilometer entfernte Weißig zu. Um ihn herum jede Menge Felder, Wiesen und Wälder. Linkerhand standen ein paar Kühe auf der Weide, rechts sah er in der Ferne die Festung Königstein. Allesamt schöne Eindrücke, aber nichts davon half ihm weiter.

Schließlich entschied er sich für ein Waldstück mehrere Hundert Meter abseits von Weißig. Von der Straße aus würde der Wagen nicht zu sehen sein. Ewig funktionierte dieses Versteck sicherlich nicht, aber mit etwas Glück zumindest für die nächsten Tage. Bis dahin konnte er sich ein plausibles Alibi zurechtlegen. Für den Moment war er erst mal froh, den toten Mistkerl vom Hals zu haben. Er hob ihn vorsichtig aus dem Wagen und trug ihn zu den hinter dem Auto wachsenden Büschen. Zum Schluss noch kurz vergewissert, dass er keine Spuren hinterlassen hatte. Dann schlich Mirko in geduckter Haltung über die Felder nach Hause zurück.

Der Anruf kam, als Kriminaloberkommissar Hans Jürgen Rabenschmidt im Polizeirevier Pirna gerade aufs Klo gehen wollte. Der Endvierziger überlegte, es klingeln zu lassen. Nach einer ellenlangen Telefonkonferenz mit seinem Freund und Kollegen Roland Krämer vom Revier Bautzen hatte er sich eine Verschnaufpause redlich verdient.

Aber da es ja wichtig sein könnte, ging er schließlich doch an den Apparat. Zehn Minuten und einen überhasteten Toilettengang später befand er sich zusammen mit seiner zehn Jahre jüngeren Partnerin Heike Gerlach auf dem Weg nach Weißig.

Obwohl bereits die Sonne unterging und die Sicht langsam nachließ, erblickten sie die am Straßenrand parkenden Einsatzfahrzeuge schon aus mehreren Hundert Meter Entfernung. Selbst die Kollegen von der Spurensicherung waren bereits vor Ort. Wie die wohl so schnell hierhergekommen waren? Im Revier hatten Heike und er doch weiß Gott nicht getrödelt. Gab es eventuell eine Abkürzung? Dabei hatte er doch gedacht, dass der Weg über Struppen der schnellste gewesen war. Vielleicht sollte er später eine andere Strecke ausprobieren.

Als Heike den Wagen hinter dem Sanka parkte, verwarf er den eigentlich völlig nebensächlich Gedanken und ermahnte sich selbst, sich nicht immer so leicht ablenken zu lassen. In der letzten Zeit schien das gehörig zugenommen zu haben.

»Was haben wir hier?«, fragte er den uniformierten Beamten, der sie zum Tatort lotste. Als wenn sie den nicht auch allein gefunden hätten. So viele andere Plätze, die die Kollegen umringten, um Fotos zu schießen und Spuren zu sichern, gab es nämlich nicht.

»Männlicher Toter. Anfang bis Mitte 40. Stumpfes Schädeltrauma«, leierte er mechanisch die Fakten herunter. »Ist vermutlich erst wenige Stunden tot.«

»Wer hat ihn gefunden?«

»Die Joggerin da drüben. Hatte sich gewundert, warum hier draußen ein Wagen parkt, und ist näher rangegangen. Dann hat sie den Leichnam dahinter liegen gesehen.« Er nickte in Richtung einer jungen Frau mit eng anliegender Sportkleidung und blondem Pferdeschwanz. Im

Gespräch mit einem anderen Uniformierten hielt sie die Hände wie zum Gebet gefaltet vor den Mund gepresst und schüttelte immerzu den Kopf.

Rabenschmidt beobachtete sie einen Moment lang und trat dann mit Rücksicht auf die Spurensicherung vorsichtig an den Tatort heran. Neue Erkenntnisse brachte das anfangs nicht. Der fast kahle Gerichtsmediziner Kühn versperrte mit seinem voluminösen Körper die komplette Sicht. »Hallo, Jan«, begrüßte er ihn.

Der Endfünfziger drehte sich um und erhob sich, als er sie erkannte. »Tach, Hans, hallo Heike«, grüßte er die Kollegen. Nun endlich konnte auch Rabenschmidt den Toten genauer betrachten. Ein Mann mit langen dunklen Haaren, so wie er sie früher auch gern gehabt hätte. Auffällig daran war, dass der Mann eine an den Knien schmutzige blaue Arbeitshose und ein ebenfalls nicht gerade sauberes T-Shirt trug. Zum Joggen war der bestimmt nicht hier rausgekommen. Dafür sprach auch der zwar nicht verdrehte, aber dennoch irgendwie unnatürliche Winkel, in dem der Leichnam auf dem trockenen Wiesenboden lag.

»Hat den Toten jemand bewegt?«

»Soweit ich weiß, nicht.«

»Wie hoch ist die Chance, dass es ein Unfall war? Eventuell ist er unglücklich gestürzt.«

Kühn schüttelte den Kopf. »Am Boden gibt es kaum Blut. Außerdem hätte er sonst auch Wunden an einer Kopfseite. So sieht es aus, als hätte er ganz gewaltig eins auf den Deckel gekriegt.«

Rabenschmidts Kollegin winkte einen der Spurensicherer zu sich heran. »Habt ihr schon was gefunden?«

»Es gibt einen Schuhabdruck im Staub. Aber der Boden

ist arg trocken. Außerdem ist es windig. Da bleibt nicht viel zurück.«

Das klang nicht gut. Zeugen würden sie hier draußen höchstwahrscheinlich ebenfalls keine finden. Blieb nur noch die gute alte Ermittlungsarbeit.

Laut seinem Personalausweis hieß der Verstorbene Bodo Krause, wohnhaft in Porschdorf. Den Ortsteil von Bad Schandau kannte Rabenschmidt recht gut. Erst vor zwei Wochen hatte er mit seiner Frau Gerda eine Radpartie entlang der Elbe unternommen und das kleine Dorf auf dem Rückweg gestreift. Besonders die schlecht geteerte Straße war ihm noch gut in Erinnerung.

Beinahe interessanter als die Daten im Ausweis waren die Visitenkarten, die der Tote stapelweise in seiner Brieftasche und im Auto verstaut hatte. Offenbar war er Fliesenlegermeister mit eigener Firma gewesen, ebenfalls in Porschdorf.

Was gleich zwei Gründe auf einmal waren, dem Ort einen Besuch abzustatten. Die Fahrt führte ihn die B172 entlang der malerischen Elbelandschaft mit Blick auf den markanten Berg Lilienstein. Während sie von Rathmannsdorf gen Norden fuhren, verlor sich Rabenschmidt in Erinnerungen an den Ausflug mit Gerda und vorherigen Besuchen in dem Ort. Erstaunlich, wie schnell man dabei vom Hundertsten ins Tausendste kommen konnte.

Krauses Wohnhaus befand sich am Ringweg, sein Büro direkt dahinter. Zuerst probierten sie es an der Privatadresse, aber dort reagierte niemand. Also folgten sie einem schmalen blauen Werbeschild zu einem verwucherten Hinterhofgarten mit rostigem Bauschuttcontainer, einem halb toten Rasen und schmutzigen Fenstern, mit direktem

Blick auf eine verkümmerte Hecke. Eine wahre Wohl-fühloase. Wenn man auf so was stand.

Auf ihr Klopfen reagierte auch hier niemand, aber da die Tür unverschlossen war, traten sie ohne Aufforde-rung ein. Drinnen erwarteten sie ein schmaler und mit Büromöbeln zugestellter Raum. Das Lager dahinter ent-hielt haufenweise Pakete mit Fliesen und sah kaum besser aus. Auf vielen Paketen klebte ein 50%-Rabatt-Etikett.

»Richtig behaglich hier«, bescheinigte Heike iro-nisch. Irgendwo im Hintergrund dudelte das Die-Ärz-te-Lied »Lasse redn«, aber Rabenschmidt konnte unter all dem Inventar kein Radio ausmachen. Dafür tauchte hinter einer offenen Schranktür eine dralle Blondine um die 30 auf. »Ja, bitte?«, fragte sie mit stechendem Blick. »Ich wollte gerade Feierabend machen.«

Die Kommissare zückten ihre Dienstausweise und ver-rieten den Grund ihres Hierseins. Von einer Sekunde zur nächsten wurde die Frau deutlich bleicher. »Oh nein. Das kann doch nicht sein. Ich hab doch heute Morgen noch mit ihm gesprochen.«

»Wirkte er da irgendwie anders als sonst?«, fragte Heike.

»Nein, ganz normal.«

»Gab es irgendwen, mit dem er sich nicht verstand? Vielleicht ein verärgerter Kunde oder so?«

Sie schluchzte übertrieben laut auf. »Nein, Bodo hatte keine Feinde. Er war ein so umgänglicher Mensch, der mit jedem gut klarkam. Ein ganz feiner Kerl.«

»War er verheiratet oder lebte mit jemandem zusam-men?«

»Für Beziehungen ist … war er nicht so der Typ. Er liebte es, allein in den Bergen zu klettern oder mit dem

Kanu auf der Elbe zu paddeln. Im Winter fuhr er gern und oft Ski. Da blieb nicht viel Zeit für jemand anderes. Er war ein Sportler aus Leidenschaft.«

Mit jeder weiteren Lobeshymne, die sie auf ihren Chef anstimmte, wirkten die Schilderungen unglaubwürdiger. Als sie noch von angeblichen ehrenamtlichen Arbeiten im Tierheim anfing, hörte Rabenschmidt auf, zuzuhören. Die Leute wollten einfach nicht schlecht über Tote reden. Vor allem nicht, wenn es ihre Vorgesetzten waren. Deshalb nahm er die Frau behutsam beiseite. »Jetzt mal unter uns Gebetsschwestern. Ganz so großartig war er sicher nicht. Niemand ist das. Sicher hatte er ein paar Macken, die Sie gestört haben.«

Nach kurzem Zögern nickte die Frau. »Er war ein Arschloch. Er hat seine Kunden absichtlich warten lassen, um ihnen so noch mehr Geld aus dem Kreuz zu leiern. Er traf sich auch gern mit Frauen, aber selten ging das über einen One-Night-Stand hinaus. Für Beziehungen war er viel zu oberflächlich.«

»Gab es Anrufe von erbosten Kunden oder Frauen, die das mit den flüchtigen Liebschaften nicht so locker hinnahmen?«

»Ständig. Deshalb ging Bodo auch kaum an sein Handy. Solche Sachen waren ihm aber ziemlich schnuppe.« Sie zeigte auf den zweiten Schreibtisch, auf dem ein schwarzes Aufklapphandy lag, das offenbar niemanden interessierte. »Nehmen Sie es ruhig mit. Ich brauch es nicht.«

»Vielen Dank. Könnten Sie uns auch eine Liste seiner Arbeitsaufträge der letzten acht Wochen geben? Außerdem bräuchten wir eine Übersicht, was für Termine gestern, heute und die nächsten Tage in seinem Kalender standen.«

Krauses Sekretärin tupfte sich die falschen Tränen aus den Augen und setzte sich an ihren Computer. Inzwischen sang Michael Bublé »Call me irresponsible«, die Quelle hatte Rabenschmidt aber noch immer nicht ausgemacht. War es vielleicht gar kein Radio, sondern das Gedudel kam vom PC? Seit geraumer Zeit mutierten diese Dinger ja immer mehr zu Jukeboxen. Ihm persönlich würde das wohl immer suspekt bleiben. Musik kam entweder von einer CD oder einer Schallplatte – und bestand nicht aus irgendwelchen Bits und Bytes.

Als sie das Büro wieder verließen, ging Rabenschmidt den Ausdruck von Krauses Terminkalender durch. Für heute war nur ein einziger Termin eingetragen. Die Adresse in Struppen lag praktisch auf dem Heimweg.

Mirko hatte genug Krimis gelesen und machte sich deshalb keine Illusionen. Früher oder später würde die Polizei auftauchen und ihn nach dem Fliesenleger befragen. Also hatte er den Nachmittag über immerzu an seiner Version der Geschichte gefeilt. Jedes noch so kleine Detail musste stimmen und vor allem plausibel sein: Der Handwerker war kurz nach Mittag bei ihm aufgetaucht, hatte drei Stunden lang im Bad gewerkelt und war dann aufgebrochen, weil er laut eigener Aussage noch was zu erledigen hatte.

Das war ziemlich nah bei der Wahrheit und trotzdem weit genug entfernt, um Mirko aus der Schusslinie zu bringen. Trotzdem trat ihm sofort der Schweiß auf die Stirn, als es kurz nach neun an der Haustür klingelte.

»Wer kann das sein?«, fragte seine Frau.

Mirko zuckte unwissend mit den Schultern und ermahnte sich, ruhig zu bleiben. Dass die Polizei so schnell hierherkommen würde, hätte er nicht gedacht. Sein Herzschlag erhöhte sich mit jedem Schritt, den er sich dem Eingang näherte.

»Falls es wieder so ein Hausierer ist, wir kaufen nichts!«, rief ihm Elke nach. Mirko wusste so sicher wie das Amen in der Kirche, die er nie besuchte, dass ihm niemand etwas verkaufen wollte. Er legte die Hand auf die Klinke, holte tief Luft und lauschte nach oben. Immerhin hatten die Kinder das Bimmeln nicht gehört, die beiden schienen tatsächlich schon zu schlafen. Als er die Tür öffnete, war er über sich selbst erstaunt, denn er fragte mit angemessen genervter Stimme: »Was gibt's?«

Sowie Rabenschmidt den Dienstausweis zückte, fühlte Mirko sich wie in einem Film. Einem ziemlich schlechten zwar, aber einem, dessen weitere Szenen er ahnte. Und die auch so kamen: Er bat die beiden Kriminalbeamten herein, zuckte vermeintlich ratlos mit den Schultern, als Elke in den Flur kam, und folgte den dreien ins Wohnzimmer. Bot den Polizisten Platz an, schaltete den Fernseher aus (die Reportage über den Schwarzwald interessierte ihn ohnehin nicht) und nahm neben Elke auf dem Zweisitzer Platz. Seine Frau schien deutlich nervöser zu sein als er, wie er innerlich feixend feststellte.

»Ja?«, unterbrach er die Stille. Rabenschmidt schilderte in sehr knappen Worten, dass Handwerker Krause das Zeitliche gesegnet hatte und mit eingeschlagenem Schädel gefunden worden war. Aber doch deutlich genug, dass Elke die Hand vor den Mund presste und ein zaghaftes »Oh« hören ließ. Mirko selbst schwieg und versuchte, einen fragenden Blick aufzusetzen. Offensichtlich mit Erfolg, denn der Kommissar beeilte sich zu versichern, dass der abendliche Besuch reine Routine sei.

»Sie müssten unter den Letzten gewesen sein, die Krause lebend gesehen haben«, schloss Rabenschmidt seine kurze Rede.

»Wir?« Elke wurde blass. Was Mirko unpassend fand – denn erstens hatte sie sich aus den Verhandlungen mit den Handwerkern so gut wie rausgehalten und zweitens hätte er an Stelle der Kommissare das ein wenig verdächtig gefunden. Andererseits, welche Frau brachte schon einen Fliesenleger um?

»Laut seinem Terminplan war er heute Nachmittag bei Ihnen.«

»War er«, bestätigte Mirko und freute sich innerlich, wie fest seine Stimme klang. »Hatte im Bad zu tun, Nachbesserungen. Sie kennen das ja, Handwerker. Da stimmt nie alles beim ersten Anlauf«, sagte er leichthin und ganz so, als mache ihm das Desaster im Nassraum keinen Deut was aus.

»Wann ging denn Herr Krause?«

Mirko tat, als überlege er, während Elke kundtat, dass sie den ganzen Nachmittag mit den Kindern bei ihren Eltern gewesen sei und Marmelade eingekocht habe. Erdbeere. Und um sich und die Kinder danach ausgiebig im elterlichen Bad zu duschen, weil man ja nie wusste, ob es auf der eigenen Baustelle Wasser gab.

»Ich denke, so gegen halb vier. Vielleicht ein bisschen später. Ich habe nicht auf die Uhr geschaut.«

»Halb vier«, murmelte der Kommissar. Dachte einen Moment lang nach und stellte dann jene Frage, vor der Mirko sich insgeheim gefürchtet hatte: »Ist Ihnen irgendetwas aufgefallen?«

»Die Fliesen sind alle ab«, platzte Elke raus und verschaffte ihrem Mann damit unwissentlich ein wenig Zeit, sich eine Antwort zu überlegen. »Und dann machen Sie da mal sauber. So eine Schweinerei, alles rot!«

»Rot?« Der Kommissar beugte sich nach vorne, und auch seine Assistentin Heike Gerlach sah nun aufmerksamer aus.

»Blutrot, ekelhaft«, bekräftigte Elke mit einem heftigen Kopfnicken.

»Blut?«

»Natürlich nicht! Erdbeermarmelade. Überall. Ich dachte schon, das bekomme ich nie wieder aus den Fliesen raus. Aber mit Chlorreiniger geht das schon.«

»Marmelade?«

Mirko feixte. Der Hellste schien der Kommissar ja nicht zu sein.

»Mir ist da ein kleines Malheur passiert«, mischte er sich ein und tätschelte Elke beruhigend die Hand. »Ich wollte die Kiste mit den Gläsern noch mal überbrausen, weil die so klebrig waren.«

»Im Bad. Ausgerechnet! Das macht man in der Küchenspüle!«, schnaubte Elke.

»Geht halt schneller, so alle auf einmal in der Dusche. Dachte ich.« Mirko setzte einen schuldbewussten Blick auf. »Ich bin über die ausgeschlagenen Kacheln am Boden gestolpert.« Dass er die Marmelade mit voller Absicht der Schwerkraft überlassen hatte, würde wohl niemand annehmen. Und auch nicht, dass seine Frau ihm so unwissentlich dabei geholfen hatte, die hoffentlich letzten Blutspuren zu beseitigen. Er hatte sich nach seinem ungelenken Putzversuch nämlich den Kopf zerbrochen, wie er Elke die vielen Blutsprenkel im Bad erklären sollte, die in den ehemals weißen Fugen klebten. Da war die Erdbeermarmelade gerade recht gekommen. Mirko mochte die viel zu süße Pampe eh nicht besonders.

»Zurück zu Krause«, unterbrach Rabenschmidt den vermeintlich aufkeimenden Ehekrach. »War irgendetwas an dem Mann anders als sonst?«

»Nicht, dass ich wüsste«, antwortete Mirko und sagte damit sogar die Wahrheit.

»Er war nicht nervös? Angespannt?«

»Nein, eigentlich nicht. Wobei. Na ja. Also er hat heute, wie soll ich sagen ... noch schludriger gearbeitet als sonst. Vielleicht war er nicht ganz bei der Sache?« Mirko hoffte, dass die Kommissare auf diesen Infofetzen anspringen würden. Konnte die Gesichter der beiden allerdings nicht deuten, nahm die Visitenkarte des Kommissars an, versprach diesem beim Abschied, ihn anzurufen, falls ihm noch etwas einfiel, und ließ dann ein nochmaliges Schimpfkonzert seiner Frau über sich ergehen.

»Erdbeermarmelade.« So, wie Heike das Wort aussprach, verstand Rabenschmidt genau, was seine Kollegin meinte. Nämlich: »Erstens war da irgendwas komisch im Hause Wagenfeld und zweitens habe ich einen Bärenhunger.«

»Bockwurst?«, fragte Rabenschmidt und öffnete den Wagen.

»Mit zwei Brötchen«, seufzte Heike und ließ sich auf den Beifahrersitz fallen.

»Die Frage ist nur, wo um diese Zeit ...« Rabenschmidt startete den Motor. Und machte ihn gleich darauf wieder aus, als das Diensthandy läutete. Er ahnte, dass aus der Bockwurst eine Pizza vom Pirnaer Lieferdienst und aus dem Feierabend eine lange Nacht werden würde.

Er behielt Recht: Die Kollegen der eilig einberufenen »Soko Fliese« hatten ihre Hausaufgaben gemacht. Als Heike und er im Revier ankamen, lag das dank der Handydaten recht lückenlos rekonstruierte Bewegungsprotokoll des Toten auf seinem Schreibtisch. Nebst einer handschriftlichen Notiz, die eine Pressekonferenz seitens der Staatsanwaltschaft für den kommenden Morgen ankündigte.

»Quattro staggioni?«, fragte Heike. Rabenschmidt nickte und starrte auf die sieben Blätter, die vor ihm auf dem Tisch lagen. Doch, die Kollegen waren fleißig gewesen – und der tote Krause offenbar viel unterwegs. Und das, vermutete der Kommissar, nicht immer nur auf Baustellen oder in Baumärkten.

»Heike, klärst du die Nummern ab?« Er reichte seiner Kollegin den Ausdruck mit den zuletzt vom Handy des Toten gewählten Telefonnummern. Er selbst wollte die Koordinaten der Funkzellen mit der Karte der Umgebung vergleichen. Eigentlich eine Arbeit für einen Praktikanten – aber Praktikanten waren um diese Uhrzeit alle entweder im Bett oder feiern. Oder beides.

Seufzend widmete Rabenschmidt sich der Strafarbeit und bekam kaum mit, dass seine Pizza geliefert wurde. Sie schmeckte wie immer leicht nach Pappe und ließ sich allein deswegen ganz nebenbei und ohne große Ablenkung durch Geschmacksexplosionen verzehren. Drei Stunden lang arbeiteten sie hochkonzentriert, unterbrochen nur vom Röcheln der Kaffeemaschine. Kurz nach Mitternacht trat Heike an seinen Schreibtisch.

»Ich hab da was«, flüsterte sie.

»Ich auch.« Rabenschmidt streckte sich und vernahm deutlich das Knacken seiner Wirbelsäule.

Wenig später standen sie vor der gläsernen Tafel und malten mit abwischbaren Stiften darauf herum, Heike in Rot, Hans Jürgen in Blau. Nach und nach wurde aus den Zahlen und Kringeln eine Karte von Struppen – mit den immer gleichen Kreuzen an den immer gleichen Stellen: das Wohnhaus des Toten, das Haus der Wagenfelds und eine Ansammlung von Kreuzen ein Stück westlich des Ortes.

»Was ist denn da?«, fragte Heike und gähnte. Mittlerweile war Mitternacht längst vorbei.

»Nichts. Viel Wald höchstens.« Auch Rabenschmidt spürte die Müdigkeit. Die ungelenke Zeichnung verschwamm vor seinen Augen, als nun auch er herzhaft gähnte. Heike tippte sich mit dem Stift ans Kinn. Mit der Seite, auf der die Mine war. Rabenschmidt grinste. Seine Kollegin sah aus wie ein Kind mit Masern.

»Da!«, rief sie schließlich, warf einen Blick auf ihre Notizen und verglich diese mit den Handywaben. »Scheint nicht nur für den Toten ein Lieblingsplatz gewesen zu sein. Diese Nummer war in den letzten drei Wochen ganze neunmal dort eingeloggt.« Sie tippte mit dem Stift auf das Blatt. Neben einem roten Punkt stand eine Mobilnummer.

»Das ist …«

»… die Nummer von Elke Wagenfeld.«

»Holla die Waldfee.« Rabenschmidt pfiff leise. Warf einen Blick auf die Uhr. Und beschloss, dass er sowieso nicht würde schlafen können. Er nickte Heike zu, die verstand, und kurz darauf saßen die beiden im Dienstfahrzeug.

Seine Vermutung traf genau ins Schwarze. Die Ansammlung von Kreuzen auf der Karte führten sie zu einem kleinen Waldstück nicht weit von Königstein entfernt. Genau wie der Tatort in der Nähe von Weißig war dieses Fleckchen von der Straße aus nicht einsehbar. Umgeben von unzähligen Bäumen und Sträuchern war es der perfekte Ort, um einige Zeit ungestört zu verbringen. Sicher waren Frau Wagenfeld und der Fliesenleger nicht hierhergekommen, um Halma oder Verstecken zu spielen. Als große Naturliebhaber schätzte er sie ebenfalls nicht ein. Wobei, Elke Wagenfelds Einkochen von Marmelade ließ durchaus auf mindestens eine leichte Öko-Ader schließen. Vielleicht hatte Krause ihr ja angeboten, gemeinsam Heidel- oder Brombeeren zu sammeln. Sofort hatte er das absurde Bild der beiden vor Augen, wie sie mit Körbchen und Eimern durchs Unterholz stolperten.

»Also für ein Schäferstündchen wäre dieser Fleck ideal«, sagte Heike und brachte so seinen Verstand in die Realität zurück.

Mit Taschenlampen bewaffnet verließen sie den Wagen und suchten den Boden nach verdächtigen Spuren ab.

»War Krause eigentlich Raucher?«, fragte Rabenschmidt, als er im Gras einen geknickten Zigarettenstummel anleuchtete.

»Gute Frage. Sind das nicht fast alle Handwerker? In seinem Büro roch es allerdings nicht nach Tabak. Eher nach Werkzeugen und Chemikalien.«

Davon ließ er sich nicht beirren und beförderte den Zigarettenabfall mittels eines Kugelschreibers in eine seiner wiederverschließbaren Plastiktüten. »Das sollen sich die SpuSis mal genauer anschauen.«

Zum ersten Stummel gesellten sich ziemlich schnell weitere. Zwei davon mit Spuren eines weinroten Lippenstifts. Auch die würden die Kollegen später unter die Lupe nehmen.

»Hier drüben gibt's Reifenspuren«, rief Heike und zückte ihre Digitalkamera. Noch bevor Rabenschmidt sie erreichte, zuckte ein greller Blitz auf. Dummerweise direkt in seine Richtung.

»Ah!« Eine Sekunde lang waren da nichts außer rote Sternschnuppen vor seinen Augen. Gerade als die Sicht zurückkehrte, leuchtete der Blitz wieder auf. Instinktiv kniff Rabenschmidt die Augen zu und hielt sich die Hand vors Gesicht. Er atmete auf, als Heike ihre Fotoaktion beendet hatte.

»Ich bin zwar kein Fachmann und außerdem ist es viel zu dunkel für eine genaue Analyse. Aber es sieht so aus, als hätten hier zwei verschiedene Autos geparkt.«

»Wer das wohl gewesen sein könnte«, murmelte Rabenschmidt und hatte sofort wieder Elke Wagenfeld und Bodo Krause vor Augen. Diesmal allerdings ganz ohne Körbchen und Eimer.

Eine halbe Stunde lang suchten sie das Waldstück noch ab, fanden aber keine weiteren relevanten Spuren. Gähnend schaute Rabenschmidt auf die Uhr und erklärte den langen Arbeitstag daraufhin offiziell für beendet.

Als er am nächsten Morgen nach Struppen zurückkehrte, fühlte sich der Kommissar, als hätte er die ganze Nacht durchgearbeitet. Seine Gedankengänge erschienen ihm noch wirrer, ebenso die Gefahr, sich irgendwo in dem Chaos in seinem Kopf zu verirren. Auf dem Beifahrersitz fummelte Heike mundfaul am Gurt ihrer Umhängetasche herum. So wie ihr dürften auch ihm die viel zu wenigen Stunden Schlaf deutlich ins Gesicht geschrieben stehen.

Mürrisch klingelte er am Haus der Wagenfelds und glaubte, dass ihm beim Öffnen der Tür der Geruch eines frisch gebrühten Kaffees entgegenschlug.

»Guten Morgen, Frau Wagenfeld, tut mir wirklich leid, Sie nochmals zu belästigen ...«

»Mein Mann holt gerade ein paar Semmeln beim Bäcker.«

Er schnupperte möglichst unauffällig ins Hausinnere, doch das Einzige, was er noch wahrnahm, waren Frau Wagenfelds süßliches Parfüm und ihr irritierter Blick. Offenbar war seine Schnupperrecherche doch nicht unbemerkt geblieben. Auch Heike bedachte ihn mit äußerst zweifelnden Blicken.

»Das trifft sich gut. Wir wollten uns nämlich mit Ihnen unterhalten.«

»Mit mir? Aber ich habe doch nichts getan!«

»Keine Sorge, wir haben nur noch ein paar kleine Fragen. Wahrscheinlich nichts Wichtiges. Nur für unseren Bericht müssen wir alles lückenlos abklären. Letztes Mal hatten wir ganz vergessen, zu fragen, wie lang Sie Herrn Krause bereits kennen.«

Sie räusperte sich und presste die Hand auf ihr Brustbein. »Eigentlich kennen wir ihn gar nicht richtig. In kleinen Orten wie Struppen oder Porschdorf läuft man sich zwangsweise gelegentlich über den Weg. Wir wussten von seiner Firma und hatten uns ein Angebot für unser Bad machen lassen.«

»Haben Sie Herrn Krause auch außerhalb der Arbeitszeiten gesehen?«

»Na ja, wie gesagt, man sieht sich eben *gelegentlich*.«

Heike nickte. »Bei der Funkzellenortung ist uns nämlich aufgefallen, dass Ihr Handy und das von Herrn Krause *gelegentlich* zur selben Zeit am selben Ort gewesen sind. Allerdings war das weder in Struppen noch in seinem Büro in Porschdorf, sondern in einem kleinen Waldstück.«

»Sagen Sie, rauchen Sie zufällig?«, unterbrach Rabenschmidt die gerade sichtlich ins Grübeln geratene Frau.

»Nein. Ja. Manchmal. Warum wollen Sie das wissen?«

»Nur so. In dem Waldstück haben wir einige Zigaret-
tenstummel gefunden. Manche davon mit Lippenstift.
Nun haben wir uns gefragt, ob die möglicherweise von
Ihnen stammen könnten.«

Elke Wagenfeld schien mit jedem Atemzug unruhiger
und blasser zu werden. Obendrein schaute sie ständig
zur Einfahrt und der dahinter befindlichen Straße, so als
erwartete sie, dass ihr Mann jeden Moment zurückkehren könnte. Was wahrscheinlich der Fall war.

»Also gut. Bodo und ich kennen uns. Da war so eine
Spendenveranstaltung beim Struppener Schloss vor einigen Monaten. Wir sind ins Gespräch gekommen und
irgendwie hat es da zwischen uns gefunkt. Also nicht so
richtig. Nur so körperlich. Sie verstehen schon.«

Heike nickte wissend. »Wie häufig haben Sie sich seither gesehen?«

»Nicht oft. Manchmal, wenn Mirko mit den Kindern
beim Fußball war oder ich gesagt habe, dass ich länger
arbeiten muss.«

»Und Ihr Mann ahnt nichts davon?«, fragte Rabenschmidt.

Frau Wagenfeld riss die Augen auf. »Wenn er dahin-
terkäme, wäre die Hölle los. Er war früher schon mal
verheiratet. Und seine Ex hat ihn betrogen. Deshalb bin
ich immer doppelt vorsichtig gewesen. Habe sofort jede
SMS von Bodo gelöscht und so.«

»Wann haben Sie Herrn Krause das letzte Mal gesehen?«

»Das ist zig Tage her. Diese Woche hatte er keine Zeit.

Hatte bei nem anderen Kunden was fertig machen müssen. Und unser Bad stand ja auch noch an.«

»Also war für die nächste Zeit auch kein Treffen geplant? Auch nicht gestern Nachmittag?«

»Nein! Da war ich doch mit den Kindern bei meiner Mutter. So häufig haben wir uns auch gar nicht gesehen. Manchmal wochenlang nicht. Wie es sich ergeben hat.«

In diesem Moment hörte Rabenschmidt hinter sich einen Wagen vorfahren und sah, wie Mirko Wagenfeld aus einem olivgrünen Citroen stieg.

»Was führt Sie denn wieder zu uns?«, begrüßte sie der gehörnte Ehemann.

»Wir klären nur noch ein paar Kleinigkeiten ab. Meine Partnerin und ich sind uns zum Beispiel uneins darüber, wann Herr Krause bei Ihnen gestern schlussendlich aufgebrochen ist.«

Rabenschmidt stieß mit dem Ellenbogen leicht gegen Heike, die auch prompt nickte. Mirko Wagenfeld hob die Brauen und schien ganz tief in seinen Erinnerungen kramen zu müssen. »Keine Ahnung, so gegen drei. Ich weiß das nicht mehr so genau.«

»Haben Sie gesehen, wohin er von Ihnen aus fuhr?«

»Leider nein. Ich war damit beschäftigt, das Chaos oben im Bad zu beseitigen, das er hinterlassen hatte. Wahrscheinlich hat ihn ein anderer Kunde angerufen, der mächtig sauer auf ihn war, und Krause ist zu ihm gefahren. So wie es bei uns oben aussieht, kann ich mir nicht vorstellen, dass wir die Einzigen waren, bei denen er dermaßen gepfuscht hat.«

»So wird's wohl gewesen sein«, stimmte Rabenschmidt zu. »Wir werden der Sache mal nachgehen.«

»Tun Sie das. Kann ich Ihnen noch eine Semmel anbieten? Die stammen von einer kleinen Bäckerei, die noch alles per Hand backt. Ein echter Geheimtipp.«

»Nein, danke. Aber lassen Sie sich Ihr Frühstück schmecken. Wir werden sowieso längst auf dem Revier erwartet.«

Mit einem schmalen Lächeln verabschiedeten sie sich und kehrten zum Wagen zurück. Obwohl sich Rabenschmidt nicht umdrehte, spürte er deutlich, dass sie das Ehepaar Wagenfeld vom Fenster aus beobachtete. Kaum hatte er sich angeschnallt, ließ er deshalb auch den Motor an und tuckerte in Richtung Pirna davon.

»Glaubst du wirklich, was sie uns erzählt haben?«, fragte Heike, nachdem sie außer Sichtweite waren. Im Autoradio dudelten leise Mando Diao mit »Long before Rock n Roll«, blieben aber weitgehend unbemerkt. Rabenschmidt war eh kein Freund neumodischer Musik.

»Zumindest war er sehr bemüht, uns auf eine neue Spur zu bringen.«

»Ist dir aufgefallen, dass die Zeiten variiert haben? Gestern meinte er noch, der Fliesenleger wäre gegen halb vier oder später verschwunden. Heute war es auf einmal um drei.«

Rabenschmidt bewegte den Kopf hin und her. »Kann aber auch Zufall gewesen sein. Er meinte ja selbst, dass er nicht auf die Uhrzeit geachtet hat.«

»Was unternehmen wir wegen der anderen Kunden? Unter Umständen hat Wagenfeld ja halb recht und jemand anderes war ebenfalls sauer auf den Handwerker.«

»Die Liste mit Krauses Arbeitsaufträgen haben wir eh noch auf dem Schreibtisch liegen. Es schadet sicher nicht, sich die mal vorzunehmen. Aber erst brauch ich einen Kaffee. Mein Akku läuft immer noch im Spar-Modus.«

Als sie auf dem Polizeirevier eintrafen, beging Rabenschmidt den Fehler, zunächst noch einen Abstecher zur Toilette zu unternehmen. Direkt neben ihm am Pissoir stand der Kollege von der Abteilung Presse/Öffentlichkeitsarbeit und begann bei seinem Anblick deutlich zu strahlen. »Ah, da bist du ja, Hans. Ich hatte schon Sorge, dass du unsere PK in einer Stunde vergessen hast.«

Das hatte er tatsächlich. »Natürlich nicht. Doch aktuell gibt es nicht viel mehr als die nackten Fakten zu berichten. Wir brauchen einfach noch ein bisschen Zeit.«

»Aber …«

»Du schaffst das schon.« Er zwinkerte dem Kollegen zu und hatte sich die Hände gewaschen, bevor der verdutzte Pressesprecher überhaupt wusste, wie ihm geschah. Danach eilte Rabenschmidt zu seinem Schreibtisch und klemmte sich den Telefonhörer zwischen Schulter und Kopf, um auf jeden Fall beschäftigt zu wirken. Zusätzlich dazu ging er die Übersicht von Krauses jüngsten Terminen durch, die ihm die Sekretärin gestern überlassen hatte.

Einige Momente lang glaubte er, den Blick des Pressesprechers auf sich zu spüren, schaute aber bewusst nicht auf. Aus seiner Konzentration riss ihn erst Heike, als sie zehn Minuten später mit zwei dampfenden Kaffeetassen neben ihm auftauchte. »Die Kollegen haben sich inzwischen Krauses Finanzunterlagen vorgenommen. Besonders rosig sieht's auf seinem Konto nicht aus.«

»Schulden?« Er legte den Telefonhörer auf und griff nach der Kaffeetasse. Außer dem permanenten Freizeichen hatte er eh nichts gehört. Das durchgehende Piepen hielt sich noch einige Sekunden darauf hartnäckig im Ohr.

»Nicht viele, aber die letzte Zahlung liegt trotzdem fast drei Wochen zurück. Ein paar dicke Aufträge hätten ihm sicherlich gut getan. Die Kollegen haben auch schon angefangen, Krauses Auftragsübersicht zu überprüfen. Die meisten Kunden haben ihre Rechnungen pünktlich bezahlt. Hundertprozentig glücklich war zwar keiner mit seiner Arbeit, doch nach einigen Nachbesserungen scheinen alle zufrieden gewesen zu sein. Ein Mordmotiv erkenne ich da jedenfalls nicht. Es scheint, als hätte unser Fliesenleger bei den Wagenfelds besonders heftig geschludert.«

»Woran das wohl lag. Auf jeden Fall führt uns auch diese Spur zu unseren Hauptverdächtigen zurück. Und das deckt sich sogar mit Krauses Terminplan der nächsten Tage.« Er tippte auf die entsprechenden Einträge. »Für heute und morgen hatte er einen neuen Auftrag eingetragen. Irgendein größeres Projekt in Dohma. Er hätte deswegen gestern bei den Wagenfelds unbedingt fertig werden müssen.«

»Dann brauche ich eigentlich gar nicht mehr erwähnen, dass ich mir die SMS und die Mailbox von Krauses Handy vorgenommen habe. Darin haben mehrere Frauen nicht besonders freundliche Nachrichten hinterlassen. Der Grundtenor der meisten war allerdings ›Lass mich in Zukunft bloß in Ruhe‹. Es *könnte* theoretisch gesehen also durchaus sein, dass da irgendein anderer Ehepartner eifersüchtig geworden ist.«

»Theoretisch gesehen ist alles möglich. Aber mein Näschen lässt mich doch auf was anderes tippen.«

»Also fahren wir noch mal nach Struppen?«, fragte Heike und griff nach ihrer Jacke.

Ihr Partner konnte sich ein Schmunzeln nicht verkneifen. »Die Wagenfelds freuen sich bestimmt, wenn sie uns sehen.«

»Oh nein, Sie schon wieder?« Mirko Wagenfeld stöhnte entnervt, als er die Haustür öffnete. »Sie waren doch gerade erst da.«

»Entschuldigen Sie bitte«, sagte Rabenschmidt. »Wir müssen nur noch eine einzige Sache klären. Es ist auch garantiert unser letzter Besuch.«

»Na, hoffentlich.« Mit wenig amüsierter Miene ließ der Hausherr sie eintreten. Seine Ehefrau saß noch immer am Frühstückstisch, stand beim Anblick der Polizisten aber rasch auf. Auch bei ihr entschuldigte sich Rabenschmidt sofort.

»Wir sind noch einmal alle Unterlagen durchgegangen«, sagte Heike an Mirko gewandt. »Trotz bestandener Prüfung scheint Herr Krause nicht unbedingt ein Meister seines Fachs gewesen zu sein. Bei vielen Kunden gab es ähnliche Probleme wie mit Ihrem Bad. Aber nach ein, zwei zusätzlichen Terminen scheint in der Regel alles gepasst zu haben. Laut seinem Kalender hatte er gestern Nachmittag keinen weiteren Termin mehr. Hat er bei der Verabschiedung vielleicht was erwähnt? Möglicherweise war es nur eine kleine Bemerkung nebenbei.«

»Nur das, was ich Ihnen bereits gesagt habe. Er war jetzt ohnehin nicht so der gesprächige Typ. Zumindest in meiner Gegenwart.«

»Vielleicht hatte er ja noch was Privates zu erledigen«, überlegte Rabenschmidt laut. Zu seiner Freude griff Mirko das Stichwort sofort auf.

»Gut möglich. Sie haben ja gesehen, wie der aussah. Lange Haare, braun gebrannt. Dem liefen die Weiber bestimmt scharenweise nach. Dem Typen traue ich auch zu, dass er so schnell verschwunden ist, weil er irgendwo ne Nummer schieben wollte. Vielleicht sollten Sie die Ermittlungen in diese Richtung ausweiten.«

»Es scheint in der Tat einige Frauen in seinem Leben gegeben zu haben.«

»Was denn für Frauen?« Elkes Nasenflügel bebten. Augenblicklich schien sie noch interessierter zu sein.

»Namen können wir natürlich keine nennen«, erklärte Heike. »Doch er war offenbar ein Lebemann in jeder Hinsicht. Einer, der keine Chance verstreichen ließ und vermutlich gern auch mal mehrere Eisen im Feuer hatte. Wenn Sie verstehen, was ich meine.«

»Aber …« Elke rang sichtlich nach Fassung. »Er machte immer einen soliden Eindruck. Klar, er sah schon so aus, als hätte er gerne seinen Spaß. Doch nicht mit mehreren Frauen parallel.«

»Ich dachte, du hast ihn bloß dreimal gesehen«, sagte Mirko Wagenfeld. »Einmal in seinem Büro, und zweimal kurz, während er bei uns gearbeitet hat. Da habt ihr doch keine fünf Worte miteinander gewechselt.«

»Trotzdem kriegt man da ein bestimmtes Gefühl für die Leute.«

»So? Ich hatte immer das Gefühl, er wäre ein Arschloch. Ein Hallodri und Schürzenjäger. Wahrscheinlich war eine der Frauen, mit der er was hatte, verheiratet, und der Ehemann ist dahintergekommen.«

Rabenschmidt hob die Brauen. Mit so einer direkten Andeutung hatte er nicht gerechnet. Redete sich ihr Hauptverdächtiger gerade um Kopf und Kragen oder hatte er tatsächlich keine Ahnung?

»Ach, du weißt doch gar nicht, wovon du sprichst«,

erwiderte Elke Wagenfeld. »Er hatte auch seine guten Seiten. So wie jeder Mensch.«

»Warum verteidigst du den Mistkerl überhaupt? Hab ich da was nicht mitbekommen? Augenblick mal … jetzt kommt es mir ja erst: Wie du ihn immer angeschaut hast. Die vielen Male, wo ich mit den Kindern beim Sport war und du so verschwitzt heimgekommen bist. Die Überstunden in der letzten Zeit. Sag mal …« Er hielt inne, sichtlich darum bemüht, Fassung zu bewahren.

Elke senkte das Haupt. »Ja, jetzt ist es raus. Bodo und ich haben uns gesehen. Aber nur ab und zu.«

»Gesehen?« Mirko schnappte nach Luft. »Du meinst, du hast mit ihm … ihr beide … oh Mann!« Einen Moment lang schien er auf seine Frau losgehen zu wollen. Rabenschmidt machte sich bereit, im Ernstfall einzugreifen.

»Es ist einfach passiert. Bitte glaube mir, ich hatte das nicht geplant. Es hatte auch absolut nichts zu bedeuten. Und es ist vorbei.«

»Natürlich ist es vorbei! Der Drecksack ist tot. Und ich weine ihm keine einzige Träne nach. Wenn ich mir vorstelle, dass er versucht hat, mich zweifach übers Ohr zu hauen …« Ihm schien noch was auf der Zunge zu liegen, aber Wagenfeld war klug genug, sich im letzten Moment selbst zu bremsen. Von seiner früheren Besonnenheit war aber wohl trotzdem nicht mehr viel übrig.

»Jetzt verstehe ich seinen Ausspruch erst richtig«, improvisierte Rabenschmidt. Er spürte deutlich, dass es nicht mehr viel brauchte, um den Täter zu einem Geständnis zu bringen. »Gegenüber seiner Sekretärin brüstete er sich neulich damit, dass er einen seiner Kunden gleich doppelt gefickt hat. Entschuldigen Sie bitte die Ausdrucksweise.«

»Diese elendige Mistratte! Ich glaube, er hat hier absichtlich gepfuscht, um mir eins reinzuwürgen. Es reichte ihm offenbar nicht, mir die Frau auszuspannen. Der wusste ganz genau, was für einen Mist er bei uns angerichtet hat. Wenn ich an sein süffisantes Grinsen denke. Und wie er noch so selbstgefällig versucht hat, mich zu beschwichtigen. Der blanke Hohn war das. Kein Wunder, dass man da irgendwann austickt.«

»Wollen Sie damit sagen, dass …?« Rabenschmidt hielt inne, als er die Wut in den Augen des Mannes sah.

»Ja, ich geb's zu. Der Typ hatte mich dermaßen zur Weißglut gebracht, dass ich für eine Sekunde die Kontrolle verloren hatte. Ich habe mir die Fliesen geschnappt und ihm damit eins auf den Dez gegeben. Das war keine Absicht. Ich hatte das nicht geplant.«

Dass er damit genau die gleiche Begründung wie vorhin seine Frau verwendete, merkte Mirko Wagenfeld nicht. Kommissar Rabenschmidt fiel die Ironie daran zwar auf, aber er sagte ebenfalls nichts, sondern beobachtete lieber schweigend, wie Heike ihre Handschellen zückte und damit hinter den Mörder trat.

»Sie haben das Recht zu schweigen. Alles, was Sie sagen, kann vor Gericht gegen Sie verwendet werden …«

Den Bruchteil einer Sekunde wirkte Wagenfeld, als würde er die Polizistin beiseitestoßen und einen Fluchtversuch unternehmen wollen. Aber dann sah er ein, wie sinnlos das gewesen wäre, und ließ sich bereitwillig abführen. Zurück blieb eine ziemlich bestürzt dreinblickende Elke Wagenfeld. Rabenschmidts Mitgefühl hielt sich in Grenzen. Unterwegs nach draußen dachte er an seine Frau Gerda und fand, dass es längst überfällig war, ihr mal wieder Blumen mitzubringen. Das würde er gleich heute Abend nachholen.

UNSERE AUSFLUGSTIPPS FÜR STRUPPEN

Die Gemeinde Struppen befindet sich in einem Tal westlich der Elbe, genannt Rathener Elbbogen, dessen Hänge sich gemächlich zu den umliegenden Bergen und Felsen erheben. Gerade mal eine halbe Stunde Fußmarsch liegt das Gebiet des großen und des kleinen Bärensteins entfernt. In Richtung Naundorf bringt Sie der Kammweg auf den Rauenstein.

Für Bergsteiger gibt es um Struppen herum mehr als 20 Klettergipfel in allen Schwierigkeitsgraden. Die Dampferanlegestelle, das Erlebnisbad in Stadt Wehlen und die nächste S-Bahn-Station sind von Naundorf aus bequem zu Fuß zu erreichen.

Ideal ist die Gegend auch für Camper. Auf der Alberthöhe, am Ortsrand Struppens, finden Sie einen größeren Stellplatz, nur fünf Gehminuten von Bushaltestelle, Bäcker, Lebensmittelladen, Gaststätte und Sparkasse entfernt.

In der Struppener Kirche finden Sie die älteste Orgel der gesamten Sächsischen Schweiz. Erbaut wurde sie 1668 und 1736 nochmals erweitert.

Außerdem befindet sich am Pfarrhaus eine Gedenktafel an den 1758 in Struppen geborenen Pfarrer Wilhelm Lebrecht Götzinger, auch bekannt als »Pionier der Sächsischen Schweiz«. Mit seinen Landschafts-Büchern sorgte er dafür, dass die ersten Urlauber neugierig wurden und in die Region kamen. Ein weiterer Grund, sich das Pfarrhaus genauer anzuschauen, ist die im 16. Jahrhundert errichtete Sandsteintaufe.

Bekannt ist Struppen vor allem für das Robert-Sterl-Haus im Ortsteil Naundorf. Dieses original erhaltene Wohnhaus enthält das Atelier des Malers und früheren Professors der Dresdener Kunstakademie Robert Sterl (1867–1932). Dieser ließ das Haus 1920 nach seinen eigenen Entwürfen umbauen, damit sein Arbeitsraum damit gebührend Platz fand. Heute können Sie darin all jene Kunstwerke bewundern, von denen sich der Maler zeit seines Lebens nicht trennen konnte. Konkret sind das 2.700 Skizzen, Studien, Zeichnungen und Ölgemälde. Außerdem finden saisonale Sonderausstellungen statt. Und Sie haben im Haus die Möglichkeit, die Patenschaft für die Erhaltung und Restaurierung einer Zeichnung oder Grafik zu übernehmen. Mehr Informationen bekommen Sie unter www.robert-sterl-haus.de.

Ein weiterer Ortsteil der Gemeinde ist das östlich gelegene Thürmsdorf am Fuße der Bärensteine. Zu dessen schlossartigem Rittergut gehört ein beeindruckender Park, wo Sie bei einem Spaziergang jede Menge seltener und unter Naturschutz stehender Bäume und Sträucher sowie den Rosengarten bewundern können. Außerdem finden Sie dort die Bronzeplastik »Anbetung« des norwegischen Bildhauers Stephan Sinding.

Den Ort durchzieht zudem der Fluss Pehnabach, der im sogenannten Pehna-Fall, dem höchsten Wasserfall der Sächsischen Schweiz mit 20 Meter Fallhöhe mündet.

Im Örtchen Ebenheit sehen Sie eine steinerne Wegsäule, die aus der Zeit Napoleons stammt und von der über 450-jährigen Geschichte des Ortes erzählt.

Kleiner Geheimtipp: Über den Wanderweg von Obervogelgesang nach Struppen gelangen Sie zum Aussichtspunkt »Pilz«, der einen hervorragenden Blick über das Elbtal gewährt.

Eine sehr gute Gelegenheit, das Dorf Weißig zu besuchen, ist zur jährlich stattfindenden Sonnenwendfeier am 21. Juni oder zur Dorfkirmes am ersten Wochenende im September.

Ein berühmter Sohn des Ortes ist übrigens Christian Petzold, der 1709 zum kurfürstlich sächsischen Kammerkomponist und Organist am Sächsischen Hof für die Sophienkirche in Dresden bestellt wurde. Neben Bach und Händel zählte er zu den talentiertesten Orgelspielmeistern seiner Zeit.

Metas Extra-Tipp: Nicht weit vom Dorf Weißig entfernt finden Sie den bewaldeten Sandstein des Kulm inklusive dem markanten Stein »Kleines Schiff« sowie die »Diebeshöhle«, die im Zweiten Weltkrieg als Luftschutzbunker diente.

VON STRUPPEN NACH KÖNIGSTEIN

»Ich hoffe, ich hatte nicht zu viel versprochen«, schloss Kurt seine Erzählung ab.

Meta schüttelte den Kopf. »Nein, überhaupt nicht. Die Geschichte hat mir sehr gut gefallen.«

Sie schaute auf die Uhr und versuchte ein Gähnen zu unterdrücken. Schon kurz nach halb elf. Langsam ließen sich die Nachwirkungen der stressigen Reise von Wiesbaden nach Ostsachsen nicht mehr leugnen. Ihr Bett schien mit jeder Minute lauter zu rufen.

»Wenn Sie möchten, hätte ich noch einige mehr auf Lager«, sagte Kurt mit aufgeregtem Lächeln. Galt es ihr oder seinem Hobby, dem Geschichtenerzählen? Vermutlich beidem.

»Möchten schon, aber es war ein anstrengender Tag. Ich sollte langsam aufbrechen. Bis Dresden fährt man noch ein Weilchen.«

Er nickte wissend. »Es war ein sehr schöner Abend.«

»Finde ich auch.«

»Wenn Sie möchten, können wir ihn gern wiederholen.«

»Ehrlich gesagt weiß ich noch nicht, wo ich morgen Abend sein werde. Ich habe nur dieses verlängerte Wochenende und möchte so viel wie möglich von der Sächsischen Schweiz sehen.«

»Kein Problem. Da kommt mir sogleich noch eine Idee. Ich möchte nicht aufdringlich wirken, aber wenn

Sie wollen, zeige ich Ihnen morgen ein bisschen was von der Gegend.«

Meta dachte einen Moment darüber nach. Schlecht klang der Vorschlag nicht. Mit einem Einheimischen an ihrer Seite würde sie sicher deutlich mehr zu sehen bekommen als wenn sie allein auf Tour ging. Auch sonst erschien ihr Kurt als alles andere als eine schlechte Begleitung. Noch ein wenig mehr Zeit mit ihm zu verbringen, könnte sehr amüsant werden.

»Vielen Dank für die Einladung. Hätte ich auch da die Chance, noch einige von Ihren Geschichten zu hören zu bekommen?«

»Daran wird es gewiss nicht scheitern.«

»Dann sage ich gerne zu.«

»Hervorragend.« Kurt lächelte freudig, und sie konnte nicht anders, als ebenfalls zu lächeln. Gut gelaunt fuhr sie zu ihrer Pension in Dresden zurück und schlief, kaum dass ihr Kopf das weiche Kissen berührte.

Nach einem ausgiebigen Frühstück stieg Meta in ihren Wagen und tippte »Königstein« als Zielort in ihr Navigationsgerät ein. Der Mini-Computer fand den richtigen Treffer sofort und lotste sie an vielen Feldern und Wäldern vorbei über Pirna und Struppen direkt bis ins Zentrum der kleinen Stadt.

»Sie haben Ihr Ziel erreicht«, verkündete das Navi, als sie im Ortskern einen größeren Busplatz erreichte, an dem mehrere Dutzend Urlauber darauf warteten, mit dem doppelstöckigen Festungs-Express oder einem anderen Bus bis rauf zur Burg gefahren zu werden. Meta parkte unweit des Kaffeehauses und bewunderte die vielen restaurierten Häuser um sie herum. Allerdings stahl sich ihr

Blick ständig zu dem gigantischen Berg im Hintergrund, auf dem sich die berühmte Burg abzeichnete. Sie freute sich darauf, sie bald aus nächster Nähe zu sehen.

Unweit eines roten Kiosks bemerkte sie einen Metallpfahl mit sage und schreibe 20 Hinweisschildern daran. Meta zählte nach und war verblüfft, welche Attraktionen alle angepriesen wurden. Neben zahlreichen Hotels und Gasthöfen gab es eine Dampfer-Anlegestelle, die Möglichkeiten für Kanu-Fahrten, einen Bibelpflanzengarten und einen Kletterwald. Langweilig würde einem hier definitiv nicht werden. Wirklich schade, dass ihr selbst nicht genug Zeit dafür bleiben würde.

Plötzlich hielt neben ihr ein dunkelblauer Mercedes, der genau wie sein Fahrer schon etliche Jährchen auf dem Buckel hatte. Der Auspuff röhrte leicht, aber das war Meta von ihrem Vorgängerwagen ebenfalls gewöhnt.

»Hallo, junge Frau, dürfte ich Sie ein Stückchen mitnehmen?«, fragte Kurt mit Lausbubengrinsen. Wer konnte da schon Nein sagen?

Gemeinsam tuckerten sie durch ein kleines Waldstück und den Berg hinauf. Direkt bis zur Burg fahren konnten sie allerdings nicht. Während Kurt seinen Wagen im riesigen Parkhaus am Fuße der Felsen abstellte, inspizierte Meta das Angebot der Touristeninformation und der daneben befindlichen »Eiz-Manufaktur«. Unglaubliche 365 verschiedene Eissorten standen zur Auswahl, inklusive veganem und verschiedener Joghurt-Sorten. Von dem reichhaltigen Angebot überfordert, entschied sie sich für zwei Kugeln des Klassikers Erdbeereis und genoss die Abkühlung, als sie im Glanz der Vormittagssonne das letzte Stück zur Festung hinauf mit der Bimmelbahn zurücklegten.

»Das Felsplateau ist übrigens satte 9,5 Hektar groß und erhebt sich 240 Meter über die Elbe. Habe ich heute Morgen extra noch mal nachgelesen. Da haben wir einiges zu tun, wenn wir uns alles anschauen wollen.«

»Was ist denn besonders sehenswert?«

»Praktisch alles. Zur Burg zählen etliche Gebäude und unzählige Zimmer. Wenn Sie dort ohne Vorkenntnisse nach einem ganz bestimmten Ausstellungsstück suchen, hätten Sie Tage zu tun.«

»Spielen Sie damit auf was Bestimmtes an?«

Kurt begann zu lächeln.

KÖNIGSTEIN, 2015

So hatte sich Hans Jürgen Rabenschmidt seine freien Tage nicht vorgestellt: Gleich am ersten Urlaubstag rief ihn seine alte Freundin Claudia Wunram kurz vor dem Mittagessen an und bat ihn um seine Hilfe.

»Es ist eine etwas delikate Angelegenheit«, sagte die Ausstellungsleiterin der Festung Königstein und meinte damit sicherlich nichts in kulinarischer Hinsicht. Dabei knurrte der Magen des Mittfünfzigers bereits so laut, dass seine Frau Gerda vorsichtshalber das Zimmer verlassen hatte. Jetzt trat sie neben ihn in den Flur und strafte ihn mit grimmigen Blicken. Keine Arbeit während der freien Tage, hatten sie vereinbart – und er selbst hatte auch versucht, sich daran zu halten. Sein Handy war noch ausgeschaltet, und auf dem Revier in Pirna hatte er angedeutet, mit seiner Frau für einige Tage an die Nordsee fahren zu wollen. Was zwar eine glatte Lüge war, da er die Berge dem Meer eindeutig vorzog. Dennoch war es eine notwendige Flunkerei gewesen, weil seine Partnerin Heike oder die anderen Kollegen ihm sonst bestimmt mit irgendwelchen Rückfragen auf den Wecker gehen würden.

Und jetzt das.

Rabenschmidt traute sich nicht mal zu fragen, was Claudia für ein Problem hatte. Trotzdem blieb ihm keine Wahl.

»Es ist etwas verschwunden. Ein mit Gold und Edelsteinen verzierter Dolch aus der Dauerausstellung ›In Lapide Regis‹.«

»Dann ruf doch in Pirna auf dem Revier an. Die schicken sofort …«

»Das geht nicht. Niemand darf mitbekommen, dass er fehlt. Außerdem muss der Dolch noch irgendwo auf dem Burggelände sein. Der Dieb hatte letzte Nacht keine Chance, ihn wegzuschaffen. Deshalb brauche ich dich und deine Spürnase. Ich weiß, dass du die Angelegenheit in Windeseile aus der Welt schaffen kannst.«

»Ach, Claudia, heute ist mein erster Urlaubstag. Wenn ich mich jetzt wieder auf einen neuen Fall stürze, kriege ich eins mit dem Kochlöffel übergezogen. Gerda schaut schon ganz angriffslustig.«

Das tat seine Frau zwar nicht, aber als entspannt würde Rabenschmidt ihre Blicke auch nicht bezeichnen. Während er sprach, hatte sie auffordernd die Hände in die Hüften gestemmt.

»Ich weiß von deinem Urlaub, aber ich würde nicht anrufen, wenn es nicht wichtig wäre. Du kannst Gerda gerne mitbringen. Dann schaut sie sich ein bisschen auf der Burg um und du hilfst mir bei meinem Problem.«

Rabenschmidt seufzte schwer. »In Ordnung.« Und an seine Frau gewandt sagte er: »Hast du Lust auf einen kleinen Ausflug? Das wird bestimmt toll.«

Gerdas Miene blieb auch skeptisch, als er ihr von Claudias Vorschlag und Hilferuf erzählte.

Eine Dreiviertelstunde und ein hastig heruntergeschlungenes Jägerschnitzel später erreichten sie die Festung Königstein. Die Sonne stand an diesem frühen Junitag besonders hoch am Himmel und ließ keinen Zweifel daran, dass auch heute ein wundervoller Tag werden würde. Zumindest für all jene, die nicht arbeiten mussten.

Ganz hatte Rabenschmidt seinen Ärger noch immer nicht verdaut und vermied es absichtlich, an all die schönen Dinge zu denken, die Gerda und er statt dieses Arbeitsausflugs hätten unternehmen können. Seine Frau hatte sich mit Kommentaren zwar zurückgehalten, aber allein ihr Blick drückte deutlich aus, dass auch sie sich weitaus Besseres vorstellen konnte.

Um die Stille im Auto zu durchbrechen, stellte er das Radio an. Ein unerträglich fröhlicher Moderator kündigte als nächstes Lied »Every day« der Popband Superior an. Zu seiner Überraschung kannte er das mehr als zehn Jahre alte Lied sogar. Ebenso die blutige Geschichte, die mit der Band und diesem einen verrückten Fan zusammenhing. Seinen Musikgeschmack traf der Song trotzdem nicht. Er stand eher auf die Stones und CCR. Aber aus Rücksicht auf Gerda, die dieses Popgedudel durchaus zu schätzen wusste, wechselte er nicht den Sender, sondern sah zu, dass er am Parkhaus und am Kletterpark vorbeikam und den Busparkplatz am Fuße der Felsen erreichte, bevor ihn die nächste Bimmelbahn auf Schrittgeschwindigkeit ausbremsen konnte. Am liebsten wäre er bis direkt in die Festung gefahren, aber dies war nur für Lieferwagen erlaubt und das komplette Gegenteil von dem unauffälligen Vorgehen, um das Claudia am Telefon gebeten hatte.

Deshalb parkte er abseits zweier tschechischer Reisebusse und legte den steilen Anstieg zum Kassenhäuschen zu Fuß zurück. Neben ihm bewunderte Gerda den Ausblick zu ihrer Linken. Rabenschmidt hingegen schaute lieber zu den massiven Felsen und der darauf befindlichen Burg zu seiner Rechten. Auch beim zwanzigsten Besuch hier wirkte es noch immer ziemlich imposant.

Als er am Einlass seinen Dienstausweis präsentierte, schauten die Frau und die zwei vollkommen in Schwarz gekleideten Sicherheitsleute zwar äußerst misstrauisch drein, stellten aber keine Fragen. Letztere konzentrierten sich schnell wieder auf jeden, der das Burggelände verlassen wollte. Sicherlich nicht ohne Grund.

Sie passierten eine breite Holzbrücke mit Metallgeländern und betraten den Festungsaufgang, der laut Anzeigetafel »Dunkle Appareille« (franz. »Rampe«) hieß. Eine Kinderschar kam ihnen jauchzend entgegen und hätte sie um ein Haar über den Haufen gerannt. Vorsichtshalber pressten sie sich gegen den kalten Sandstein und gingen erst weiter, nachdem auch die Eltern an ihnen vorübergelaufen waren. »Vorsicht!« und »Nicht so schnell«, riefen diese immerzu, schienen aber gänzlich ungehört zu bleiben.

Im Festungshof brauchte Rabenschmidt einen Moment, um sich bei der Vielzahl von Gebäuden und Wegweisern zu orientieren. Die gefühlten tausend Touristen um ihn herum machten es ebenfalls nicht leichter. Außerdem lag sein letzter Besuch hier oben ein, zwei Jahre zurück.

»Ich misch mich dann mal unters Volk«, verabschiedete sich Gerda. »Sieh bitte zu, dass es nicht allzu lang dauert.« Nach einem flüchtigen Kuss auf die Wange stapfte sie in Richtung Brunnenhaus davon. Rabenschmidt schaute ihr hinterher und ging dann weiter, auf die Gebäude hinter dem Alten Zeughaus zu.

Das Büro der Ausstellungsleiterin befand sich im Erdgeschoss eines länglichen Gebäudes, etwas abseits der normalen Besucherpfade. Drinnen herrschte eine angenehme Kühle. Außerdem roch es nach Stein und altem Holz. Genauso, wie man es von einem solchen Jahrhunderte alten Zimmer erwartete. Lediglich der moderne Schreibtisch samt Computer und die Aktenschränke dahinter trübten die nostalgische Vorstellung.

»Vielen Dank, dass du gleich gekommen bist«, begrüßte ihn Claudia Wunram. Sie war einen guten Kopf kleiner als er und hatte glatte, schulterlange Haare in leuchtendem Kastanienbraun. Er wusste, dass sie Ende 40 war, wirkte aber mindestens fünf Jahre jünger. Wahrscheinlich war die Festungsluft gut für den Teint. »Ich hoffe, meinetwegen hängt bei euch jetzt nicht der Haussegen schief.«

»So schlimm ist es nicht. Ich sollte nur zusehen, dass wir dein Problem schnell lösen.«

»An mir soll's nicht liegen. Der Dolch, um den es mir geht, ist ebenso alt wie wertvoll.« Sie reichte ihm einen farbigen Computerausdruck, auf dem eine 20 Zentimeter lange Waffe aus massivem Gold mit gerader Klinge sowie roten und grünen Edelsteinen am Griff zu sehen war. »Ursprünglich war es ein Geschenk von Zar Peter I. an August den Starken, anlässlich seines zweiten Besuchs auf der Burg im Jahr 1712. Über zwei Jahrhunderte blieb er im Besitz der Wettiner Fürstenfamilie und wurde von einer Generation an die nächste übergeben. Es heißt, dass auch Napoleon sehr daran interessiert gewesen sein soll. Bekommen hat er ihn aber ebenso wenig wie die preußischen Soldaten, die hier nach der kampflosen Kapitulation am Lilienstein einfielen. Der Dolch blieb die ganze Zeit über im Besitz der Wettiner und kehrte erst im Zuge der ›In Lapide Regis‹-Dauerausstellung hierher zurück. Deshalb ist die Sache auch so heikel. Diese Ausstellung gibt es ja erst seit letztem Monat. Es hat einiges an Zeit und Nerven gekostet, alles zu organisieren. Wenn jetzt rauskommt, dass eines der wertvollsten Exponate fehlt, wird das Projekt womöglich vorzeitig abgebrochen. Das möchte ich unter allen Umständen vermeiden. Mein gesamtes Herzblut hängt an dieser Ausstellung.«

Rabenschmidt nickte. Den letzten Satz hätte Claudia gar nicht extra erwähnen müssen. Über die Jahre hinweg hatte er sie als sehr leidenschaftliche Verfechterin von allem kennengelernt, was mit der Festung Königstein zusammenhing. Es gab nicht viele Menschen, die über lange Zeit mit so viel Begeisterung bei der Sache waren. Ein Grund mehr, die Angelegenheit schnellstens aufzuklären, bevor es ihr aufs Gemüt schlug. Nicht auszudenken, wenn das Schmuckstück tatsächlich unauffindbar bliebe.

»Ich nehme an, der Dolch wurde im Schatzhaus ausgestellt?« Dies war ein Gebäude, das im 18. Jahrhundert extra »zur Aufbewahrung von Gold und Diamanten« errichtet worden war und aus bis zu 1,70 m starken Mauern bestand. Das wusste er noch von einer früheren Führung durch die Festung und hatte sogleich auch das Bild des massiven Steinbunkers vor Augen.

Claudia seufzte. »Eine durchaus nachvollziehbare Überlegung. Ich hatte auch tatsächlich darüber nachgedacht, ihn dort unterzubringen. Aber da der Platz begrenzt ist, haben wir uns entschieden, dort lieber die Goldmünzen und Uniformen auszustellen. Das Kommandantenhaus erschien mir naheliegender. Da gibt es einen ganzen Flügel mit Exponaten aus dem Augusteischen Zeitalter. Wir haben den Dolch zusammen mit Säbeln, Rüstungen und Orden im Obergeschoss ausgestellt. Vielleicht solltest du dort auch mit deinen Nachforschungen beginnen.«

»Genau das habe ich vor. Wie sind die Ausstellungsstücke gesichert?«

»In Vitrinen aus bruchsicherem Glas. Die Räume sind natürlich ebenfalls geschützt.«

»Wer hatte Zugang zum Raum mit dem Dolch?«

»Praktisch jeder. Es ist ja eine öffentliche Ausstellung. Wir wissen nicht mal die exakte Zeit, zu der er verschwand. Das gesamte Personal aus dem Bereich schwört Stein und Bein, dass sich der Dolch beim Rundgang heute Morgen noch an seinem Platz befand. Um elf fiel dann einem der Kollegen auf, dass die Stelle in der Vitrine leer ist.«

»Wer ist für die Sicherheitssysteme verantwortlich?«

»Dafür haben wir separate Leute. Alle davon arbeiten seit Jahren hier. Für sie würde ich meine Hand ins Feuer legen.«

»Auf dass du dir da nicht die Finger verbrennst.«

»Das hoffe ich auch. Lass uns am besten rübergehen. Ich zeig dir alles.«

Genau das wollte Rabenschmidt ebenfalls vorschlagen.

Das Kommandantenhaus war ein mehrstöckiges, mehrflügeliges Gebäude auf der Westseite der Burg, das schon von außen einen gigantischen Eindruck machte. Als Rabenschmidt und die Ausstellungsleiterin den Eingang betraten, folgten dort einige Kinder gerade der Aufforderung auf dem Schild und schlüpften in die dort erhältlichen historischen Kostüme. Ein blonder Knirps von vielleicht drei Jahren flitzte in einem rot-weißen Mantel und schwarzen Hut umher, ein Mädchen im schwarz-goldenen Oberteil ärgerte ihren mehr als einen Kopf größeren Bruder, der ebenfalls in Hut und Mantel gekleidet war. Sie schienen viel Spaß zu haben.

Schmunzelnd folgte Rabenschmidt seiner Begleiterin die Treppen hinauf. Sie passierten eine Vielzahl von Ausstellungsräumen, und er war froh, sich im Erdgeschoss einen Flyer mit Übersichtskarte gegriffen zu haben. Ansonsten wäre er hier sicher hoffnungslos aufgeschmissen. Auch so fiel es ihm schwer, den Anblick unzähliger Helme, Kettenhemden, Pfeilspitzen, Gemälde und Figuren in historischen Kostümen innerhalb weniger Sekunden zu verarbeiten. Gern hätte er sich die Sachen genauer angeschaut und so bereits nach ersten Anhaltspunkten und Verbindungen gesucht, aber das musste er wohl auf später verschieben.

Schließlich erreichten sie den Flügel mit den augusteischen Exponaten. Vor einer über zwei Meter hohen Wandvitrine blieb Claudia stehen. Hinter dem Glas bemerkte Rabenschmidt Kanonenkugeln, Schwerter, Gewehre, Orden und Trinkgläser in verschiedenen Größen, über denen ein gemaltes Bild des sächsischen Kurfürsten hing. Erst auf den zweiten Blick fiel ihm auf, dass zwischen den Orden und unterhalb der Schwerter ein kleiner Bereich vollkommen leer war. Eine Tafel darunter wies darauf hin, dass hier normalerweise ein goldener Dolch liegen sollte.

»Da sind wir also«, wies seine Begleiterin auf das Offensichtliche hin.

Rabenschmidt ersparte sich die Rückantwort und musterte die Vitrine von allen Seiten. Einbruchspuren erkannte er trotz intensiver Suche keine. Nach Fingerabdrücken musste er bei der Vielzahl von Besuchern, die sich gegen das Glas drückten, vermutlich ebenfalls nicht Ausschau halten.

Den Kopf gegen die Wand hinter der Vitrine gepresst, inspizierte er die Rückseite der Verglasung. Auch dort gab es weder Kratzer noch Löcher. Aber wenigstens konnte er so ausschließen, dass der Dolch einfach nur dahintergerutscht war.

Vorsichtshalber klopfte er die Vertäfelung unterhalb der Vitrine ab. Einen falschen Boden schien es ebenfalls nicht zu geben.

Offenbar hatte er es doch mit einem recht kniffligen Problem zu tun. Die Chancen, dies innerhalb der nächsten Stunden zu klären, schrumpften rapide.

Rat suchend blickte er sich um. Links führte ein Ausgang zu dem Raum, über den sie gekommen waren. Rechts ging es weiter zum nächsten Zimmer. Wahrscheinlich sollte er von Glück reden, dass es keine weiteren Zugänge gab, wie in anderen Räumen, die er vorhin durchquert hatte.

Er trat an das quadratische Fenster im hinteren Teil des Zimmers. Dank der waagerechten und senkrechten Metallstäbe davor war eine Flucht darüber wenig wahrscheinlich. Allerdings waren die Gitterzwischenräume groß genug, um einen Dolch hindurchzuschieben.

»Sind die Fenster alarmgesichert?«, fragte er deshalb.

»Selbstverständlich. Ebenso wie die Vitrinen. Um da ranzukommen, muss man den Alarm abstellen und einen Sicherheitsschlüssel einführen.«

»Den nur das Wachpersonal besitzt?«

»Das und ausgewählte Mitarbeiter.«

Sofort wurde Rabenschmidt hellhörig.

»Diese Liste ist allerdings sehr kurz«, schob die Leiterin deshalb hinterher.

»Trotzdem brauche ich sie.«

»Natürlich.«

Sie zog ein zusammengefaltetes Blatt Papier aus der Hosentasche, auf dem ein halbes Dutzend Namen standen. Das war immerhin ein Anfang.

»Wie ich sehe, kommen im Grunde genommen bloß

drei Personengruppen für den Diebstahl als Verdächtige infrage«, begann Rabenschmidt zu sinnieren. »Das Personal, Sicherheitsleute und Gäste. Der Knackpunkt dabei ist die Frage, wie jemand während der bereits geöffneten Ausstellung unbemerkt die Vitrinen öffnen kann. Entweder einer oder mehr Komplizen sorgen dafür, dass niemand den Raum in der Zeit betritt. Zum Beispiel durch ein Ablenkungsmanöver. Gab es irgendwelche ungewöhnlichen Vorkommnisse heute Morgen?«

Die Leiterin runzelte die Stirn. »Nicht, dass ich wüsste. Aber am besten fragst du meine Kollegen danach.«

Rabenschmidt setzte zu einer Erwiderung an, hielt aber kurz inne, als zwei Besucher den Raum betraten. Als diesen bewusst wurde, dass sie störten, gingen sie schnell weiter.

In der Zwischenzeit hatte er den hellbraunen Parkettboden unter die Lupe genommen und wusste nicht mehr, wo genau in ihrem Gespräch sie vorhin stehen geblieben waren. Unweit des Ausgangs zum vorherigen Zimmer entdeckte er einen bräunlich schimmernden Fleck am Boden und tauchte vorsichtig sein Taschentuch hinein. Kurz flackerte Hoffnung auf, doch zu schnell schickte sein Hirn bereits die Entwarnung auf den Weg. Die braune Flüssigkeit roch eindeutig nach Cola. Das hier war keine erste Spur, sondern bloß etwas, das ein unvorsichtiger Besucher hinterlassen hatte. Allerdings brachte ihn das auf eine andere Idee.

»Ich geh mich dann mal umsehen. Vorher hab ich bloß noch zwei Sachen auf dem Herzen. Erstens: Bitte warne keinen deiner Kollegen vor, dass ich eventuell mit ihm reden möchte. So was zerstört das Überraschungsmoment. Mit meiner Polizeimarke dürfte ich die Leute auch so genug zum Reden bringen.«

Sie nickte. »Und die zweite Sache?«

»Wie öffnet ihr normalerweise die Glasvitrinen?«

»Die Scheiben lassen sich verschieben und die Verschlüsse dafür befinden sich hinter den oben oder unten angebrachten Gehäuse-Vertäfelungen.« Sie wies auf die untere Abdeckung des betroffenen Glaskastens. »Augenblick, ich zeig's dir.«

Claudia zog ein kleines Funkgerät aus der Hosentasche und bat jemanden namens Sven darum, den Alarm für diesen Raum kurzzeitig zu deaktivieren. Während sie darauf wartete, dass derjenige ihrer Bitte nachkam, suchte sie an ihrem Schlüsselbund den richtigen Schlüssel und entfernte im Beisein zweier neugieriger Besucher die Vertäfelung unterhalb der Vitrine.

»Ist erledigt«, knarzte es im selben Moment durchs Funkgerät.

»Danke.« Claudia drehte den Schlüssel im Schloss herum und schob vorsichtig die Glasscheibe beiseite. »Ist keine große Sache, wenn man weiß, wie es geht, und über die entsprechenden Mittel verfügt.«

Rabenschmidt, der alles schweigend verfolgt hatte, inspizierte Schloss und Abdeckung. Keines von beiden sah so aus, als hätte sich kürzlich jemand daran zu schaffen gemacht.

Vorsichtshalber tastete er noch einmal den Boden in der Vitrine ab, doch das führte zu keinen neuen Erkenntnissen. Nachdem er zurückgetreten war, versetzte seine Freundin wieder alles in den Originalzustand.

»Danke. Ich melde mich, wenn ich Fragen habe oder es was zu berichten gibt«, sagte er und verließ das Zimmer in die Richtung, aus der er vorhin gekommen war. Zwei Sekunden lang musste er in seinen Erinnerungen kramen, dann fiel ihm seine Überlegung von vorhin wieder ein und er suchte die nächsten Räume danach ab.

Drei Zimmer weiter wurde er fündig. Abseits einer verspiegelten Bühne, auf der drei lebensecht nachempfundene Puppen standen, bei denen es sich laut Tafel um August den Starken, seine uneheliche Tochter und einen preußischen Soldatenkönig handelte, befand sich eine unscheinbare Tür mit einem »Kein Zutritt«-Schild daran. Zu seiner Freude war das Kabuff dahinter nicht verschlossen. Vermutlich, weil es bloß eine unscheinbare Abstellkammer mit den Utensilien des Reinigungspersonals war. Hier einen goldenen Dolch zu verstecken, dürfte für den Dieb ein Leichtes gewesen sein.

Entsprechend motiviert stöberte Rabenschmidt hinter den Kanistern mit Seifenlauge, unter dem Stapel Putzschwämme und zwischen den Schrubbern. Selbst in der hintersten Ecke und auf den Regalen schaute er nach. Doch kein wertvolles historisches Relikt weit und breit.

Schade. Es wäre wohl auch zu einfach gewesen.

Enttäuscht verließ er die Abstellkammer und studierte den Übersichtsplan auf seinem Flyer. Wohin könnte der Dieb sonst verschwunden sein? Befand sich der Dolch überhaupt noch in diesem Gebäude? Rein theoretisch hätte ihn der Dieb auch hinaustragen und über die Burgmauern werfen können.

Er dachte einen Moment über diese Möglichkeit nach und schüttelte den Kopf. Damit hätte derjenige den Dolch zwar vom Gelände bekommen, aber ohne einen Helfershelfer wäre das nicht zu bewerkstelligen gewesen. Außerdem bestünden die Risiken, dass der wertvolle Gegenstand beim Sturz beschädigt oder irgendwo hinfallen würde, von wo aus er nicht so leicht geborgen werden könnte. Diese Variante war daher eher unwahrscheinlich.

Ein freizugängliches Versteck dürfte der Spitzbube aber ebenfalls nicht gewählt haben, weil immer die Gefahr bestünde, dass ein Besucher den Dolch zufällig fand. Apropos Besucher: Könnte nicht einer von ihnen das gestohlene Zarengeschenk in seiner Handtasche hinausgetragen haben? Doch dann fiel ihm wieder das Sicherheitspersonal am Ausgang ein, das auf Claudias Anweisung hin vermutlich sämtliche Leute filzte.

Nachdenklich griff er nach seinem Handy und wählte die Nummer der Ausstellungsleiterin. »Eine kurze Frage: Haben heute Morgen irgendwelche Fahrzeuge was angeliefert oder abgeholt?«

»Das habe ich vorhin erst überprüft. Nur ein Lastwagen ist gekommen und hat Lebensmittel für die Gaststätte ›Zum Musketier‹ gebracht. Der befindet sich meines Wissens nach noch auf dem Gelände. Weißt du, wo das Lokal ist?«

»Ich glaube, schon«, sagte er und eilte nach draußen.

Der Lieferwagen war ein weißer Transporter ohne Aufschrift, der auf dem Innenhof direkt vor der Alten Kaserne parkte. Vom Jagdfieber gepackt, rannte Rabenschmidt die letzten Meter. Ein dickbäuchiger Mann im fleckigen weißen T-Shirt wollte gerade die Hecktüren schließen.

»Einen Moment, bitte«, rief der Kommissar und streckte ihm bereits aus der Entfernung den Dienstausweis entgegen. »Ich würde mir Ihren Wagen gern mal genauer anschauen.«

»Wie bitte?« Bestürzt rieb sich der Lieferant den schwarzen Oberlippenbart. Vom Alter her war der Mann um die 40. Sein Haar zeigte erste graue Stellen. »Worum geht's denn?«

»Nur eine Routine-Überprüfung.«

Bevor der Lieferant etwas erwidern konnte, befand sich Rabenschmidt im Laderaum, der nicht viel kleiner als die Putzkammer vorhin war. Genau wie im Abstellraum lugte er selbst in die hintersten Ecken. Er hob sämtliche Schüsseln und Trommeln, überprüfte sogar die Senf- und Ketchup-Eimer, ob diese ordnungsgemäß verschlossen waren. Nachdem der Dolch immer noch auf sich warten ließ, nahm sich Rabenschmidt die Fahrerkabine vor. Unter den Sitzen fand er ein altes Taschentuch und Bonbonpapier, jedoch nichts, das funkelte oder glänzte. Auch diese Spur war kalt.

Mürrisch stapfte er zum Büro der Sicherheitsleute, das sich hinter einem Durchgang unweit des Panorama-Restaurants »Offizierskasino« und Claudias Büro befand.

Eine Frau und ein Mann hielten sich darin auf, beide zwischen Mitte 30 und Mitte 40, ihr genaues Alter konnte Rabenschmidt schwer schätzen. Die Frau war brünett mit roten Pauspacken und tippte bedächtig auf der Computertastatur herum, während sie gleichzeitig mit dem Telefonhörer zwischen Kopf und Schulter geklemmt in ebenso gemächlicher Geschwindigkeit telefonierte. Was die Frage klärte, mit wem sich Rabenschmidt als Erstes unterhalten würde.

Mit gezückter Polizeimarke trat er vor den hageren Mann mit Vokuhila-Frisur und Dreitagebart. Dieser stellte sich als Sven Mahnke vor und griff nervös nach seinem Funkgerät.

»Das können Sie stecken lassen. Ich bin auf Geheiß der Ausstellungsleiterin hier.«

»Geht es um die Sache mit dem Dolch?«

Rabenschmidt nickte. Mahnke ebenfalls. Dann schielte er zu der Frau am PC, die nun noch langsamer tippte und das Telefongespräch mit einem »Ich ruf zurück« beendete. Sie tat zwar so, als wäre sie völlig in die Arbeit mit Tastatur und Bildschirm vertieft, aber dem Kommissar entging trotzdem nicht, dass sie die Ohren gespitzt hatte.

»Saublöde Sache«, sagte Sven Mahnke. »Wenn das bekannt wird …«

»Dann?«, hakte Rabenschmidt ein.

»Können wir alle unseren Job vergessen.« Mahnke fuhr sich mit beiden Händen durchs Gesicht.

»So weit wird es schon nicht kommen«, beruhigte Rabenschmidt ihn. »Erst mal bin ja ich da.« Einen neuen Job könnte er keinem besorgen – aber vielleicht dafür Sorge tragen, dass beim Personal kein Gang zur Arge nötig wurde.

»Sie haben gut reden. Mir steht das Wasser sowieso schon bis zum Hals. Hab eben eine Wohnung gekauft, und wenn ich die Raten nicht zahlen kann … verdammt.« Mahnke seufzte und ließ sich in einen der beiden Sessel plumpsen, die an der Wand aufgestellt waren. Rabenschmidt setzte sich in den zweiten. Die Frau schielte hinter dem Bildschirm hervor und konnte nun nicht mehr so tun, als sei sie gar nicht da.

»Und Sie sind?«, fragte der Kommissar in ihre Richtung. Die roten Pausbäckchen nahmen eine noch dunklere Färbung an.

»Gesa Lützow.«

»Und Ihre Funktion?«

»Ich koordiniere die Dienstpläne. Und so was eben.«

»Und sie ist unser Adlerauge«, mischte Mahnke sich wieder ins Gespräch ein. »Nur nicht so bescheiden, Gesa.«

Rabenschmidt staunte, wie rot Wangen werden konnten. Diejenigen von Frau Lützow jedenfalls glühten förmlich.

»Naja …«, wehrte sie mit dem Fuchteln beider Hände ab.

»Doch, unserer Gesa entgeht nichts. Kein noch so kleiner ausgespuckter Kaugummi, kein Bonbonpapier.«

»Und Dolche?«, lenkte der Kommissar das Gespräch wieder auf den eigentlichen Kern zurück.

»Die schon. Schöner Mist.« Gesa Lützow klickte auf der Tastatur, dann erhob sie sich und umrundete den Schreibtisch. »Ich war heute früh oben eingeteilt.«

Rabenschmidt nahm an, dass mit »oben« jener Saal gemeint war, in dem das verschwundene Kampffutensil gelegen hatte.

»Da war alles wie immer«, erzählte Gesa Lützow weiter, lehnte sich gegen die Tischkante und legte beide Hände auf ihren nicht gerade kleinen Bauch. »Eine Schulklasse aus Bautzen ist durchmarschiert, Teenager, die hat das alles nicht die Bohne interessiert. Dann war lange keiner da, und schließlich musste ich mal … äh … also …«

»Sie mussten zur Toilette«, sprang Rabenschmidt bei.

»Na ja, auch. Also, ich hatte Hunger und bin nur ganz kurz ins Büro, meine Schnitten holen. Ich hab die auch unterwegs gegessen, ehrlich, war ja auch nichts los, und als ich wieder nach oben kam, war alles ruhig. Kein Mensch war da.«

»Aber der Dolch weg«, knurrte Sven Mahnke. »Mensch, Gesa. Du weißt doch …«

»… ja, ja. Man darf den Platz nicht verlassen. Aber sei du mal schwanger!«

»Okay. Ich verstehe.« Rabenschmidt grinste. Er und Gerda waren zwar kinderlos, doch kannte er die plötzlichen Fressattacken von seiner Schwester aus deren bis dato vier Schwangerschaften. Da musste von jetzt auf gleich ein Broiler gegrillt werden, wenn der werdenden Mutter danach war, sonst war Polen offen.

»Ich denke nicht, dass Sie was falsch gemacht haben«, beruhigte er die Frau und kam nicht umhin, auf ihren Bauch zu starren.

»Doch. Ich hätte jemanden anfunken müssen, damit der mich kurz vertritt.«

»Hast du aber nicht«, knurrte Mahnke. Und zwar in einem derartigen Ton, dass Rabenschmidt annehmen musste, hier nicht nur Kollegen vor sich zu haben. Und richtig: Als der Schwangeren die Tränen in die Augen traten, sprang Mahnke auf und nahm sie in den Arm. Er konnte nicht verstehen, was er Gesa ins Ohr flüsterte, aber es schien zu wirken, nach drei Schluchzern hatte sie sich beruhigt.

»Wann ist es denn so weit?«, fragte Rabenschmidt in die plötzliche Stille.

»Oktober«, sagte Sven Mahnke.

»September«, sagte Gesa Lützow gleichzeitig. Der Kommissar schüttelte innerlich den Kopf, bat die beiden dann aber, gemeinsam mit ihm zurück zum »Tatort« zu gehen. Unterwegs, dachte er, würde sich vielleicht der eine oder andere Anhaltspunkt ergeben. Während er den beiden folgte, kam ihm Gerda entgegen.

»Fertig?«, fragte sie und schleckte den letzten Rest Eis vom Stiel. Rabenschmidt starrte demonstrativ an ihr vorbei und zwinkerte mit dem linken Auge, sodass die beiden Sicherheitsleute das nicht sehen konnten. Er wollte nicht, dass Gerda als seine Frau erkannt würde, seinem Status als ermittelnder Beamter wäre das wohl abträglich, wenn er quasi »privat« auf der Festung war. Gerda kapierte, rollte mit den Augen und sagte ins Nichts hinein: »Ich habe eine wunderschöne Replik einer napoleonischen Kette gesehen, nicht ganz billig.« Innerlich knurrte Rabenschmidt. Er ahnte, was er würde kaufen müssen. Doch daran konnte und wollte er jetzt nicht denken. Ihm – und auch Claudia – war schließlich daran gelegen, den vermaledeiten Dolch noch vor Schließung der Festung zu finden.

Der neuerliche Besuch vor der Vitrine brachte ihm auch keine neuen Erkenntnisse. Mahnke erklärte nochmals, wie der Mechanismus zum Öffnen funktionierte. Gesa zeigte ihm, wo genau sie gestanden hatte (nämlich gegenüber der Vitrine, also hätte niemand unbeobachtet hineingreifen können) und welchen Weg die Schulklasse genommen hatte.

»Hmmh.« Mehr fiel dem Kommissar nicht ein. Ihm war heiß, und langsam bekam er Appetit. Er mochte wetten, dass Gerda ihr gemeinsames Lieblingseis verspeist hatte. Und da hatte er mit einem Mal eine Idee. Eine, die nicht ganz aus dem Polizeilehrbuch stammte, aber schließlich war er ja im Urlaub. Als Gesa sich den Schweiß von der Stirn wischte und wieder beide Hände vor den Bauch legte, fragte er: »Mag außer mir noch jemand ein Eis?«

Die beiden Wachleute sahen ihn irritiert an.

»Ich müsste nur noch schnell zur Toilette, dann würde ich Ihnen im Offizierskasino ein Eis ausgeben. Sozusagen als Dank für Ihre Mitarbeit.«

»Ja, also … sehr gerne.« Gesa schmatzte leise und auch Sven Mahnke stimmte zu, sich in ein paar Minuten mit ihm an der Gastronomie zu treffen. Während Rabenschmidt so tat, als suche er die Örtlichkeit auf, machten die beiden sich von dannen und diskutierten dabei heftig im Flüsterton miteinander. Der Kommissar verschwand im Herrenklo, vergewisserte sich, dass er allein war, und wählte Gerdas Mobilnummer.

»Entschuldigung, hat etwas länger gedauert«, sagte der Kommissar, als er das Kasino erreichte. Das hochmoderne Häuschen lockte auf der Terrasse mit gut beschatteten Tischen. An einem davon saßen Mahnke und Lützow und wirkten wie bestellt, aber nicht abgeholt. Gerda hatte sich gemäß ihrer Absprache an den Nebentisch gesetzt und gab vor, in den Flyer der Festung und den Lageplan vertieft zu sein.

»Haben Sie schon bestellt?«, fragte Rabenschmidt und setzte sich so, dass er Gerda den Rücken zuwandte. Die beiden Wachleute schüttelten den Kopf. Und nickten dann unisono, als ihr Gastgeber dreimal Nussbecher bestellte. Rabenschmidt musste sich ein Husten verkneifen, als die Kellnerin Gerdas Bestellung aufnahm – eine Flasche Champagner. Und den großen Freundschaftsbecher für zwei Personen. Er wusste, dass sie das nur tat, um ihm finanziell eins auszuwischen. Aufessen oder gar leer trinken würde sie das niemals.

»Also dann ist es ja in drei Monaten so weit«, konstatierte Rabenschmidt mit Blick auf Gesas Bauch. Die nickte.

»Ihr erstes Kind?«

Wieder ein Nicken. Und ein Kopfschütteln von Sven.

»Mein viertes.« Er verzog den Mund. »Scheidung. Teure Sache, kann ich Ihnen verraten.«

»Kann ich mir denken«, erwiderte Rabenschmidt und setzte einen männlich-solidarischen Blick auf.

»Nuss?« Gesa sah die junge Kellnerin fragend an, als diese die Eisbecher vor dem Trio abstellte.

»Haben Sie bestellt.« Die Antwort kam so knapp wie unfreundlich.

Während die drei schweigend erst die Sahnehaube und dann das Eis aus den Bechern löffelten, wurde vor Gerda am Nebentisch aufgebaut: Sektkühler, zwei Gläser, der immens große Freundschaftsbecher mit acht verschiedenen Sorten Eis, Obst und allerlei Glitzerkram zur Deko. Rabenschmidt hatte Mühe, nicht laut loszulachen. Seine Frau sah ein wenig verloren aus hinter dem Monstereis, soweit er das aus den Augenwinkeln beobachten konnte. Er wandte sich Sven zu und fragte: »Wer kann denn ein Interesse an dem Dolch haben? So was ist doch eigentlich unverkäuflich.«

Mahnke grinste. »Bei eBay sicher. Aber wer so was klaut, der wird schon seine Abnehmer haben. Reiche Russen, Japaner, was weiß ich.« Er stieß den Löffel ins Vanilleis. In dem Moment sprang Gerda am Nebentisch auf, schnappte sich das Sektglas und prostete wie vorhin am Telefon vereinbart einer imaginären Person zu. Dabei stieß sie ein viel zu schrilles »Juhuuu!« aus, stolperte vermeintlich und kippte den Sekt mit Schwung auf Gesas Bauch. Die sprang erschrocken auf. Gerda schaute – vermeintlich – betreten und entschuldigte sich wortreich, wobei sie mit der Serviette begann, den Bauch der Wachfrau abzutrocknen. Und wie vereinbart dafür sorgte, dass das Shirt nach oben rutschte. Zum Vorschein kam – ein

Kissen. Mit hellblauen Streifen, mittels eines Gürtels festgeschnallt.

»Was zum Teufel?« Sven Mahnke sprang auf. Sein Blick hetzte zwischen Gerda, dem Kommissar und seiner Freundin hin und her. »Scheiße!«

»Nee. Tarnung«, entgegnete Rabenschmidt und zwinkerte seiner Frau zu. Den Eisbecher hatte sie sich redlich verdient.

»Was?« Mahnke starrte Gesa an. »Wie kann man nur so blöd sein«, zischte er.

»Ich? Du wolltest doch, dass ich so tue, als ob ich nen Braten in der Röhre hab.« Von der scheinbaren Gemütlichkeit war in diesem Moment nicht mehr viel zu spüren. Gesas Wangen leuchteten wie Ampeln in der Nacht. »Und dann hier Zeugs rausschaffe. Bisschen die Kasse aufbessern. War doch logisch, dass das schon beim ersten Versuch in die Hose geht. So eine Schnapsidee!« Sie zerrte sich das Kissen vom Leib und pfefferte es auf den Tisch, sodass alle drei Eisbecher umkippten. Dann zerrte sie den Reißverschluss auf. Zum Vorschein kam – der von Claudia so schmerzlich vermisste Dolch.

»Hübsch«, sagte Gerda und setzte sich zurück an ihren Tisch. »Ich denke, das muss ich nun doch alleine essen.«

»Wieso?«, fragte Gesa.

»Weil mein Mann Sie jetzt sicher verhaftet.« Gerda grinste und schenkte sich das zweite Glas Sekt ein. »Ich komm schon irgendwie nach Hause.«

REISETIPPS FÜR KÖNIGSTEIN
UND UMGEBUNG

Die über 800 Jahre alte Festung Königstein ist ohne jeden Zweifel einen Besuch wert. Auch wenn Sie nicht, wie unser Kommissar Rabenschmidt, auf der Suche nach einem verschwundenen Dolch sind, sollten Sie sich dieses einzigartige Bauwerk unbedingt anschauen. In den Gebäuden und mittels Exponaten erfahren Sie, wie die frühere Grenzburg böhmischer Könige in die Hände der Wettiner Adelsfamilie gelangte, was für Schlachten um die Burg geführt und welche Schätze dort gelagert wurden.

Seit Mai 2015 gibt es die in unserer Geschichte erwähnte Dauerausstellung »In Lapide Regis« (was so viel wie »Auf dem Stein des Königs« bedeutet), bei der Sie in über 30 Räumen die höchst interessante Geschichte der Festung Königstein von ihrer urkundlichen Ersterwähnung 1241 bis zur Museumseröffnung im Jahr 1955 erfahren können. Inklusive anschaulicher Modelle, Dioramen und Figureninstallationen historischer Meilensteine. Dank zahlreicher Medienstationen und der an der Kasse erhältlichen Audioguides haben Wissbegierige dazu die Möglichkeit, noch mehr Details über die einzelnen Stationen zu erfahren. Weitere Informationen zur Burg, zur Anreise und Öffnungszeiten erhalten Sie unter: www.festung-koenigstein.de

Aufmerksamen Leserinnen und Lesern unseres Krimis dürfte nicht entgangen sein, dass sich gleich neben dem Parkhaus der Festung Königstein ein umfangreicher

Hochseilgarten befindet. Hier haben Sie die Gelegenheit, acht Parcours und 80 Kletterelemente in unterschiedlichen Höhen und Schwierigkeitsgraden zu meistern. Jüngere Kinder ab fünf Jahren können ihr Geschick an vier Parcours versuchen, der gesamte Kletterwald wird für Kinder ab acht Jahren empfohlen.

Geöffnet ist von Ende März bis Anfang November. Gruppen ab zehn Personen erhalten nach Voranmeldung auch außerhalb der regulären Öffnungszeiten Zugang. Weitere Informationen gibt es auf: www.kletterwald-koenigstein.de.

Direkt neben der »Neuen Schänke« am Königstein 3 gibt es eine beeindruckende Minigolf-Anlage. Das Besondere daran: Es ist eine waschechte 18-Loch-Freizeitanlage mit Kunstrasenbahnen, bei dem sich ganz schnell ein richtiges »Golfplatz-Feeling« einstellt. Geöffnet ist die Anlage ähnlich wie der Kletterwald: von Ostern bis Oktober, täglich ab 10.00 Uhr. Mehr Infos dazu gibt es unter der Telefonnummer +49 (0) 3 5 02 1 / 9 99 60 und unter www.minigolfamkoenigstein.de.

Die Stadt Königstein selbst hat ebenfalls einiges zu bieten: Auf dem Schreiberberg wurde zu Beginn des 17. Jahrhunderts unter dem Einfluss von George Bähr (dem Erbauer der Dresdner Frauenkirche) die domartige Evangelisch-Lutherische Stadtkirche errichtet. Leider fiel diese 1810 einem Brand zum Opfer und wurde bis 1823 in barocker Gestalt neu aufgebaut – diesmal jedoch mit Kanzelaltar aus Sandstein, Taufstein aus erzgebirgischem Granat-Serpentinit und einer Jehmlich-Orgel.

In der Gohrischer Straße 20 finden Sie den Fabel- und Mythenpark Königstein, der Anfang des neuen Jahrtausends von den Brüdern Lutz und Jürgen Fleck angelegt wurde. Auf einer Fläche von 15.000 m² finden Sie eine liebevoll gestaltete Parkanlage mit Fabelwesen aus den Mythologien sämtlicher Erdteile, zahlreichen Sitzmöglichkeiten und einem prächtigen Ausblick auf das Umland. Am Ende des Rundgangs treffen Sie auf eine Schauwerkstatt, bei der Sie dem Bildhauer bei der Arbeit über die Schulter schauen oder selber Hand anlegen können. Falls das dem einen oder anderen Kind nicht spektakulär genug erscheint, können Sie mit ihm (oder ihr) auch gerne weiter zum Streichelzoo gehen, in dem Sie Zwergschafe, Zwergziegen und Minischweine antreffen werden. Geöffnet ist von Ostern bis Oktober, immer mittwochs bis sonntags 10–18 Uhr. An Feiertagen auch montags und dienstags. Weitere Details erhalten Sie unter Tel. +49 (0) 35 02 1 / 5 98 31 und www.fabelundmythenpark.de.

In der Bielatalstraße 2 können Sie in die einzigartige Welt der Modell-Raddampfer eintauchen. Inspiriert vom Anblick der traditionsreichen sächsischen Raddampferflotte vor der wildromantischen Kulisse des Elbsandsteingebirges kam einigen findigen Köpfen die Idee, die alten Dampfschiffe detailgetreu als Miniaturmodelle nachzubauen. Weitere Informationen darüber erhalten Sie unter der Telefonnummer 03 50 21 / 5 90 66 und unter www.modell-raddampfer-manufaktur.de.

Nach so viel Kultur und Sehenswürdigkeiten steht Ihnen der Sinn vielleicht nach ein wenig Herumpaddeln. An der Elbpromenade (Schandauerstr. 17–19) finden Sie die »Kanu Aktiv Tours GmbH«. Hier haben Sie die Möglichkeit, sich mit Kanu, Schlauchboot oder Floß aufs Wasser hinauszuwagen. Erkundigen Sie sich danach am besten unter Tel. 03 50 21 / 59 99 60 sowie www.kanu-aktiv-tours.de.

Richtig viel Spaß haben können Sie auch im Elbe-Freizeitland, in der Schandauer Straße 51, haben, einem Outdoor-Park, der insbesondere für Familien zum Heidenspaß wird. Egal ob mit der Hochbahn, der Ball-Shooter-Anlage, Mini-Karts, dem Abenteuerspielplatz, der Falkner-Show, der Wellenrutsche, der Miniatur-Elbtalbahn oder der Möglichkeit für Bungee-Jumpings, es wird für jeden Geschmack was geboten. Auch hier ist von April bis Oktober geöffnet, täglich zwischen 10 und 18 Uhr. Hunde sind im Park ebenfalls herzlich willkommen. Wenn Sie Fragen haben, dürfen Sie gern unter Telefon +49 (0) 3 5 02 1 / 99 08 0 oder unter info@elbefreizeitland-koenigstein.de nachhaken.

Metas Extratipp: Auf der Festung Königstein können Sie nicht nur auf historischen Spuren wandeln, im dortigen Brunnenhaus gibt es Ferienwohnungen, während Sie in den Kasematten nach vorheriger Buchung ausgiebig feiern und tagen können. Außerdem – und jetzt kommt das Highlight – werden in der Friedrichsburg und der Garnisonskirche Trauungen abgehalten. Na, wäre das nicht was für Sie?

VON KÖNIGSTEIN NACH STADT WEHLEN

»Haha, was für eine grandiose Auflösung«, sagte Meta und klatschte vergnügt in die Hände. Inzwischen befanden sie sich im Innenbereich der Festung und hatten sowohl die Magdalenenburg, das Brunnenhaus als auch den grandiosen Ausblick von den Außenmauern bewundert. Gerade ließen sie die imposanten Kanonen auf den schwarz-gelben Radbefestigungen hinter sich und steuerten auf das Kommandantenhaus zu. »Damit hätte ich nun überhaupt nicht gerechnet. Wenn ich ehrlich bin, hatte ich mir während Ihrer Erzählung schon den Kopf darüber zerbrochen, wo der Dolch letzten Endes wiedergefunden werden würde.«

»Nun bin ich aber mal gespannt«, sagte Kurt und führte sie durch den Eingangsbereich, in dem gerade wieder einige Kinder in die dortigen historischen Kostüme schlüpften. »Nur keine Scheu. Weihen Sie mich ruhig ein, in Ihre kriminalistischen Überlegungen.«

Meta zögerte kurz, aber dann überwog doch die Krimi-Leidenschaft, die sie vor vielen Jahren überhaupt erst zu ihrem Berufswunsch gebracht hatte.

»Nachdem Sie die lebensecht nachempfundenen Puppen von August dem Starken und seinen Leuten erwähnten, dachte ich, das wäre ein prima Versteck. Vielleicht unter dem bestimmt gewaltigen Rock der unehelichen Tochter. Im Strumpfband oder so.«

»Wäre das nicht zu auffällig gewesen?«

»Das dachte ich mir dann auch. Aber der Kurfürst

trägt bestimmt eine Jacke oder einen Mantel mit großen Taschen. Dort würde so schnell wohl keiner nachschauen.«

»Guter Einwand. Aber dann wäre das Schmuckstück noch immer in der Ausstellung und damit nicht in Reichweite der Diebe. Manch einen könnte das stören.«

»Wären der oder die Diebe von außerhalb gekommen, hätten sie ja in die Kleidung des Personals schlüpfen können oder vorgeben, irgendwelche Reinigungsarbeiten erledigen zu müssen. Das einzige Risiko dabei wäre gewesen, dass es eine Menge Zeugen geben könnte, die ihn oder sie später gegebenenfalls identifizieren könnten. Aber wenn sie sich rangehalten hätten, wären sie dann schon längst über alle Berge gewesen.«

»Mir wäre das trotzdem zu riskant. Für so was muss man auch ein sehr guter Schauspieler sein.«

»Wie hätten Sie es denn angestellt?«

Kurt runzelte die Stirn. »Es gibt hier und in anderen Gebäuden mehrere Dioramen. Darin würde wohl ebenfalls niemand nachschauen, aus Angst, dass von den Miniaturnachbauten was umfällt. Danach würde ich abwarten, bis Gras über die Sache gewachsen ist und mir dann erst mein Diebesgut abholen.«

»Ich weiß nicht, ob ich so viel Geduld hätte«, gestand Meta. Sie schlenderten durch die Ausstellung und bewunderten die Exponate. Stundenlang hätte sie sich hier aufhalten können, doch wenn sie noch mehr von der wundervollen Region zu Gesicht bekommen wollte, musste sie sich sputen.

Also schob sie Kurt förmlich von einem Raum zum nächsten und schaute auffällig oft auf die Armbanduhr. Schließlich verstand er den Wink mit dem Zaunpfahl und schlug vor, zum Parkhaus zurückzukehren. Einer Idee, der Meta sofort zustimmte.

Während der Fahrt mit der Bimmelbahn zurück ins Tal genoss sie die warmen Sonnenstrahlen auf ihrem Gesicht. Das Leben konnte so schön sein.

»Die Geschichten um den Kommissar sind toll«, sagte sie nach einigen Sekunden. »Stehen Sie beide sich vielleicht irgendwie nahe?«

»Er ist ein Freund von mir.« Kurt lächelte geheimnisvoll. »Ich bin sozusagen sein heimlicher Chronist. Wundern Sie sich also nicht, wenn Hans Jürgen vielleicht noch im einen oder anderen Abenteuer auftaucht.«

»Von mir aus gern. Was mir ebenfalls aufgefallen ist: Die Geschichten, die Sie mir bisher erzählt haben, liegen vom Handlungszeitraum alle noch nicht allzu lang zurück. Kennen Sie auch irgendwelche älteren Fälle? Also nicht aus dem Mittelalter oder so. Bloß ein bisschen länger zurückreichend. Sie müssen auch gar nicht unbedingt mit Ihrem Lieblingskommissar zu tun haben.«

»Höre ich da eine Kritik heraus?«

»Nein, überhaupt nicht. War nur so eine Überlegung.«

Kurt ließ seinen Blick in die Ferne schweifen und grübelte einige Momente. Schließlich nickte er. »Ich glaube, dann dürfte die nachfolgende Story, wie man auf Neudeutsch so schön sagt, genau nach Ihrem Geschmack sein.«

STADT WEHLEN, 1987

»Erich ist tot!« Der Schrei durchschnitt die nächtliche Ruhe. Gerald Drews war sofort hellwach und setzte sich im Bett auf. »Honecker ist tot!« Die Schreie kamen von draußen, schwappten durch das gekippte Fenster ins Schlafzimmer. Drews schwang die Beine aus dem Bett, taperte nach den Hausschuhen und war mit einem Satz, den er sich selbst um diese Uhrzeit nicht zugetraut hätte, am Fenster. Riss es auf, streckte den Kopf in die Nacht hinaus und kniff die Augen zusammen. Die alte Zielonka rannte wie ein aufgescheuchtes Huhn vor dem Gartentor auf und ab und brüllte »Erich ist tot! Die haben den Honecker umgebracht!«

»Else! Hör auf, so zu brüllen«, zischte Drews und sah sich um. In den anderen Häusern blieb es dunkel. Wieder einmal beneidete er seine Nachbarn um deren Nachtschlaf. Sein eigener war nicht der beste, was erstens an der dreiteiligen Matratze lag, die ihm gegen die Wirbel drückte. Und zweitens an den vielen Ideen, welche dem Wehlener Hobbydichter des Nächtens durch den Kopf rauschten, manchmal nur ratterten, oft leider verpufften wie ein Trabi ohne Zweitaktmischung im Tank. Jetzt aber war ihm glasklar, was zu tun war: die Zielonka von der Straße holen.

»Aber der ist tot!« Else sah zum Fenster hinauf. »Mausetot. Ermordet!«

»Ich komm runter«, beschied Drews. Auf dem Weg zur Haustür dämmerte ihm, was passiert war. Im Bruchteil einer Sekunde hatte seine Fantasie alles durchgespielt, und in dem Moment, als er aufsperrte und Else in den Flur zerrte, hatte er das komplette Szenario in seinem Kopf entworfen. Wahrscheinlich war der Generalsekretär der SED zu Gast in Pirna. Und dort von imperialistischen Banden erschossen worden. Oder von Bürgern der DDR, die die Faxen dicke hatten vom Brillenmann und seiner Margot. Drews musste ja selbst zugeben, dass er das eine oder andere Mal zu Messer, Axt oder anderem Werkzeug gegriffen hatte, so im Traum, im Halbschlaf. Zur Erholung quasi, wenn ihm die Enge des Staates mal wieder zu eng wurde. Ja, so musste es gewesen sein.

»Alles voller Blut!« Else Zielonka sank quasi in seine Arme. Drews kickte die Tür mit dem linken Fuß zu und tätschelte seiner alten Nachbarin unbeholfen die Schulter. Zum ersten Mal bemerkte er, dass die aus gelber Wolle selbst gehäkelte Stola, die sie trug, sich viel weicher anfühlte, als sie aussah. Allerdings jetzt gerade auch viel blutgetränkter als sonst.

»Bist du verletzt?«, fragte er erschrocken.

»Neihein«, schniefte Else und ließ ihn los. Sie wischte sich mit einem Zipfel der Stola über die Augen. »Aber der Erich. So tot.«

»Jetzt mal langsam«, sagte Gerald und bugsierte Else in die Küche, parkte sie auf einem der drei Stühle, die ihm in seinem Junggesellenhaushalt als Russischlehrer völlig genügten, und hatte flugs zwei Schnapsgläser und die Buddel Becherovka zur Hand. Das Teufelszeug war wirklich Medizin und nach zwei Gläsern bekam Else wieder Farbe ins Gesicht, das Schluchzen ließ nach und sie starrte die Tischplatte an.

»Wer macht so was?«, sagte sie wie ins Nichts.

»Den Honecker umbringen? Mir fielen da auf Anhieb einige ein.« Gerald genehmigte sich und seiner Besucherin jeweils noch ein drittes Glas aus der kostbaren Flasche.

»Wer bitte soll denn ein Kaninchen töten und es dann nicht aufessen?«

»Was?« Drittes Glas! Hatte er eben richtig gehört? »Du sprichst von deinem Karnickel?«

»Ja, von wem denn sonst?«

»Ich dachte …«

»Ach was, der Staatsratsvorsitzende ist sicher quicklebendig. Jemand hat meinen Erich geschlachtet!« Wieder schluchzte Else los.

»Dein Stallhase heißt Honecker?«

Über Elses Gesicht glitt der Anflug eines Lächelns. »Ich kann doch niemanden zum Sonntagsbraten verarbeiten, den ich mag. Also eben Erich.«

Viertes Glas.

»Die heißen bei mir immer so. Mal Honecker, mal Margot. Den Lenin hast du übrigens als Gulasch gegessen.«

»Ich habe Lenin gegessen.« Gerald schüttelte den Kopf. Er erinnerte sich an das Gulasch, musste so zwei, drei Jahre her sein. Hatte wirklich lecker geschmeckt.

»Also. Bevor wir uns hier bis Zar Alexander durchwurschteln … was ist passiert?«, fragte er und schielte zur Uhr. Für Kaffee war es noch zu früh. Also für jeden noch ein fünftes Glas. Ein letztes Schniefen von Else. Dann berichtete sie, was geschehen war: Ein dringendes Bedürfnis, für das selbst Parteimitglieder der SED eine gewisse Örtlichkeit aufsuchen müssen, hatte sie aus den Federn getrieben. Und da es auf dem Klo eiskalt war, war sie sofort hellwach gewesen. Else hatte beschlossen, mithilfe eines Kreuzworträtsels wieder müde zu werden, als sie im Garten Rascheln, das Knacken von Ästen und ein schrilles Quieken gehört hatte. Wie ein geölter Blitz war sie über die Terrasse nach draußen geschossen, hatte das Haus umrundet und im Schein der funzeligen Taschenlampe das Unheil gesehen: Der Kaninchenstall stand offen, Erichs Kadaver hing halb heraus, die Ohren des »Deutschen Riesen« baumelten schlaff herab. Das braune Fell war am Leib halb abgezogen und aus der klaffenden Wunde troff das Blut ins Stroh. Else ließ die Lampe fallen und drückte das Kaninchen an sich. Aus den Augenwinkeln heraus meinte sie, eine schwarz gekleidete Gestalt zu sehen, die sich über den Gartenzaun schwang und in den Büschen Richtung Bastei verschwand.

»Und das, wo er doch noch nicht mal acht Kilo hatte«, schloss Else und starrte wieder die Tischplatte an. »Wer macht denn so was?«

»Vielleicht ein dummer Streich?«, versuchte Gerald sich an einer Erklärung. »Oder da hatte jemand Hunger und ...«

»Schnickschnack«, brauste Else auf. »Der Erich ist doch nur die Spitze des Eisbergs.«

»Wie meinst du das?« Gerald horchte auf.

»Da gab es noch so ein paar ... Vorfälle.« Else Zielonka zuckte mit den Schultern.

»Vorfälle?« Gerald wurde neugierig. Klar, die Else war nicht gerade die beliebteste Person im Ort. Und hatte sich schon so manches Mal mit den Nachbarn angelegt, wenn es um herüberhängende Äste und ähnlichen Kleinkram ging. Aber andererseits war sie immer bereit, mit Mehl, Eiern oder eben Gulasch auszuhelfen. Und seit ihr Mann vor sieben Jahren verstorben war (Drews erinnerte sich nicht mehr genau, woran), war sie auch Herrin über dessen wohlbestückte Werkstatt. In der sich dank der Augsburger Verwandtschaft auch das eine oder andere Gerät westlicher Bauart befand, das Else, anders als ihr Mann, gerne mal verlieh. Vielleicht, weil eine Hilti eben kein Fellnäschen war, das einem den Sommer über Freude und im Winter Appetit machte.

»Also vorgestern lag ein Korb voller fauler Eier vor der Tür. Hat gestunken wie … na ja. Kannst du dir ja denken. Die hab ich auf den Kompost gehauen, mit Korb.«

»Und sonst noch?«

»Ach, Kleinigkeiten. Mal ein Backstein, der über den Zaun fliegt. Dann war da noch die Luft aus dem Fahrrad rausgelassen. Und im Briefkasten hatte ich vor ein paar Tagen einen Haufen Tannennadeln. Ich dachte mir erst nichts dabei, dann hab ich aber gesehen, dass der voller Ameisen war. Sind zum Glück nicht bis ins Haus gekrabbelt.«

»Ameisen. Eier.« Darauf konnte Gerald sich keinen Reim machen. »Hast du eine Ahnung, wer …«

»Wüsste ich's, hätte ich dem längst eins übergebraten!«, brauste Else auf. Als Witwe hatte sie zweifellos gelernt, sich durchzusetzen. Dennoch war auch deutlich spürbar, wie sehr ihr die Sache an die Nieren ging.

»Wem alles würdest du denn so was zutrauen?«

»Auf jeden Fall Lutz.«

»Steimer?« Gerald kannte nur einen in der ganzen Stadt mit diesem Vornamen. Aber den hatte er bisher immer als recht friedlichen Zeitgenossen erlebt.

»Genau der. Beim letzten Brunnenfest wollte er mich auf nen Pfeffi einladen und ich hab abgelehnt. Seither ist er gar nicht gut auf mich zu sprechen.«

»Aber deswegen deinen Erich umbringen?«

»Was weiß denn ich! Er schaut mich immer ganz seltsam an.«

Wer kommt noch infrage?«

»Eigentlich nur zwei: Madleen Urbach und Gunter Guse.«

Allein die Auswahl der beiden Verdächtigen verblüffte Gerald. Madleen war eine junge Frau von gerade mal 20 Jahren. Gunter hingegen ein alter Zausel, nicht viel jünger als Else. Noch dazu einer, der auf alles und jeden schimpfte. Sein Name auf der Liste war bei genauerem Nachdenken nicht weiter verwunderlich. Der von der anderen Kandidatin hingegen schon. »Wie kommst du denn auf das Urbach-Mädel?«

»Die habe ich vor ein paar Wochen beim Klauen erwischt. Hat sich im Konsum einfach so ne Esda-Strumpfhose unter die Jacke gesteckt. Aber nicht, wenn ich in der Nähe bin! Wenn ich es mir recht überlege, war das sogar, kurz bevor das mit den Vorfällen losging. Na warte, wenn ich die in die Finger kriege, kann sie was erleben.«

»Bleib mal ruhig. Wenn du jetzt rot siehst, ist auch keinem geholfen.«

»Du hast leicht reden. Die hat meinen Erich auf dem Gewissen!«

»Was wir erst mal beweisen müssen. Gab es am Tatort irgendwelche verdächtigen Spuren?«

»Tatort? Verdächtige Spuren? Bist du jetzt Sherlock Holmes?«

Diese Frage nahm er als Kompliment gerne an. Mit dem brillanten Meisterdetektiv verglichen zu werden, war sicherlich nicht das Schlechteste. »Bevor du jemanden beschuldigst, brauchst du Beweise, Else. Das liegt doch auf der Hand, oder?«

Sie brummte etwas Unverständliches und führte ihn die Kuchenbergstraße zu ihrem Haus hinauf. Noch lag die gesamte Straße im Dunklen, aber im Osten schimmerten bereits die ersten Sonnenstrahlen. Sie ließen einige Autos der Marken Trabant und Wartburg hinter sich und betraten Elses Garten. Unzählige Male war er hier gewesen, zuletzt vor drei Tagen, als er ihr eine Packung Tempobohnen und eine Dose Salmiak-Pastillen aus dem Konsum mitgebracht hatte. Alles wirkte wie immer, aber genau wie seine Begleiterin wusste er nur zu gut, dass der Schein trog.

Sie umrundeten das Haus, das eigentlich viel zu groß für eine alleinstehende Frau war, gingen an der Terrasse vorbei, an der noch immer die Tür offen stand und steuerten auf die Hasenställe zu. Der Tiergeruch schlug ihm bereits etliche Meter vor dem Ziel entgegen und erinnerte ihn an einen alten Witz: Was ist unsichtbar und riecht nach Hase? Ein Kaninchenfurz.

Darüber lachen konnte er nicht. Nicht hier und nicht jetzt. Das war der Ort, an dem Erich ermordet wurde. Else reichte ihm die Taschenlampe, mit der sie vorhin das Unglück entdeckt hatte.

Auf dem Boden und an der Tür zu seinem Stall klebte Blut. Ebenso im drinnen ausgelegten Stroh und am Wassernapf. Das Tier musste sich ziemlich gewehrt haben. Mit etwas Glück hatte er seinem Mörder – oder seiner Mörderin – tiefe Kratzer an den Händen hinterlassen, die nun bei der Aufklärung des Verbrechens helfen würden.

Der Körper des toten Hasen lag noch immer in seinem Stall. Inzwischen nicht mehr halb hinaushängend, wie Else ihn ursprünglich gefunden hatte, sondern flach auf dem Boden liegend. Das halb abgezogene Fell und das darunter hervorschimmernde rosa Fleisch war aber auch so deutlich erkennbar.

Für einige Sekunden stockte Gerald der Atem. Fassungslos starrte er auf den Tatort und das Verbrechen. Ihm wollte nicht einleuchten, warum jemand so etwas überhaupt tat. Ein Nutztier zu schlachten und zu einem leckeren Braten zu verarbeiten, war eine Sache. Ein Lebewesen völlig sinnlos umzubringen, eine völlig andere. So etwas durfte nicht ungesühnt bleiben.

»Und, siehst du irgendwelche Beweise?«, fragte Else neben ihm.

Er schüttelte den Kopf. Weder gab es Schuhabdrücke am Boden noch blutige Fingerabdrücke am Gatter oder im Stall. Auch sonst entdeckte er nichts, das ihm einen Aufschluss über den Täter liefern könnte.

»Zeig mir bitte noch mal genau, wohin die schwarz gekleidete Gestalt geflüchtet ist.«

Die alte Zielonka verließ den Schuppen und stapfte über die Wiese zum hinteren Gartenzaun. Gerald leuchtete die gesamte Strecke mit der Taschenlampe ab, und als er nichts Verdächtiges fand, ließ er den Lichtkegel den Zaun hinauf und dem Rollsplitt dahinter folgen. Er wollte sich gerade abwenden, als ihm einen halben Meter hinter dem Zaun zwei gleichförmige dunkle Flecken am Boden auffielen, die mehrere Zentimeter tief in die Erde ragten. Hier war der Täter bei seinem Sprung über die Mauer offenbar aufgekommen. Wie die Sohlen von Turnschuhen sah das nicht aus, eher wie die Fersenabsätze von Halbschuhen. Die sowohl Männer als auch Frauen trugen. Im Grunde genommen also ebenfalls kein untrüglicher Beweis.

Er bemerkte einige beiseitegetretene Steine, die in östliche Richtung wiesen, und leuchtete den Boden darum ab. Else hatte sich also nicht getäuscht. Der Täter war in Richtung Bastei verschwunden. Oder zur Stadtverwaltung oder zum Steinrücken. Sowohl Madleen Urbach als auch Lutz Steimer wohnten im östlichen Teil der Stadt.

Den dritten Verdächtigen – Gunter Guse – glaubte er auch aus anderer Hinsicht von der Liste streichen zu können: Der grimmige Witwer dürfte entschieden zu alt sein, um sich durch einen beherzten Sprung über den Gartenzaun in Sicherheit zu bringen. Selbst bei Lutz Steimer, der ebenfalls die 50 überschritten hatte, dürfte es schwierig gewesen sein. Also führte Langfinger Madleen noch immer die Verdächtigenliste an. Jetzt mehr denn je. Trotzdem ließen die Beweise auf sich warten.

Nachdenklich betraten sie Elses Haus durch die Terrassentür. Auf dem Wohnzimmertisch stand ein größeres Paket aus Augsburg, und Gerald konnte nicht anders, als im Vorbeigehen einen neugierigen Blick hineinzuwerfen. Drinnen erblickte er eine Packung Jakobs-Kaffee, der im Exquisit 70 Mark kostete, zwei Dosen Dole-Ananas, Milka-Schokolade und sogar mehrere Päckchen Marlboro. Beeindruckt hob er die Brauen. Ein bisschen neidisch war er ebenso. Er hatte lediglich eine Cousine in Balingen, von der er seit Jahren nichts mehr gehört hatte. Unwahrscheinlich, dass sie ihm solche begehrten Geschenke machen würde.

»Arrrgh! Das Ganze macht mich so wütend«, schnaufte Else, während sie sich im Flur die Jacke abstreifte.

»Das glaube ich dir aufs Wort. Weißt du was: Du trinkst jetzt erst mal in Ruhe einen Kaffee und ich hör mich inzwischen ein bisschen um.«

»Musst du heute nicht arbeiten?«

»Die erste Stunde hab ich um halb elf. Vorher kann ich mich ein wenig umhören. Und nach Schulschluss ebenso.«

Einige Sekunden lang funkelte sie ihn skeptisch an, dann grunzte sie missmutig. »Also gut. Aber sobald du Beweise hast, ist sie fällig!«

Gerald bezweifelte nicht, dass die alte Zielonka ihre Drohung ernst meinte.

Eine Stunde später lag er mit seiner Praktika-Kamera bewaffnet vor dem Haus von Madleens Eltern auf der Lauer. Vor wenigen Minuten waren drinnen die Lichter angegangen und allmählich kehrte Leben ein. Zweimal hatte er Madleen bereits herumlaufen gesehen. Einmal hatte sie in ihrem Zimmer im ersten Stock das Fenster geöffnet. Blutige Kleidung hatte sie dabei allerdings nicht getragen. Beim zweiten Mal hatte sie unten in der Küche mit ihren jüngeren Brüdern geschimpft. Worum genau es ging, hatte er nicht mitbekommen, aber die beiden Halbstarken dachten ganz offensichtlich nicht daran, ihrer älteren Schwester auch nur eine Sekunde lang zuzuhören. Gerald kannte Ronny und Rico vom Russischunterricht in der Schule. Auch da war es nicht immer einfach, mit den zwei Unruhestiftern klarzukommen.

Eine halbe Stunde später verließ Madleen das Haus und schwang sich auf ihr Diamant-Fahrrad. Für ihn der Startpfiff, schnell die Kamera unter der Jacke zu verstauen und sich ebenfalls auf den Drahtesel zu schwingen.

Ganz bewusst hielt er 50 Meter Abstand, um keinesfalls bemerkt zu werden. Was vermutlich völlig übertrieben war. Die junge Frau drehte sich kein einziges Mal um, schaute manchmal nicht mal nach links oder rechts, bevor sie über eine Kreuzung fuhr. Der Fahrer eines hellbraunen Moskwitschs konnte gerade so bremsen und bedankte sich mit einem lautstarken Hupen, was sie aber ebenfalls wenig tangierte.

Interessant wurde es, als Madleen in einen ganz bestimmten Rollsplittweg einbog. So dreist kann sie nicht sein, überlegte Gerald, durfte aber sogleich miterleben, wie sie sich immer weiter Elses Grundstück näherte und schließlich sogar ihr Fahrrad abbremste. Sein Herz setzte vor Anspannung einen Schlag aus.

Auf Höhe des Zielonka-Gartens richtete sie sich auf, allerdings nicht, um ein weiteres skrupelloses Verbrechen zu begehen, sondern nur, um einen immensen Speichelfladen über den Zaun zu spucken. Kaum war das getan, trat sie wieder kräftig in die Pedale und jagte davon.

Sprach die Aktion eher gegen oder für sie? Verdattert runzelte Gerald die Stirn und sah zu, dass er sie nicht aus den Augen verlor. Inzwischen legte Madleen nämlich ein ziemliches Tempo an den Tag. Kein Wunder eigentlich, denn die Schulglocke hatte vor exakt einer Minute gebimmelt. Das Mädchen wollte wohl nur nicht zu spät kommen. Sie besuchte die Abschlussklasse und war dank zweier Ehrenrunden die Älteste unter den Schülern.

Als Gerald realisierte, dass Madleen nur auf dem Weg zur Schule war, blieb er hinter einer Hausecke stehen und verschnaufte. Zum Glück sah ihn kein Schüler und auch keiner der Kollegen, sonst hätte er vermutlich so tun müssen, als sei er mit der Kamera unterwegs ins Lehrerzimmer, um den Unterricht vorzubereiten. Das aber hatte er ganz bestimmt nicht vor, sondern drehte sein Rad um und strampelte in die entgegengesetzte Richtung davon. Dieses Mal ein bisschen weniger eilig, aber dennoch zielstrebig. Er hatte da so eine Idee …

… die sich als Sackgasse erwies. Zum Glück, wie Gerald fand: Ihm wäre es nicht recht gewesen, der Zielonka ausgerechnet Lutz Steimer als Erichs Mörder zu präsentieren. Was er nicht konnte, denn dessen Nachbarin teilte ihm mit, dass Steimer seit über einer Woche in Pirna im Krankenhaus lag. Oberschenkelhalsbruch. Gerald nahm sich fest vor, den Patienten zu besuchen, sobald er Zeit fand. Was vermutlich erst dann wäre, wenn Steimer längst wieder zu Hause war.

Auch bei der nächsten Adresse stellte sich bei Gerald sofort Erleichterung ein. Guse war kerngesund – aber ebenfalls abwesend, was der Hobbyermittler vom Postboten erfuhr, der eben die Briefkästen in Guses Straße bestückte. Dieser weilte nicht in der DDR, sondern tatsächlich und wahrhaftig in Bulgarien. Was wiederum in Gerald das gewisse Quäntchen Neid aufkeimen ließ. Sonne, Strand, Meer. Davon träumte er seit Langem. Und vom Goldstrand ganz besonders. Aber ihm blieben die immer gleichen Klassenfahrten an die Ostsee oder in den Harz – viele Schüler, viel schlechtes Wetter, noch mehr schlechtes Essen, miese Matratzen und keine Erholung.

Urbach.

Auf seiner Liste blieb, auch wenn man nie den Polizeiruf sah, nur noch Madleen übrig. Falls sie es denn gewesen war und nicht irgendjemand ganz anderes. Letzte Nacht noch hatte er einen Moment lang gehofft, dass vielleicht ein Fuchs oder Marder den Hasenstall geknackt und Erich angeknabbert hatte. Aber das abgezogene Fell ließ keinen anderen Schluss zu, als dass ein Mensch für Honeckers Ableben gesorgt hatte. Obwohl der Schnitt nicht gerade professionell ausgeführt worden war, kam ein Raubtier mit Schlachtermesser trotzdem nicht infrage.

Gerald warf einen Blick auf die Armbanduhr. Er hatte noch genug Zeit, ehe er die Rabauken wieder rannehmen musste. Vielleicht würde er heute eine unangekündigte Klassenarbeit schreiben lassen. Dann hätte er 45 Minuten Ruhe, vom gelegentlichen Stöhnen und Jammern aus den Klassenbänken mal abgesehen.

Betont unauffällig lehnte er sein Rad gegen den Zaun des Urbach'schen Hauses und tat so, als prüfe er den Reifendruck. Dabei sah er sich verstohlen um, kam sich selbst beinahe wie ein Verbrecher vor. Es war nichts und niemand zu sehen. Also richtete er sich auf, öffnete das Gartentor, das wimmernd quietschte, und ging zur Haustür. Sollte ihn doch jemand sehen, könnte er ja immer noch behaupten, in seiner Funktion als Lehrer der Söhne Ronny und Rico hier zu sein. Die nicht sehr glänzenden Noten von Madleens Brüdern würden daran keinen Zweifel lassen. Gerald klingelte. Es geschah – nichts. Auch nicht, als er gegen die Tür klopfte. Es schien tatsächlich niemand da zu sein. Er sah sich noch einmal um, aber auch die Bewohner der Nachbarhäuser waren offensichtlich auf Arbeit. Dann umrundete er das Haus, spickte in alle erreichbaren Fenster und sah schließlich, dass die Tür am Kellerabgang nur angelehnt war.

»Das ist ja wie ne Einladung«, murmelte er, griff nach dem Metallgeländer, das über die Jahre viel vom einstigen Glanz eingebüßt hatte, und stieg die Betonstufen hinab. Die Holztür war wohl einst blau gewesen, der Lack aber nun größtenteils abgeplatzt. Fassadenfarbe war sowieso Mangelware. Er konnte es Herrn Urbach nicht verdenken, dass er eine quasi abbruchreife Tür hatte. Ging ja nicht anders – aber zumachen hätte man die seiner Meinung nach schon können.

Dann fand er sich am Boden wieder. Das hieß: Er wurde zu Boden gerissen, als sich zwei Arme um ihn schlangen und er von hinten gegen die Kniekehlen getreten wurde. Gerald versuchte gar nicht erst, gegen den Mann zu kämpfen, spürte er doch, dass sein Kontrahent ohnehin stärker war. Und vermutlich im Recht, schließlich war er der Eindringling.

»Lassen … Sie … mich bitte los!«, keuchte er im Schwitzkasten gegen den scharfen Schweißgeruch des anderen an.

»Und wieso sollte ich das tun?« Die Stimme klang jung. Gerald versuchte, den Kopf zu drehen. Konnte den Kerl aber nicht erkennen. Der alte Urbach war es jedenfalls nicht. Und auch nicht Ronny oder Rico.

»Weil …« Ja. Weil? Das fiel Drews nun auch nicht ein. Trotzdem lockerte der Mann seinen Griff, rappelte sich hinter ihm hoch und rief: »Aufstehen, umdrehen, Flossen hoch!«

Gerald befolgte alles, wobei das Aufstehen schmerzhaft war, sein Knie hatte wohl einen üblen Stoß abbekommen.

»Du?« Fragend sah der Russischlehrer seinen ehemaligen Schüler an. Steve Brammel. Hatte die Oberschule vor einigen Jahren nach der Zehnten mit lauter Einsen verlassen. Dem Arbeiter- und Bauernstaat sei Dank hätte der junge Mann niemals einen Studienplatz bekommen. Mit einem republikflüchtigen Vater und einer inhaftierten Mutter hatten seine Chancen auch denkbar schlecht gestanden. Selbst drei Jahre NVA konnten daran nichts ändern.

Seit dem Schulabschluss hatte Drews den hochbegabten Steve rasch aus den Augen verloren und nur einmal noch von ihm gehört, als es hieß, sein einstiger Klassenprimus arbeite nun in den Steinbrüchen bei Großcotta.

»Was machst du in Urbachs Keller?«, fragte Gerald.

»Und Sie?« Steve verschränkte die Arme vor der breiten Brust. Seine Hände schienen das Ausmaß von Abortdeckeln zu haben. Gerald hatte automatisch Respekt, wollte sich das aber nicht anmerken lassen.

»Ich bin auf der Suche.« Der Lehrer musste zu seinem ehemaligen Schüler aufschauen, da dieser einen guten Kopf größer war.

»Sind wir das nicht alle?«, sagte Steve. Einen Moment lang schwiegen die beiden sich an. Geralds Augen hatten sich mittlerweile an das Dämmerlicht im Keller gewöhnt und er konnte erkennen, dass an der Wand eine Liege mit ungemachtem Bettzeug stand, daneben ein Nachttisch, auf dem sich Bücher stapelten. In der Ecke, sauber auf Haken gehängt, hingen Klamotten.

»Wohnst du hier?«, entfuhr es Drews.

»Was dagegen?«

»Nein, aber … im Keller? Bei Urbachs?«

»Madleen ist meine Freundin«, erklärte Steve.

Drews schluckte. Hatte womöglich … das konnte doch nicht … oder doch? Er beschloss, rundheraus zu fragen: »Hast du Honecker umgebracht?«

»Welchen?«

»Den mit den langen Ohren.« Gerald trat einen Schritt vor und zog Steves rechten Ärmel so schnell hoch, dass der Junge keine Zeit hatte, zu reagieren. Tatsächlich. Der ganze Arm war voller Kratzer.

»Hast du«, sagte Gerald beinahe resigniert.

»Kacke.« Steve ließ die breiten Schultern hängen. »Das wollte ich nicht. Aber das Vieh hat so gezappelt und da bin ich mit dem Messer ausgerutscht. Und na ja, dann war er hin, und ich dachte, ist eh wurscht. Das wollte ich wirklich nicht.«

»Ach, und was wolltest du dann?«

»Nur ein Stück Fell. Für Madleen. Als schamanischen Glücksbringer.«

»Bitte was?«

Anstatt zu antworten, ging Steve zum Nachttisch und nahm ein Buch von Narayana Irgendwas (unaussprechbar, fand Gerald) vom Stapel. Wortlos hielt er es ihm hin. Gerald hatte weder den Autor noch den Titel jemals gelesen, wusste aber, dass es sich um einen Westverlag handelte. Er wollte gar nicht wissen, wie Steve an das verbotene Buch geraten war.

»Ja und?«, sagte er stattdessen.

»Soll helfen. Weil die Madleen, also … die hat immer so schlimme Kopfschmerzen. Und da hilft nichts.«

»Faustan? Analgin?«, zählte Gerald die gängigen Mittel auf.

»Nö. Nur Thomapyrin.«

»Westpillen.«

»Ja, aber die rückt ja keine raus.«

Langsam dämmerte Gerald etwas.

»Du meinst Frau Zielonka?«

»Genau. Meine liebe Tante Else. Kriegt doch dauernd Westpakete. Aber sobald sie zugeben würde, dass ich ihr Neffe bin, würde der Zoll keine mehr durchlassen. Und aus welchen Gründen auch immer hat sie Madleen zwar mal ne halbe Packung gegeben, wollte dann aber 20 Mark dafür.«

»Aber du verdienst doch?«, rutschte es Gerald raus.

»D-Mark!«

»Oh. Ja, aber … also das ist doch Quatsch.« Gerald nickte Richtung Buch. »Schamanen und so Zeugs, ich bitte dich.«

Steve zuckte mit den Schultern. Dann zuckten beide Männer zusammen, als es hinter ihnen raschelte. Gerald machte einen Schritt auf den Karton mit dem Aufdruck »Bautzener Senf« zu.

»Was ist da drin?«, fragte er, als es nochmals raschelte.

»Helmut.«

»Wer?« Gerald starrte auf den Karton.

»Na, Helmut, sagte ich doch eben«, schob Steve nach.

»Kohl?« Drews musste wider Willen grinsen. »Du nennst ein Karnickel wie den westdeutschen Kanzler?«

»Ja, nur ist der da drin nicht so dick. Ist gedacht als Entschädigung für meine Tante. Aber ich tausch den. Ein Röhrchen Thomapyrin gegen Helmut Kohl.«

»Faire Sache«, grinste Gerald. Und musste dann derart lachen, dass er beschloss, heute doch keine Klassenarbeit schreiben zu lassen.

Anmerkung der Autoren: die Kuchenbergstraße werden Sie in Stadt Wehlen nicht finden. Wir haben diese Adresse gewählt, weil der echte Erich H. in Wiebelskirchen in der dortigen Hausnummer 88 aufwuchs. Und weil wir meinen, dass nach so einem Kriminalfall ein Berg Kuchen für die Nerven nicht schaden kann.

REISETIPPS STADT WEHLEN

Du sonniges Wehlen, du Perle der Schweiz.
Du liebliches Städtchen mit eigenem Reiz.
Du bist für mich alt, doch stets wieder neu,
Du sonniges Wehlen, dir halt ich die Treu.

Wer vom gegenüberliegenden Elbufer das Panorama der Stadt Wehlen sieht, der mag gerne zustimmen: Der Ort ist in der Tat eine Perle. Geschrieben hat das Loblied auf die Stadt übrigens Hede Willeke, vertont wurden die Zeilen Anfang der 1960er-Jahre von Willi Bernhardt, damals dortiger Chorleiter.

Zu jener Zeit war Wehlen längst anerkannter Erholungsort. Die Stadt mit ihren knapp 1.800 Einwohnern teilt sich in Stadt Wehlen, den Ortsteil Zeichen und den linkselbig gelegenen Ortsteil Pötzschna. Die Ortsgeschichte selbst reicht weit über 750 Jahre zurück. Erstmals in den Urkunden erwähnt wird das »Wehlstädtl« anno 1269. Im Schutz einer Burg, die Heinrich der Erlauchte vom böhmischen König bekam, ließen sich hier Schiffer, Steinbrecher und Fischer nieder. Von der Burg ist nicht mehr viel übrig geblieben, allerdings lockt der Burgberg mit einer phänomenalen Aussicht über den kompletten Ortskern. Bis heute spielt der Tourismus eine der Hauptrollen – mit Tradition: Im Jahre 1860 waren in dem kleinen Städtchen sage und schreibe 48 Fremdenführer offiziell verzeichnet.

Da nicht jeder wie unsere Meta einen Kurt zur Seite hat, um die Stadt zu erkunden, empfehlen wir als Erstes einen Abstecher ins Tourismusbüro. Nicht nur, weil es Am Markt 7 alle Infos gibt, sondern auch weil das Gebäude selbst eine Sehenswürdigkeit für die neuere Geschichte ist: Einst beherbergte das Haus die Sparkasse, nach deren Auszug wurde das Tourismusbüro neuer Mieter. Und erlebte bereits im Jahre 2002 kurz nach dem Einzug zu Ostern, was ein Elbhochwasser anrichten kann.

Naturliebhaber aufgepasst: Ein Besuch im Pflanzengarten ist quasi ein Muss. Im Eingangsbereich (Lohmener Straße 18) erinnert in der prächtig bepflanzten Felswand eine Gedenktafel an Hans Thumm, seines Zeichens Bildhauer und Bergsteiger. Von seinen Wanderungen brachte er viele exotische Pflanzen an die Elbe und baute mit seinen Kameraden den Pflanzengarten auf. Von Mai bis Oktober können Besucher hier auf 5.400 Quadratmetern Gewächse aus aller Herren Länder entdecken.

Gleich neben dem Pflanzengarten steht die ehemalige Berghütte, in der heute das Heimatmuseum untergebracht ist. Besonderes Schmankerl: der gläserne Bienenstock. Hier kann man live erleben, wie die fleißigen Insekten aus Blütenpollen Honig machen. Und erfährt natürlich auch einiges aus der Geschichte der Stadt und Region.

Wasserratten packen die Badehose ein und fahren nach Pötzscha. Dort lockt das jüngst sanierte Erlebnisbad mit Sportbecken, Rutschen und dem einmaligen Flair, mitten im Elbsandsteingebirge zu baden. Das Hochwaser von

2013 hat auch im Erlebnisbad zugeschlagen – seitdem wird es in sanierter Form nachhaltig betrieben. Mit Volleyballfeld, Spielburg, Planschbecken und Imbiss bieten die Betreiber in den Sommermonaten Spaß und Abkühlung für die ganze Familie.

Am schönsten entdeckt man die Gegend vom Wasser aus. Klar, dass es auch in Wehlen eine Anlegestelle gibt. Von hier aus starten die Ausflugsschiffe zu Touren entlang der Elbe, zu Mondschein- oder Brunchfahrten. Und: per Schiff erreicht man von hier aus auch Pirna und Hrensko. Abfahrtszeiten und Preise finden Sie unter www.elbeschiffahrt-frenzel.de, Anmeldungen unter Tel. 03501/528467.

Die »Kleine Sächsische Schweiz« findet sich im Miniaturpark. Hier wurde mit viel Liebe zum Detail die Sächsisch-Böhmische Schweiz im Kleinformat originalgetreu aus Elbsandstein nachgebildet. Bewegliche Modelle, der Elblauf, eine Schauwerkstatt und vieles mehr locken ganze Familien. Die Betreiberfamilie Lorenz gilt als Erfinder der Miniaturisierung von Elbsandstein. Sie haben mittlerweile fast die gesamte Sächsische Schweiz in Miniatur verewigt. So werden aus den Sandsteinblöcken des Wehlener Steinbruchs in liebevoller Handarbeit die Felsminiaturen geschaffen – natürlich getreu dem Original. Öffnungszeiten: 1. April bis 8. November, täglich 10–18 Uhr; außerhalb der Saison: Montag bis Freitag 9.30–16.30 Uhr.

Wer sich auf die Spuren der Steinbrecher machen möchte, ist bei Andreas Bartsch an der richtigen Adresse. Er bietet geführte Wanderungen durch den Steinbruch und entlang zahlreicher Wege, Infos und Buchungen gibt es für geschichtsinteressierte Wanderer unter 0170/4040789.

Kunst wird in der Stadt Wehlen großgeschrieben. Zum Beispiel bei der Kunstmeile Wehlen, an der zahlreiche einheimische Künstler beteiligt sind. Infos zu den jährlich wechselnden Veranstaltungen finden sich im Internet unter www.kunstmeilewehlen.de. Ob Kunstgrotte, Galerie oder Torhaus, die bildenden Künstler zeigen gerne, was sie mit Pinseln oder Brennöfen erschaffen. Auch außerhalb der Kunstmeile sind die meisten Ateliers ganzjährig zu besuchen, Infos dazu gibt es im Tourismusbüro.

Einen wunderschönen Biergarten gibt es im Schützenhaus (Hausberg 9–10). Der Blick über die Landschaft ist inbegriffen. Und noch viel mehr, was uns gleich zum nächsten Tipp bringt, denn: Das Schützenhaus ist die Sommerresidenz des aus Lancaster stammenden Malers Christoph Haley Simpson. Hier hat er ein Atelier und nutzt den Ort auch, um jedes Jahr drei Gruppenausstellungen von Künstlerkollegen zu zeigen. Und: er vergibt Aufenthaltsstipendien, die in der Kunstszene heißbegehrt sind. In den oberen Räumen gab es zu DDR-Zeiten schon »Miet-Betten« und auch heute noch kann man sich hier einmieten (www.schuetzenhaus-wehlen.de).

Metas Extratipp: ... den sie gemeinsam mit Kurt ausprobiert haben könnte: der abendliche Stadtrundgang. Humorvoll und spannend verpackt bekommen die Teilnehmer immer dienstags viele, viele Infos zur Geschichte über und zu Geschichten aus Wehlen. Stadtführer Jürgen Strohbach weiß alles über den Pflanzengarten, das Heimatmuseum oder das Burgplateau. Voranmeldungen für den gut anderthalbstündigen Spaziergang sind in der Touristinformation dienstags bis 14 Uhr möglich. Der Preis beträgt pro Person 2 Euro (mit Gästekarte kostenfrei).

VON WEHLEN NACH RATHEN

Meta kicherte immer noch, als sie zum Wagen liefen. Kurt beteuerte, dass das Mordopfer tatsächlich Erich Honecker geheißen hatte.

»Stell dir mal vor, jemand brächte die Angela M. um die Ecke!« Der Verdauungs-Schnaps in der gemütlichen Wirtschaft mit Blick über die Wehlener Altstadt hatte nicht nur Metas Kreislauf angekurbelt, sondern auch ihre Fantasie. Dass sie noch vor dem Essen zum Du übergegangen waren, beflügelte sie zusätzlich.

»Politgulasch«, kicherte Kurt. Und wurde dann ernst, als er einen Blick zum Himmel warf, wo sich immer mehr Wolken auftürmten.

»Sieht nicht nach Regen aus, aber …«

»… macht gar nichts. Es muss nicht immer die Sonne sein, so ein bisschen diesiges Licht wirkt wie ein Weichzeichner«, erklärte Meta und war froh, ihrem Begleiter auch einmal etwas beibringen zu können. »Außerdem dachte ich sowieso, dass wir in Rathen nicht nur die Felsenbühne ablichten, ich würde gerne noch ein paar Makros machen.«

»Makros?« Kurt legte den Kopf schief.

»Nahaufnahmen. Wovon auch immer. Mir ist heute einfach nach Details.«

»Der Satz könnte von einem Kriminaler stammen.«

Meta bestand darauf, dass er sich mit dem Beifahrersitz begnügte, denn im Gegensatz zu ihr hatte er nicht nur ein Bier zum Essen genossen. Nur widerwillig stimmte er zu und gab die nächsten Minuten bloß die nötigsten Richtungsanweisungen von sich.

Schließlich schien Meta ihn mit ihrer sicheren Fahrweise aber doch überzeugt zu haben, und seine gute Laune kehrte zurück. Inzwischen hatten sie Stadt Wehlen verlassen und folgten einem Weg entlang der Elbe. Nach nicht einmal einer Viertelstunde Fahrzeit hatten sie ihr Ziel erreicht: Ein lauschiges Plätzchen am Flussufer, von dem aus man auch einen hervorragenden Blick auf das Elbsandsteingebirge erhielt.

»Jetzt bietet sich wirklich ein Verdauungsspaziergang an«, stellte Meta fest und schnappte sich ihre Kamera. »Und vielleicht hast du ja noch ein paar von den Geschichten auf Lager. Sind ja tatsächlich Indianergeschichten, irgendwie. Karl May hätte das nicht besser gekonnt.«

Kurt grinste neckisch. »Mit einem Unterschied …«

»Und der wäre?«, wollte Meta wissen.

»Der hat alles erfunden.«

Draußen setzte Kurt zu einem Vorschlag an, hielt im letzten Augenblick aber inne.

Meta glaubte, den Grund dafür zu kennen. »Dir ist jetzt ein Krimi eingefallen, oder?« Sie konnte die Vorfreude auf eine weitere spannende Geschichte nicht verbergen.

»Ja. Und was für einer. Also direkt hier bei der Felsenbühne war das. Ist gerade mal ein Jahr her. Und du lernst dabei Franzi kennen. Normalerweise ist sie für die Frage zuständig, wer schon in der Oberlausitz mordet. Das hier ist also nicht direkt ihr Revier. Aber auch sie unternimmt manchmal Ausflüge.« Er sortierte noch rasch die Fakten und begann dann zu berichten.

RATHEN, JUNI 2016

Als das Rathener Freilichttheater 1936 eröffnet wurde, hatte wahrscheinlich niemand vermutet, wie berühmt und beliebt die Felsenbühne einmal werden würde. Schon vor der Unterbrechung durch den Zweiten Weltkrieg gab es die ersten Karl-May-Festspiele. Diese hatte Franziska Hartmann zwar nicht live miterlebt, dennoch hing auch ihre erste Erinnerung an die Region mit einer Aufführung von Winnetou und Old Shatterhand zusammen.

Während die Schienen der S-Bahn Linie S1 unter ihr dahinratterten, dachte sie daran zurück, wie sie als kleines Mädchen irgendwann Mitte der 80er mit ihren Großeltern zusammen Urlaub in der Sächsischen Schweiz gemacht und eine Aufführung von »Der Schatz im Silbersee« gesehen hatte. Sofort hatte sie wieder den Geruch von Zinnplättchen und das Geräusch von Gewehrschüssen im Ohr. Natürlich nicht irgendeinem Gewehr, sondern der berühmten Flinte von Old Shatterhand.

Vielleicht war dieses Erlebnis nicht ganz unschuldig daran, dass sie sich als junge Frau dazu entschieden hatte, einen Beruf zu erlernen, in dem sie sehr viel mit Schusswaffen zu tun hatte. Franzi war Kriminalkommissarin. Allerdings nicht in der Sächsischen Schweiz, sondern auf dem Revier in Bautzen. Aber deswegen war die Enddreißigerin an diesem bewölkten Junitag gar nicht nach Rathen gekommen.

Anlässlich des 80. Jubiläums hatten sich die Verantwortlichen der Landesbühnen Sachsen einige besondere

Überraschungen überlegt: Statt Winnetou oder »Carmina Burana« würde dieses Jahr ein Stück aufgeführt werden, das auf dem Roman »Scherbentanz« von Fantastik-Autor Robert Krauss basierte.

Das allein wäre für Leseratte Franzi eigentlich schon Grund genug für einen Besuch in Rathen, bei ihr jedoch kam erschwerend hinzu, dass sie Robert Krauss nicht nur persönlich kannte, sondern mit ihm befreundet war.

Zur Premiere der Adaption hatte er auch geplant, persönlich vor Ort zu sein, und den Termin wochenlang im Voraus mit Franzi abgesprochen. Vorgestern allerdings hatte ihm eine fiese Art der Sommergrippe einen rigorosen Strich durch die Rechnung gemacht. Am liebsten hätte Franzi deswegen ebenfalls auf ihren Besuch verzichtet, doch Robert hatte sie gebeten, für ihn dabei zu sein. Um ihm später davon zu berichten und – wie hatte er es genannt – »damit es wenigstens einen Zuschauer gibt.«

Die S-Bahn wurde langsamer und fuhr mit einem lauten Quietschen auf dem Rathener Bahnhof ein. Franzi wartete geduldig, bis sich vor ihr eine sechsköpfige Familie aus dem Abteil gequält hatte, und verließ dann ebenfalls den Zug. Der Nachmittag war im vollen Gange und ein laues Lüftchen wehte ihr entgegen. Es war geradezu perfekt für die 17-Uhr-Premiere.

Nach kurzer Orientierung bog sie am Gasthof neben den Bahnschienen nach links ab und hielt sich in Richtung Ortsmitte. Im Vorbeigehen musterte sie die Gartenanlage der Eisenbahnwelten und die Flaggen der Felsenbühne, die bereits hier auf das aktuelle Programm hinwiesen. Das zweite Banner von links zeigte ganz stolz den Namen Robert Krauss, den Titel »Scherbentanz« sowie das Konterfei der Hauptdarsteller. Sofort erhielt Franzis Begeisterung neue Nahrung. Sofern das noch möglich war.

Sie musste nicht lang suchen, um die Fährenhaltestelle zu finden, und reihte sich in die Schlange der anderen Wartenden, die ebenfalls auf die andere Elbseite übergesetzt werden wollten. Ob die alle das gleiche Ziel wie sie hatten? Franzi versuchte während der Überfahrt aus den Gesprächen etwas herauszuhören, war sich aber auch danach unschlüssig.

Auf der anderen Flussseite angekommen, folgte sie einem Wanderweg durch den Bergwald und erreichte eine halbe Stunde später die Felsenbühne. Obwohl es das letzte Stück recht steil bergauf ging, legte sie die Strecke gern zurück. Erstaunlich viele Leute waren mit ihr unterwegs, und sie war froh über jeden, den sie überholte.

Vor dem Ticketschalter folgte allerdings die Ernüchterung: Eine wahre Menschentraube wartete dort auf Einlass. So viel zu Roberts Befürchtung, die Romanadaption würde kaum jemanden interessieren.

Franzi schlängelte sich an der Menge vorbei zu den Kontrolleuren und verkündete nicht ganz ohne Stolz, dass sie auf der Gästeliste stehen würde. Nur mühsam unterdrückte sie den Zusatz, dass sie den Autor kannte und auf dessen persönliche Einladung hier war.

Dennoch bewahrte sie das nicht vor einer kurzen Schrecksekunde, während der der Ordnungshüter seinen Computerausdruck nach dem Namen Franziska Hartmann absuchte. Was würde sie tun, wenn der Mann nichts von ihrer Reservierung wusste? Die besten Sitzplätze waren sicherlich längst ausverkauft. Vielleicht sogar die gesamte Premieren-Vorstellung. Genug Leute dafür waren jedenfalls anwesend. In einem solchen Fall könnte nur noch der unrechtmäßige Einsatz des Dienstausweises weiterhelfen.

»Ah, da haben wir Sie ja«, verkündete der Kartenpolizist in diesem Moment. Franzi atmete auf und folgte den anderen Zuschauern in den Innenbereich. Ihr Platz befand sich in der Sitzkategorie 1, nur wenige Meter von der Naturbühne entfernt.

Seufzend ließ sie sich darauf nieder und betrachtete die von Wald umgebene Sandsteinkulisse. Sofort kehrten auch die Erinnerungen an die früheren Besuche zurück. Fast erwartete sie, dass gleich Winnetou auf seinem Rappen Itschi angeritten kommen würde.

Statt des Häuptlings der Apachen betraten wenig später die Hauptpersonen von Roberts »Scherbentanz« die Bühne: Ein nicht ganz unattraktiver Mann in Franzis Alter mit kurzen dunklen Haaren, markantem Kinn und – das wusste sie von zahlreichen Fotos – mit so strahlend blauen Augen, dass es selbst Terence Hill neidisch machen würde. Begleitet wurde er von einer Frau mit sportlicher Figur und schulterlanger kastanienbrauner Mähne. Sie spielten das Ehepaar Michael und Judith, das im Nachlass eines verstorbenen Onkels einen ominösen Wandspiegel vermacht bekommen hatte. Wie Franzi aus dem Roman wusste, würde es nicht lang dauern, bis den beiden klar wurde, dass mit dem Erbstück etwas nicht stimmte.

Weitere Figuren tauchten auf, und langsam dämmerte den Hauptpersonen, dass auf dem ollen Ding anscheinend ein Fluch lastete. In einer Verzweiflungstat am Ende des ersten Aktes schleuderte Michael das unförmige Erinnerungsstück zu Boden, wo es in tausend Teile zersprang.

Was allerdings noch viel größere Unglücke nach sich ziehen würde. Das erste davon ließ nicht lang auf sich warten: In der nächsten Szene besuchte ein etwa eins achtzig großer Schauspieler im anthrazitfarbenen Nadelstreifenanzug die Kulisse einer Bankfiliale. Matthias, der Anwalt von Michael und noch dazu ein alter Bekannter des verstorbenen Onkels, wollte nur Geld einzahlen. Fatalerweise zur selben Zeit, wie drinnen ein Raubüberfall stattfand.

Drei mit schwarzen Skimasken vermummte Männer stürmten auf die Bühne. Ganz wie in den amerikanischen Mafiafilmen zückte einer der Räuber sein Maschinengewehr und feuerte einige lautstarke Salven in die Luft. Die Szene hatte es in der Form im Buch so zwar nicht gegeben, war aber dennoch höchst eindrucksvoll.

Auf Kommando hoben die Bankangestellten und Kunden ihre Hände. Ausgerechnet in diesem Moment klingelte Matthias' Handy. Als er danach greifen wollte, befürchtete ein Räuber einen Angriffsversuch und feuerte mehrere Schüsse aus seiner Pistole auf ihn ab.

Blut spritzte. Matthias wurde von den Füßen gerissen und schrie schmerzerfüllt. Am Boden liegend hob er ein letztes Mal kraftlos den Arm und starb nur Sekunden darauf.

Ein lautes Seufzen ging durch die Publikumsreihen. »Ach herrje«, flüsterte eine Frau in der Reihe hinter Franzi. Die Kommissarin selbst fand die Szene ebenfalls ziemlich eindrucksvoll. Vielleicht ein bisschen übertrieben dargestellt, aber durchaus authentisch.

Danach war der Bankraub nur noch eine Frage von wenigen Augenblicken. Eingeschüchtert durch den Todesfall überschlugen sich die Angestellten förmlich, die Geldkoffer der Banditen zu füllen. Keine zwei Minuten nachdem sie die Bankkulisse betreten hatten, hatten die Verbrecher sie wieder verlassen. Zurück blieb der am Boden liegende Tote. Der sich auch nicht rührte, als die nächste Szene aufgebaut wurde und sich die Schauspieler zum Umziehen zurückzogen.

Je mehr Zeit verstrich, desto mehr verwunderte Franzi das Ganze. Warum stand der Matthias-Darsteller nicht auf und folgte seinen Kollegen? Um sich auszuruhen, war die Bühne sicherlich nicht der passende Ort.

Eine Frau mit offenherziger grüner Bluse ließ sich schließlich neben ihm nieder und rüttelte an seiner Schulter.

Keine Reaktion.

Franzi konnte förmlich zusehen, wie der Schauspielerin das Blut aus dem Gesicht wich. Als sie panisch nach ihren Kollegen rief, sprang Franzi auf und stürmte auf die Bühne. Um den Körper herum hatte sich eine dunkelrote Lache gebildet.

Bitte lass es bloß Kunstblut sein, flehte sie innerlich. Doch die Realität war leider eine andere. Als sie bei dem Schauspieler die Vitalzeichen überprüfen wollte, merkte sie ziemlich schnell, dass es keine gab. Hier kam jede Erste-Hilfe-Maßnahme zu spät.

Das Wichtigste war jetzt, Ruhe zu bewahren. Ein Vorhang konnte leider nicht vor der Bühne hinabgelassen werden, aber der Direktor des Stücks trat vor, um dem Publikum mitzuteilen, dass die Vorstellung wegen eines unvorhergesehenen Zwischenfalls unterbrochen werden müsste.

Franzi fand es gut, dass er nicht zu sehr ins Detail gegangen war, konnte gleichzeitig das Raunen und die Pfiffe aus der Menge aber nachvollziehen. Sicherlich hatten noch nicht alle begriffen, dass sie gerade Zeuge davon geworden waren, wie jemand getötet wurde.

Zum Glück hatten zwei Mitarbeiter geistesgegenwärtig die Wand einer Häuserkulisse auf die Bühne zurückgetragen und vor dem Unglücksort aufgebaut.

»Oh Gott, das ist wie am Set dieses einen Horrorfilms, ›The Crow‹, wo der Hauptdarsteller während der Dreharbeiten ums Leben kam«, flüsterte ein Mann hinter ihr.

Irritiert drehte Franzi sich um und sah, wie mit einigen Metern Abstand zu ihr mehrere Leute standen und fassungslos zu ihr und dem Leichnam starrten. Eine Frau hatte die Hände vors Gesicht geschlagen und schluchzte an der Schulter ihrer Kollegin.

»Bitte bleiben Sie alle ruhig. Ich bin von der Polizei«, erklärte Franzi. Vermutlich nicht zum letzten Mal heute. Für alle Fälle zückte sie ihren Dienstausweis und zerstreute damit etwaige weitere Zweifel. »Hat jemand mitbekommen, was genau passiert ist?«

»Nur das, was auch vor der Bühne zu sehen war«, antwortete eine Blondine von vielleicht Mitte 20. Franzi erkannte sie als eine der Bankangestellten wieder. Auch wenn sie inzwischen die Party-Kleidung von der nächsten Szene trug. »Dass einer der Räuber auf Silvio geschossen hat. Genau wie wir das in der Probe zigmal geübt haben.«

»Aber immer nur mit Platzpatronen«, schob ihr Schauspielerkollege mit fast komplett kahlem Haupt zügig hinterher. Auch er hatte zuvor in der Bankenszene mitgespielt und trug nun legere Ausgehkleidung, die wahrscheinlich für die nächste Szene gedacht gewesen war.

»Wer ist für die Waffen zuständig?«, fragte Franzi.

»Die Requisite.« Der Mann zeigte auf einen Durchgang rechts hinter der Bühne. Bevor er zu einer weiteren

Erklärung ansetzen konnte, kam ein hagerer Mittdreißiger mit bestürzter Miene auf sie zu. Er trug noch immer die schwarze Kleidung wie während des Überfalls, einzig die Skimaske fehlte. »Oh Gott. Oh Gott, das wollte ich nicht. Ich hab das wirklich nicht gewusst. Ich dachte …«

»Es war nicht deine Schuld«, sagte die Blondine. »Es konnte doch keiner ahnen, dass …« Der Rest des Satzes ging in einem lauten Schluchzen unter.

»Was sollen wir jetzt bloß tun?«, fragte eine andere Frau neben ihnen.

»Am besten nichts anfassen.« Franzi stand auf und setzte eine ernste Miene auf. »Weder auf der Bühne noch außerhalb. Außerdem muss ich unbedingt die Requisite sehen. Und das unverzüglich.«

»Ja, kommen Sie«, sagte die Blondine mit weinerlicher Stimme und führte sie in die Richtung, in die ihr Kollege vorhin gezeigt hatte. Während sie eine kleine Treppe hinab und zu einem Raum nahe der Felsen gingen, zog sich Franzi ein Paar Gummihandschuhe über, die sie standardmäßig immer in der Handtasche bei sich trug.

Im Inneren des Raums sah es aus wie in einer übervollen Rumpelkammer. Unzählige Möbelstücke und Kulissen aus Holz und Pappmaché standen darin. Dazu unzählige Kleider und Kostüme, Pistolen, Messer, Schminksets und all die anderen Sachen, die man für eine Theateraufführung benötigte. Zu ihrer Linken befand sich der vorhin hastig verschlossene Geldkoffer, aus dem an der Seite noch ein Bündel Banknoten hervorlugte.

Franzi trat an den Tisch, auf dem die Waffen lagen. Ein Blick genügte, dann erkannte sie die Pistole wieder, die der Schütze in der Szene getragen hatte, und schnupperte vorsichtig am Lauf. Es roch eindeutig nach Schießpulver. Vorsichtig öffnete sie die Patronenkammer. Das, was sie darin sah, kannte sie aus unzähligen ihrer beruflichen Ermittlungen.

Es handelte sich eindeutig um scharfe Munition.

Sie hielt die Tatwaffe in den Händen.

Was trotz allem ein überaus sonderbares Gefühl war. Aber zumindest wusste sie so, dass niemand die Überfallszene genutzt hatte, um zeitgleich von einem anderen Ort aus auf den Schauspieler zu schießen. Möglicherweise war dies alles tatsächlich bloß ein schrecklicher Unfall gewesen. Vielleicht aber auch ein heimtückischer Mord.

Sie wollte gerade die Blondine fragen, wer für die Requisite zuständig war, als ein breitschultriger Mann mit unrasiertem Gesicht eintrat. Franzi schätzte sein Alter auf Mitte 40.

»Ich bin August Hellstein, Kripo Pirna. Was ist hier los?«

Oh nein. Nicht der. Sie hatte so sehr gehofft, dass ihr erstens noch einige Minuten bleiben würden, bis die Leute von der Pirnaer Außenstelle eintreffen, und zweitens, dass die Kollegen Rabenschmidt und Gerlach den Fall übernehmen würden. Beide kannte sie recht gut und hatte nach Feierabend schon so manches Bier mit ihnen getrunken. Hellstein hingegen kannte sie nur mehr als flüchtig.

»Schusswechsel mit Todesfolge, mitten auf der Bühne«, erklärte Franzi. »Alle dachten, das stünde so im Drehbuch. Aber offenbar war die Pistole nicht wie vorgesehen mit Platzpatronen gefüllt. Das hier ist die Tatwaffe.«

Er schenkte der Pistole nur einen flüchtigen Blick. »Und Sie sind?«

Anscheinend erkannte er sie tatsächlich nicht. »Kriminalkommissarin Franziska Hartmann. Vom Revier Bautzen. Ich saß im Publikum und habe alles beobachtet. Als mir klar wurde, was passiert ist, bin ich sofort auf die Bühne geeilt und habe zu helfen versucht.«

»Das ist schön und gut. Vielen Dank für die Unterstützung. Ab der Stelle übernehmen mein Assistent und ich.« Er drehte den Kopf zur Tür und brüllte: »Hansen? Ich bin hier drüben.«

Gleich darauf kam Hellsteins Partner um die Ecke gelaufen. Auch ihn kannte sie vom Sehen her. Im Gegensatz zu seinem Chef erkannte er sie allerdings sofort wieder und nickte zum Gruß. Was Hellstein ebenfalls ignorierte. Mit wenigen Worten fasste er die Situation zusammen und betonte noch einmal, dass Franzi jetzt gehen könnte. Bei Rückfragen würden sie sich bei ihr melden.

»Aber ich kann euch helfen. Ich saß keine 20 Meter von der Bühne entfernt.«

»Keine Sorge, das schaffen wir schon alleine, Frau Kollegin.«

Franzi und er funkelten sich einen Moment lang grimmig an. Dann gab sie nach und verließ mit der Faust in der Tasche die Requisite. Aus den Augenwinkeln heraus nahm sie eine Bewegung wahr und sah, wie zwei Sanitäter in Begleitung einer Frau um die 50 zur Leiche eilten. Offenbar war der Notarzt gekommen, um den Tod ordnungsgemäß zu bestätigen.

Franzi beobachtete sie einige Sekunden lang bei ihrer Arbeit und spürte, dass ihr Ärger über die Abfuhr nicht nachließ, sondern weiter anschwoll. Dagegen half nur ein einziges Mittel: Unabhängig von Hellstein und Hansen eigene Ermittlungen anstellen. Sie besaß sowieso die älteren Rechte an diesem Fall.

Die Zuschauerränge hatten sich mittlerweile beinahe geleert. Nur noch ein Dutzend Leute harrten hartnäckig auf den Plätzen aus und reckten die Hälse. Alle anderen machten sich murrend auf den Weg zum Ausgang. Franzi knurrte innerlich – war ja irgendwie klar gewesen, dass Hellstein und Hansen das winzige Detail vergaßen: Hunderte Zeugen. Andererseits … sollten die Leute ruhig gehen, sie selbst war ja quasi in der ersten Reihe dabei gewesen. Das musste als Zeugenaussage erst einmal genügen und für alles weitere würde bei Bedarf ein Aufruf in der Presse erscheinen.

Sie sank wieder auf ihren Platz und starrte auf ihre Schuhe. Robert tat ihr leid – erst eine fiese Grippe, dann ein Fiasko bei der Premiere. Am besten wäre, sie riefe ihn direkt an, ehe er womöglich aus irgendwelchen Nachrichten vom Abbruch der Vorstellung erfuhr. Es tutete siebenmal, ehe der Autor ans Telefon ging.

»Ja?«, kam ein gequältes Krächzen aus dem Lautsprecher des Handys. Dann ein Husten.

»Ich bin's, Franzi.«

»Moment!« Sie hörte, wie Robert Krauss den Hörer zur Seite legte und sich kräftig schnäuzte. Schniefend meldete er sich nach einigen Sekunden wieder am Apparat.

»Ist Pause?«, erkundigte er sich mit belegter Stimme.

»Sozusagen.«

»Und, wie läuft's?«

»Ausverkauft«, teilte Franzi ihrem Freund mit. Eine gute Nachricht könnte sie ihm schließlich mitteilen, ehe sie ihm die Laune verdarb.

»Wahnsinn!« Robert freute sich so laut, dass er erneut husten musste.

»Da ist noch was ...«, druckste Franzi herum. Und beschloss dann, ganz einfach zu sagen, was Sache war. Schöne Worte würden das alles auch nicht netter machen. Als sie geendet hatte, musste er sich erneut die Nase putzen. Danach schwieg er in den Hörer.

»Robert? Bist du noch dran?«

»Ja. Also ... scheiße.«

Dem konnte Franzi nichts hinzufügen. »Na ja, sieh es mal so, vielleicht wird in der Presse ...«

»Das gibt auf jeden Fall viel Presse, wenn ich mal wie ein Literaturagent denken darf. Wird dem Verkauf meiner Bücher nicht schaden.« Robert hustete. Hätte Franziska ihn nicht so gut gekannt, hätte sie in Betracht ziehen können – ja müssen!, dass er als Autor selbst für eine mörderisch gute Premiere gesorgt hatte. Allerdings tötete Robert nur auf dem Papier und außerdem verkauften sich seine Bücher mittlerweile so gut, dass praktisch gar keine Werbung mehr nötig war. Zumindest hatte Franzi diesen Eindruck.

»Ich verstehe, was du meinst«, sagte sie und hob den Blick. Gerade in dem Moment, als die beiden Sanitäter hinter den Kulissen heraustraten und Hellstein und Konsorten den Tatort überließen.

»Ich weiß, du bist ziemlich weit weg, aber hast du eine Idee, wer das gemacht haben könnte? Gab es im Vorfeld irgendwelche Drohungen oder sonstige Komplikationen?«

»Keine. Null. Und mit meinem Fieberhirn fällt mir jetzt auch nichts ein.« Ein Niesanfall schüttelte den Autor durch. Franziska Hartmann beendete das Telefonat mit Besserungswünschen und dem Quasi-Befahl, Robert möge sich mit einer dicken Decke ins Bett legen. Dann stand sie auf. Außer ihr war niemand mehr da, von den Beamten auf der Bühne und den Schauspielern, die schockiert und weinend herumstanden, mal abgesehen. Sie schlenderte auf die Gruppe zu. Zwei Männer hielten sich etwas abseits. Franzi taxierte die beiden aus den Augenwinkeln und nickte ihnen zu. Beide senkten die Augen. Woraufhin ihr Instinkt sie näher treten ließ. Ein Blick auf die Bühne zeigte ihr, dass Hellstein und Hansen beschäftigt waren. Also zückte sie den Dienstausweis und hielt ihn den beiden hin. Beide sahen die Plastikkarte an, als hätten sie einen pinkfarbenen Elefanten mit Stummelschwänzchen vor der Nase. Aber immerhin verstanden sie den Wink, den die Kommissarin ihnen mit einem Kopfnicken gab. Zu dritt entfernten sie sich von der Truppe, die mehr oder weniger lautstark über den Tod des Mimen Silvio Mommsen palaverte, und setzten sich in die siebte Reihe. Das hieß: die Männer saßen, Franzi lehnte mit dem Hintern an einem der Sitze und sah auf die Herren hinab.

»Ihre Personalien, bitte«, sagte sie möglichst unbeteiligt und holte ein kleines Heft aus der Hosentasche. Mit einem Kuli notierte sie die Namen: Armin Greiner und Christopher Rohde. Beide 27 Jahre alt. Beide in Pirna geboren und aufgewachsen. Und beide als Requisiteure angestellt, Minijobbasis, von der Arge vermittelt.

Während Rohde, der gute 20 Kilo mehr auf den Rippen hatte als sein Kollege, Franzi geradeheraus ansah, wanderte Greiners Blick immer wieder zur Bühne und den dort aufgestellten Kulissen. Er wirkte gehetzt. Franzi bemerkte die feinen Schweißperlen auf seiner Oberlippe und der Stirn. Sie sah ihn direkt an und versuchte, nicht zu blinzeln. Was Greiner noch nervöser machte. Schließlich hielt der es nicht mehr aus und sprang auf.

»Ich hab die Pistolen bereitgelegt«, platzte er heraus. »So wie immer. Echt. Mit Platzpatronen. Dieselben Knarren wie immer.« Er schnappte nach Luft, wischte sich über die Stirn und ließ sich wieder auf den Sitz fallen.

»Aber man merkt doch, ob da richtige Patronen drin sind«, knurrte Rohde seinen Kollegen an. »Die echten sehen doch ganz anders aus.«

»Na und? Kennst doch die Hektik, und der Mommsen war wie üblich zu spät dran.«

Franzi hakte nach. »Herr Mommsen kam zu spät?«

»Kommt … kam der meistens«, erklärte Greiner. »Gerade mal noch Zeit für die Maske. Was wir so in der Zeit für den vorbereiten, muss laufen, interessiert den eh nicht, der spult sein Zeugs ab und verschwindet wieder.«

»Stimmt«, gab Rohde Greiner recht. »Der hielt sich für den großen Star. Rathen war für ihn ein Witz. Hatte man jedenfalls den Eindruck.«

In Franzi knotete sich etwas zusammen. Ein Witz? Hallo? Immerhin war das hier die Premiere von Roberts erstem Theaterstück – und ganz bestimmt kein Witz.

»Wo kam Silvio Mommsen denn her?«, versuchte Franzi, geschäftlich zu bleiben.

»Berlin«, blafften Rohde und Greiner gleichzeitig. Nach und nach erfuhr sie von den Requisiteuren Folgendes: nicht nur die beiden waren dank der Arbeitsagentur hier gelandet, auch Mommsen war von seinem Berliner Jobcenter nach Rathen geschickt worden. Sie hatte bislang nicht gewusst, dass sich auch Schauspieler zwischen den Engagements arbeitslos melden mussten. Jedenfalls war der Mime einen Tag nach Beginn der Proben eingetroffen, hatte die Hauptrolle für sich beansprucht (und bekommen) und anschließend an nur zwei Proben überhaupt teilgenommen. Den Text habe er erstaunlich schnell draufgehabt, erinnerte sich Rohde. Und alles andere hätte er mit seiner hauptstädtischen Erfahrung auffangen wollen. Was ihm, meinte jedenfalls Franzi, zumindest bei der heutigen Aufführung gelungen war, sie hatte keinen einzigen Patzer bemerkt.

»Kurz gesagt, das war ein Armleuchter«, beendete Greiner die Erzählung.

»Und was für einer«, bestätigte Rohde. Was Franzi ihm gern glauben mochte. Allerdings kam sie nicht dazu, weitere Ausführungen zur Person des Toten einzuholen. Aus den Augenwinkeln bemerkte sie, dass sich hinter den Kulissen einiges getan haben und sie jeden Moment damit rechnen musste, von Hellstein bei der Arbeit gestört zu werden. Also beschränkte sie sich auf die notwendigsten Fragen und erfuhr, dass die Waffen – die ja eigentlich nur Attrappen waren – bei all den anderen Utensilien aufbewahrt wurden. Schlüssel zur Requisitenkammer hatten neben Rohde und Greiner noch der Hausmeister, der Regisseur und die Putzkolonne. In dem Moment, als Franzi den Kommissar bemerkte, der sich den anderen Schauspielern näherte, bedankte sie sich hastig bei den beiden und erfuhr zum Glück noch, wo Mommsen logiert hatte.

Sie hatte kurz mit Robert persönlich sprechen wollen, aber bei seinem Handy ging bloß die Mailbox ran. Entweder hatte ihn der Schock ins Fieberdelirium gebracht oder er saß am PC und recherchierte über den Hauptdarsteller. Was ihr gar nicht so unrecht wäre, denn vielleicht würde

Robert ja ein paar Erkenntnisse liefern können, die sie in der Eile und nur mit dem Handy nicht ergoogeln konnte. Sie bat um Rückruf und eilte zur Fähre zurück. In Oberrathen angekommen, fragte sie sich zur Pension »Weiße Sonne« durch und fand diese nach 20 Minuten Fußmarsch. Sie wusste, dass ihr nicht allzu viel Zeit blieb, ehe Hellstein und Hansen ebenfalls eintreffen würden.

Hinter dem Empfangstresen saß niemand. Dafür flimmerte im Zimmer dahinter ein Fernseher und ein Mann hustete beinahe im Takt zu den Schlagern, die in der Nostalgie-Sendung aufgewärmt wurden. Franzi sah sich verstohlen um, beschloss, dass sie technisch gesehen gar nicht hier war, und schlich um den Tresen herum. Dort lag neben dem Telefon und einem angebissenen Schinkenbrötchen das Gästebuch. Noch alles schön handschriftlich. Sie blätterte rasch und überflog die Namen. Mommsen, Zimmer 42. Der Mann im Hinterzimmer summte zu Freddy Quinn, ein bisschen schief, aber definitiv abgelenkt. Und zwar so abgelenkt, dass Franzi den Schlüssel zu Mommsens Zimmer vom Haken nehmen und sich um die Ecke und die Treppe hinaufstehlen konnte.

Die Unterkunft lag im zweiten Stock. Franziska öffnete die Tür, lauschte und trat, nachdem sie nichts hörte, ein. Sie fand sich in einem Zimmer wieder, das wegen der Dunkelheit zuerst durch seinen Geruch brillierte. Im negativen Sinn: Es war so muffig, als wäre seit Jahren nicht gelüftet worden. Darüber lag der beißende Duft eines obskuren Rasierwassers. Franzi hielt die Luft an und tastete nach dem Lichtschalter. Was sie sah, bestätigte den ersten olfaktorischen Eindruck: Das Doppelbett, der Kleiderschrank und der Tisch samt dem einzigen Stuhl im Raum stammten ganz offensichtlich aus jener Ära des Wohnens, als die ostdeutschen Möbelhäuser mit denjenigen Restbeständen aus dem Westen überflutet wurden, die dort längst nicht mehr zu verkaufen waren. Immerhin war der Raum blitzblank, selbst der ockerfarbene Vorhang schien frisch gewaschen zu sei.

Franzi warf einen Blick ins Badezimmer und stellte überrascht fest, dass die Nasszelle in glänzendem Weiß und mit Marmoreinfassung ums Waschbecken sicher erst vor Kurzem Handwerker zu Besuch gehabt hatte.

Auf der Ablage unter dem Spiegel stand neben einer halb vollen Flasche Rasierwasser ein Tiegel mit einer Faltencreme für Herren, ein Elektrorasierer und ein Kamm. Franzi stutzte: in den schwarzen Plastikzinken hatte sich ein Haar verfangen, das sehr lang und sehr blond war. Automatisch pflückte sie es heraus und stopfte es in einen der kleinen Plastikbeutel, die sie ebenfalls von Berufs wegen stets in der Handtasche mit sich führte.

In Gedanken ging sie kurz die Liste der Personen mit blonden Haaren durch, die sie bisher hier getroffen hatte. Im Grunde genommen kam da nur eine Person infrage. Und eine Verbindung zu Mommsen hatte diese Schauspielerin definitiv auch gehabt.

Franzi löschte das Licht und sah sich im Zimmer des Toten um. Im Schrank, dessen Tür klemmte, lagen sauber und ordentlich drei Jeans, drei weiße T-Shirts und drei identische schwarze Rollkragenpullover. Drei Paar Socken, ein roter Slip und ein offensichtlich gelesenes Taschenbuch von Hemingway ergänzten den Inhalt. Franzi griff unter den Hosenstapel und grinste, als sie ein kleines Päckchen hervorzog. Es war ein Packen Briefe, alle in hellblauen Umschlägen, zusammengehalten von einem roten Gummiband. Auf dem obersten erkannte sie eine schöne Handschrift, in der dort ein schnörkeliges »Silvio« hingemalt war. Franzi ließ die Briefe in ihrer Handtasche verschwinden und beschloss nach einem unergiebigen Blick in den leeren Nachttisch, selbst zu verschwinden. Gerade noch rechtzeitig, wie sie feststellte, als sie am Empfangstresen vorbeischlich und auf die Straße trat: Hellstein und Hansen rauschten im Dienstwagen an. Franziska sauste um die nächste Hausecke, drückte sich in einen Eingang und wählte erneut Roberts Nummer.

Es klingelte mehrfach, bevor er schließlich doch ranging. Auch diesmal dicht gefolgt von einem gefährlich rasselnden Husten. »Tschuldigung.« Er räusperte sich, bevor er fortfuhr: »Ich hab mal ein bisschen über Mommsen recherchiert. Egal ob in Berlin, Köln oder wo immer der feine Herr aufgetreten ist, hinter den Kulissen munkelte man von gewissen Schwierigkeiten. In einem Interview beschwerte sich mal ein Kollege darüber, dass sich der Kerl wie eine Diva aufgeführt hätte. Mommsen scheint nicht unbedingt ein Charmebolzen gewesen zu sein.«

»Den Eindruck habe ich mittlerweile auch.«

»Deswegen habe ich mal geschaut, ob Mommsen mit den anderen Schauspielern in Rathen früher schon mal im Clinch gelegen hat, aber vor ›Scherbentanz‹ gab es offenbar keine Berührungspunkte. Sprich: Der Killer ist ihm vermutlich nicht nachgereist, sondern es war jemand, mit dem es sich Mommsen vor Ort verscherzt hat. Vielleicht ist er ja mit einem Dealer aneinandergeraten. Schauspieler nehmen sich doch gern mal ein Näschen voll. Bis Tschechien ist es auch nicht weit.«

An eine Verbindung in diese Richtung hatte Franzi bisher gar nicht gedacht. Eine Überlegung war es allemal wert. Andererseits war ihr in Mommsens Unterkunft keine einzige Spur irgendeines Drogenvergehens aufgefallen. Nicht mal Bierflaschen hatte sie darin gesehen. »Guter Einwand. Ich behalte das mal im Hinterkopf«, versprach sie dennoch. Sie wollte sich gerade verabschieden, aber so schnell ließ sie Robert nicht vom Haken. »Wo ich dich gerade am Apparat habe: Ich recherchiere für eine eventuelle neue Geschichte. Es klingt vielleicht seltsam, aber wie viele Schüsse könnte denn jemand maximal abbekommen, bevor er definitiv draufgehen muss?«

Vielleicht seltsam? Eine solch bizarre Frage hatte sie lange nicht mehr gehört. In der Regel kamen solche Anfragen auch ausschließlich von ihm, und inzwischen wusste sie damit umzugehen. Schriftsteller kamen eben auf die ausgefallensten Ideen. Mussten sie sogar. »Das kann man so pauschal nicht beantworten. Es kommt auf das Kaliber des Geschosses an, aus welcher Entfernung geschossen wird, in welcher körperlichen Verfassung sich das Opfer befindet und vor allem wo die Person getroffen wird. Darüber unterhalten wir uns später im Detail. Jetzt muss ich erst mal einen Mörder aufspüren.«

Nach der Verabschiedung trottete sie grübelnd die Straße hinab. Sie versuchte, sich auf Roberts Drogentheorie zu konzentrieren, aber ein unangenehmes Knurren aus der Magengegend machte ihr einen Strich durch die Rechnung. Ihre letzte Mahlzeit war heute Mittag gewesen und auch die hatte bloß aus Resten von gestern noch übrig gebliebenen Salats bestanden.

Zum Glück befand sich in Sichtweite bereits die nächste Kneipe. Ein Vier-Gänge-Menü würde sie dort zwar nicht erwarten dürfen, aber gegen eine Bockwurst oder eine Soljanka hätte sie spontan ebenfalls nichts einzuwenden.

Beim Eintreten wurde sie doppelt überrascht. Erstens war das Lokal nicht bloß eine Kneipe, sondern ging durchaus als Gasthof mit jeder Menge Lokalkolorit durch. An den Wänden hingen Landschaftsbilder und Fotos aus der Region. Zweitens, dass hier ein erstaunlich hoher Andrang herrschte. Einige der Gesichter glaubte sie sogar von der schiefgelaufenen Theaterpremiere wiederzuerkennen. Sie fand einen kleinen Doppeltisch neben den Fenstern und sah, wie eine blonde Bedienung mit fein geschnittenen Gesichtszügen die Gäste bediente.

Die sieht gar nicht mal schlecht aus, bescheinigte Franzi und ertappte sich sogleich dabei, wie sie deren Maße mit den eigenen verglich. Mit dem Fazit, dass sie beide keine schlechte Figur abgaben. Ihr fiel auf, wie viele männliche Gäste die Bedienung anschauten. Als wären sie ausgehungert und die Blondine ein leckerer Nachtisch. Ob ihr selbst das auffiel, war schwer abzuschätzen. Sie wirkte mit den Gedanken ganz weit fort.

Moment mal! Eine gut aussehende Blondine, die unweit von Mommsens Pension arbeitete? Es müsste mit dem Teufel zugehen, wenn sie dem Schauspieler nicht aufgefallen wäre. Zumal in der »Weißen Sonne« anscheinend keine Verpflegung inklusive war und die männliche Diva sicherlich nicht oft zum nächstbesten Supermarkt fuhr.

Ganz bewusst legte sie die vorhin an der Felsenbühne mitgenommene Broschüre über die Veranstaltungen so hin, dass sie der Bedienung auffallen musste, wenn sie an ihren Tisch trat. Was wenige Sekunden darauf der Fall war.

Wie erwartet streifte ihr Blick das Konterfei der Hauptdarsteller von »Scherbentanz«. Augenblicklich zuckten ihre Mundwinkel und sie wandte sich hastig ab.

»Kennen Sie einen der Schauspieler?«, hakte Franzi nach.

»Ein paar davon. Manchmal kommen sie nach den Aufführungen vorbei, um einen Happen zu essen.«

»Was ist mit Silvio Mommsen?«

Eine Sekunde lang starrten sie einander durchdringend an. Franzi glaubte, in ihren Augen eine Spur Traurigkeit zu erkennen, die die Bedienung einfach nicht kaschieren konnte.

»Auch ihn. Ist es wahr, was man sich erzählt?«

»Was erzählt man sich denn?«

Sie seufzte tief. »Die einen sagen, dass er auf der Bühne niedergeschossen wurde. Andere meinen, dass das bloß Show war. Aber warum wurde die Aufführung dann abgebrochen? Wegen schlechten Wetters war es ganz sicher nicht. Keiner scheint was Genaues zu wissen. Waren Sie dabei?«

Franzi nickte. »Ich saß nur wenige Meter vom Bühnenrand entfernt.« Sie präsentierte ihren Dienstausweis. »Aus dem Grund bin ich auch hier. Wir sollten uns mal unterhalten.«

Die Blondine riss die Augen auf. »Mit mir? Woher wissen Sie …?« Kurzes Innehalten. Durchatmen. Dann ein Schulterblick in Richtung der Küchentür. »Geben Sie mir bitte einen Moment und kommen Sie dann mit nach draußen. Da können wir ungestört reden.«

Eine Spur zu schnell, als dass ihr Schritttempo noch als normal durchgehen konnte, verschwand die Frau im hinteren Teil der Wirtschaft. Offenbar, um Bescheid zu geben, dass sie eine Pause einlegte. Nur Sekunden darauf kehrte sie zurück und gab Franzi ein Zeichen, ihr hinaus zu folgen. Eine solche Einladung nahm sie natürlich gerne an.

Die blonde Frau lehnte ein Stück die Straße hinauf an einer Hauswand. Die Glut ihrer Zigarette besaß die gleiche Farbe wie die allmählich untergehende Sonne.

»Dann stimmt es also?«, fragte sie. »Dass Silvio tot ist.«

»Ich fürchte, ja.«

Franzi fasste kurz zusammen, was geschehen war. Doch auch danach blieb das befürchtete Schluchzen aus. Stattdessen holte die Kellnerin tief Luft und hielt ihre Kippe so, als hätte sich das Gewicht des Glimmstängels urplötzlich verzehnfacht.

»Woher kannten Sie ihn, Frau …?«

»Schäfer. Jeanette Schäfer. Immer wenn er ins Lokal kam, bestellte er recht ausgefallene Sachen. Anfangs sogar Gerichte, die nicht mal auf der Speisekarte standen. Ich weiß nicht, ob er mich damit anbaggern wollte, aber wir sind auf jeden Fall ins Gespräch gekommen. Er war immer sehr aufmerksam und zuvorkommend.«

»Reden wir von der gleichen Person?«

Sie lächelte dünn. »Ja, manchen gegenüber verhielt er sich ein bisschen schroff. So war er eben. Eine harte Schale und ein weicher Kern. Haben Sie gewusst, dass er mir Liebesbriefe geschrieben hat? Mit Zitaten von Shakespeare und anderen. So richtig klassisch. Wer macht so was heutzutage noch?«

»Kaum einer.«

»Eben. Er hat zwar versucht, es zu verbergen, aber in seiner Seele schlummerte ein echter Romantiker. Das hat mir gefallen. Wir Frauen mögen es, so angehimmelt zu werden.«

»Dafür wirken Sie ziemlich gefasst.«

»Na ja, gefunkt hat es schon zwischen uns. Aber richtig zusammen waren wir noch nicht. Dafür war einfach nicht genug Zeit. Übernächste Woche wollten wir für ein paar Tage verreisen. Das ist jetzt wohl hinfällig.«

Als ihre Augen feucht wurden, blinzelte sie einige Male – und wirkte dann wieder sehr gefasst. Was Franzi zusätzlich irritierte. Noch immer war sie nicht überzeugt davon, dass sie sich tatsächlich über den gleichen Menschen unterhielten. Alles, was die Blondine sagte, stand im vollkommenen Widerspruch zu dem, was sie bisher gehört hatte. Doch vielleicht gab es für alles eine logische Erklärung: »Haben Sie mal gesehen, dass Herr Mommsen irgendwelche Drogen genommen hat?«

»Drogen? Silvio? Niemals. Er sagte, so was würde sein Mojo stören. Selbst bei Bier und Wein hielt er sich zurück.«

So viel zu Roberts Theorie. »Mojo? Wer sagt denn so was noch?«

Sie schmunzelte, wurde aber schnell wieder ernst. »Warum stellen Sie mir all diese Fragen?«

»Reine Routine. Hatte Herr Mommsen irgendwelche Feinde?«

»Wo soll ich anfangen? Er konnte recht hochnäsig rüberkommen. Mit so was eckt man schnell mal an. Einmal ist es im Lokal fast zu einer Schlägerei gekommen. Doch mir gegenüber hat er sich immer höflich und zuvorkommend benommen.«

»Wer war das mit der Schlägerei?«

»Hauptsächlich ging es um Maik Rudolf. Silvio hatte ihn als Bauerntrampel bezeichnet. Das ließ Maik natürlich nicht auf sich sitzen. Er ist eh ein Hitzkopf. Mein Bruder und sein Kumpel Alex sind dazwischengegangen, bevor der Streit eskalieren konnte. Das ist inzwischen ein paar Tage her. Die Beteiligten sind sich seither aus dem Weg gegangen und alles war tutti palletti.«

»Trotzdem bräuchte ich Ihre und deren Adresse.«

Als Franzi ihr Notizbuch aufklappte, zögerte Jeanette kurz, nannte ihr schließlich aber die gewünschten Daten. Die Kommissarin dankte ihr und verabschiedete sich wenig später.

Normalerweise zückte sie nach einem solchen Gespräch sofort ihr Handy und bat die Kollegen auf dem Revier um eine Überprüfung der Verdächtigen. Einige Sekunden spielte sie tatsächlich mit dem Gedanken, verwarf ihn aber wieder. Das hier war keine offizielle Ermittlung und würde es für sie auch niemals werden. Da war es besser, sich eher auf Spürsinn und Bauchgefühl zu verlassen.

Der Einzige der drei Verdächtigen, der in Rathen lebte, war Maik Rudolf. Da traf es sich recht gut, dass er auf ihrer Liste ganz oben stand. Die Frage, wie sie die beiden anderen Personen ohne Auto aufsuchen sollte, verschob sie auf später.

Sie hatte ohnehin genug damit zu tun, sich als Ortsfremde nach der richtigen Adresse durchzufragen. Gott sei Dank zählte der zweigeteilte Kurort zu den flächenkleinsten in der Sächsischen Schweiz, sodass es nach einer erneuten Fährenübersetzung auf die andere Flussseite nicht lang dauerte, bis sie das Haus im Trebenweg gefunden hatte.

Nach dem Läuten öffnete ein hagerer Endzwanziger mit spärlichem Haupthaar, aber tiefschwarzem Oberlippenbart.

»Sind Sie Maik Rudolf?«

Der Gefragte nickte. »Und wer will das wissen?«

Abermals zückte sie ihre Hundemarke, hielt die Finger aber so, dass Rudolf nicht ablesen konnte, dass sie vom Bautzener Revier kam. Fragen über den Zuständigkeitsbereich wollte sie gern vermeiden.

»Ich habe gehört, vor einigen Tagen kam es in einem Lokal in Oberrathen um ein Haar zu einer Schlägerei. Ein Schauspieler und zwei Ihrer Freunde waren genauso darin verwickelt.«

»Ach, das ist doch Schnee von gestern.«

»Erzählen Sie mir trotzdem davon.«

Zum wiederholten Mal schaute er auf seine Armbanduhr. Auch sonst wirkte er etwas in Eile, allerdings nicht so, als würde er flüchten wollen. Trotzdem ermahnte sich Franzi, auf der Hut zu bleiben.

»Es ging um Mommsen, diesen Arsch. Er hat sich mal wieder aufgeführt wie Graf Koks, mit dem Kopf in den Wolken. Das ging mir ziemlich aufn Keks. Ein Wort ergab das andere und irgendwann bin ich auf ihn losgegangen. So arrogante Typen kann ich auf den Tod nicht ab.«

»Wann haben Sie Herrn Mommsen das letzte Mal gesehen?«

»An dem Abend. Vor drei Tagen oder so.«

»Was haben Sie heute den Tag über gemacht?«

»Ich war arbeiten. Bin Klempner. Gas-Wasser-Scheiße, wie man so schön sagt. Die letzten Tage hatte ich die Rufbereitschaft und bin von einem Notfall zum nächsten gedüst.«

»Sind Sie jetzt auch auf dem Weg zu einem? Sie wirken, als wären Sie auf dem Sprung.«

»Nee, jetzt hab ich endlich Feierabend. Ich möchte mich mit meinem Kumpel treffen. Wir wollen zum Schützenverein nach Lohsdorf fahren.«

Schützenverein? In Franzis Kopf schrillten die Alarm-
sirenen. Sie spürte deutlich, dass sie auf der richtigen
Fährte war. »Der Kumpel heißt nicht zufällig Jörg oder
Alex, oder?«

»Ja, Jörg Schäfer. Woher wissen Sie das?«

»Mit ihm wollte ich ebenfalls reden. Hätten Sie was
dagegen, wenn ich Sie begleite?«

Er schaute sie an, als hätte sie einen Scherz gemacht.
Als das Lachen auf sich warten ließ, nickte er zögernd.
»Von mir aus. Worum geht es eigentlich?«

Sie gingen zu einem fünf Jahre alten Audi A4 mit
Sportauspuff und schwarzen Rallyestreifen auf dem silbernen Lack – der genauso rasant unterwegs war, wie sein
Aussehen vermuten ließ. Franzi krallte sich an der Tür-
halterung fest und bremste bei jeder Kurve auf der Land-
straße mit. Trotzdem schaffte sie es irgendwie, Rudolf von
dem unglücklichen Ausgang des Bühnenstücks zu erzählen. Sonderlich bedrückt wirkte er über die Neuigkeiten
nicht, allerdings machte er auch nicht den Eindruck, als
hätte er etwas damit zu schaffen. Zudem lieferte seine
Rufbereitschaft ein recht plausibles Alibi.

Anders sah es da bei Jörg Schäfer aus, der bereits vor
seiner Haustür an der Porschdorfer Hauptstraße auf die
Ankunft seines Freundes wartete. Er war ein hochge-
wachsener Blondschopf, dem die Familienähnlichkeit
zu seiner Schwester deutlich ins Gesicht gemeißelt worden war.

»Da kommst du ja endlich«, rief er, kaum dass Maik
Rudolf die Tür geöffnet hatte. »Wir sind schon spät
dran.«

»Und es wird noch später werden«, fügte Franzi beim
Aussteigen hinzu.

Erst dadurch schien der Bruder sie bemerkt zu haben. »Wer sind Sie denn?«

»Kriminaloberkommissarin Franziska Hartmann. Ich würde mich mit Ihnen gern über eine gewisse Pistole unterhalten, die mit scharfer Munition geladen war.«

Sie wurde Zeuge, wie Jörg Schäfer sämtliches Blut aus dem Gesicht wich. »Wer hat Ihnen denn verraten, dass ich das war?«

»Sie gerade eben. Ich wüsste nur gern, weshalb. Der Schuss ging nämlich nach hinten los. Beinahe buchstäblich.«

»Mommsen ist tot«, rief Rudolf. »Vorhin auf der Felsenbühne. Einfach abgeknallt.«

»Ach, du Kacke …« Mit der einen Hand stützte sich Schäfer an der Hauswand ab. Die andere presste er auf den Mund. Einen Moment lang sah es so aus, als müsste er sich übergeben.

»Das wollte ich nicht«, brachte er mühsam heraus.

»Dann erzählen Sie mal, wie es Ihrer Meinung nach hätte laufen sollen.«

»Der Mommsen war ein echter Arsch. So hochnäsig wie kein anderer. Trotzdem ist meine Schwester voll auf ihn abgefahren. Frauen haben manchmal echt einen komischen Geschmack. Deshalb dachte ich mir, dass ich dem Kerl gern einen kleinen Denkzettel verpassen würde. Damit er Jeanette nicht ebenso blöd behandelt.

Also bin ich heute Morgen dorthin und hab die Patronen ausgetauscht. Ich wollte, dass es bei der Probe mal ordentlich rumst und Mommsens Knie schlackern.«

»Nur schade, dass er die Probe mal wieder sausen hat lassen«, sagte Franzi. »Wie sind Sie überhaupt an die Patronen gekommen?«

»Die habe ich aus Tschechien. Ich bin seit Jahren im Schützenverein. Da weiß ich natürlich, welche Munition ich besorgen muss. Bitte glauben Sie mir, ich wollte ihn nicht umbringen. Nur von seinem hohen Ross runterholen.«

»Wie sind Sie an die Requisiten gekommen?«

»Viele der Schauspieler wohnen hier in der Nähe. Man kennt sich. Ich hab ihnen erzählt, dass ich mit Mommsen wegen meiner Schwester reden will. In einem unbeobachteten Augenblick habe ich mich zu den Waffen geschlichen, die ja wie die Kostüme jedem Akteur genau zugeordnet sind. und die falschen gegen die echten Patronen ausgetauscht. Das tut mir alles so leid. Es war echt bloß als kleiner Schreck gemeint gewesen.«

Ihm kamen wirklich die Tränen. Was mehr Gefühlsregung als bei seiner Schwester war und die Situation irgendwie bizarrer machte. Dennoch lagen die Fakten klar auf der Hand.

»Ich muss Sie leider festnehmen. Den Rest klären wir auf dem Revier in Pirna.«

Instinktiv griff sie dahin, wo sie normalerweise die Handschellen bei sich trug. Wenn sie im Dienst war. Jetzt hingegen war sie selbst ohne Dienstwagen zum Abtransport des Verdächtigen hergekommen.

Franzi wollte gerade über ihr Handy ihren Kollegen Rabenschmidt verständigen, als ein Auto um die Kurve gefahren kam. Die Scheinwerfer blendeten sie einige Sekunden lang. Es wäre der perfekte Moment für einen Fluchtversuch gewesen. Doch Jörg Schäfer war noch immer viel zu aufgewühlt, um sich zu rühren.

Das Auto hielt direkt hinter Rudolfs Audi. Die Kollegen Hellstein und Hansen stiegen aus, beide sichtlich verwirrt. »Was machen Sie denn hier?«

»Ihre Arbeit. Ich hätte da jemanden, der Ihnen gehört.«

Hellstein musterte zuerst sie, anschließend die beiden Männer bei ihr.

»Sind Sie Jörg Schäfer?«, fragte er an den Blondschopf gewandt.

Dieser nickte.

»Ich habe gehört, dass Sie sich heute Morgen hinter der Felsenbühne herumgetrieben haben. Und ich weiß, dass Sie in einen Streit mit Herrn Mommsen verwickelt waren.«

»Das können Sie sich sparen, Hellstein. Er hat bereits gestanden.«

Verwundert blickte der Kollege sie an. Verärgerung leuchtete in seinen Augen auf, wurde aber sogleich von Erleichterung abgelöst. Hellstein brachte ein kaum hörbares »Danke schön« heraus und griff dann dahin, wo er seine Handschellen stecken hatte. Er war im Dienst und fand sie auf Anhieb.

»Da wird sich der Chef aber freuen, dass wir den Fall so schnell gelöst haben«, sagte er auf dem Weg zum Wagen zu seinem Partner. Hansen nickte zustimmend und ließ sich mit Schäfer zusammen auf der Rückbank nieder.

Nachdem die Autotür ins Schloss gefallen war, hob Hellstein die Hand zum Gruß. Nur einen Moment lang. Dann brauste er davon.

Die Aufführung von Robert Krauss' Romanadaption »Scherbentanz« ist zwar komplett unserer Fantasie entsprungen (mehr von und über ihn erfahren Sie allerdings in unserem Buch »Wer mordet schon in der Oberlausitz?« sowie in Sörens eBook-Krimi »Verhängnisvolle Freundschaft«), die Felsenbühne Rathen im Nationalpark Sächsische Schweiz existiert aber durchaus. Jedes Jahr von Mai bis September kämpfen dort Winnetou und Old Shatterhand vor beeindruckender Sandsteinkulisse gegen skrupellose Verbrecher, außerdem werden Musicals wie »Dracula«, Märchen der Brüder Grimm oder Schauspiele wie die berühmte Liebesgeschichte vom »Glöckner von Notre Dame« oder Shakespeares »Sommernachtstraum« aufgeführt.

Den aktuellen Spielplan, Anreise-Routen und die Ticketpreise finden Sie unter www.felsenbuehne-rathen. de sowie unter der Telefonnummer 03 50 24 / 77 70.

Wie in unserer Geschichte erwähnt, liegt der Kurort Rathen direkt am Ufer der Elbe. Eine Dampfschiffanlegestelle bot sich da quasi förmlich an. Von Mai bis Oktober lichtet deshalb täglich ein Raddampfer der Sächsischen Dampfschifffahrtsgesellschaft seinen Anker und gibt Ihnen die Chance, den Ort mittels einer nostalgischen Dampferfahrt zu erreichen.

Oder Sie machen es wie unsere Kommissarin Franzi und reisen mit der S-Bahn an. Im halbstündlichen Takt können Sie von Rathen aus übrigens auch in Richtung Schöna und Meißen aufbrechen. Dresden ist in 40 Minuten erreichbar.

Um zum auf der anderen Flussseite gelegenen Ortsteil Niederrathen zu gelangen, können Sie auch die historische und unter Denkmalschutz stehende Gierseilfähre nehmen. Gut 300 Personen haben hier pro Fahrt die Gelegenheit, die Elbe zu überqueren.

Dank seiner zentralen Lage dient der Ort oftmals als Hauptausgangspunkt verschiedener Wander- und Bergtouren, insbesondere wenn es zur Bastei gehen soll. Durch den Amselgrund haben Sie die Möglichkeit, zum von »Talwächter« und »Lokomotive« überragten Amselsee zu wandern. Dieser nur 400 Meter hinter dem Kassenhaus der Felsenbühne Rathen gelegene See entstand 1934, als durch den Bau einer Mauer der Grünbach angestaut wurde. Für eine gemütliche Umrundung des circa 500 Meter langen Gewässers sollten Sie etwa 20 Minuten Zeit einplanen. Schneller geht's eventuell, wenn Sie sich eines der Ruder- oder Tretboote ausleihen oder den Anlass für eine der romantischen Gondelfahrten nutzen. Vor allem das »Abendgondeln«, das der Rathener Schifferverein an zahlreichen Sommerwochenenden anbietet, lohnt sich. Im Winter ist der See übrigens eine gern genutzte Adresse für Schlittschuhläufer.

Ein weiterer Vorteil der Kahnfahrt auf dem Amselsee ist, dass Sie auf diesem Wege die Niederrathener Felsenwelt aus einer ganz anderen Perspektive kennenlernen können. Im Norden erwarten Sie das »Lamm«, der »Bienenkorb« und das »Storchennest«, im Süden die »Große

Gans« und der »Mönch«. Abgerundet wird das Ganze vom eingangs erwähnten »Talwächter« und den »Feldsteinen« im Osten.

Ach ja, auch den nicht weit entfernten »Amselfall« sollten Sie sich nicht entgehen lassen. Dies allerdings ist kein Felsen, sondern ein beschaulicher Wasserfall, dessen Anblick Sie gern mit einem kühlen Bier aus der daneben befindlichen Gaststätte genießen können.

Nicht weit vom Amselgrund entfernt befinden sich die Schwedenlöcher. Diese sind nicht, wie der Name vermuten lässt, tiefe Löcher, sondern Schluchten, die durch Erosion des weicheren Sandsteines entstanden sind. Ihren Namen verdanken Sie dem Dreißigjährigen Krieg: Nachdem der Ort Rathewalde am 3. August 1639 von schwedischen Truppen vollständig zerstört wurde, brachten die Bauern in diesen Schluchten sich sowie ihr Hab und Gut in Sicherheit.

Kriegsspuren finden Sie dort heutzutage natürlich keine mehr. Seit 1886 sind die Schwedenlöcher ein beliebter Wanderweg, der im Jahr 2013 saniert wurde.

Sie müssen übrigens nicht allein im Kurort und seiner traumhaften Umgebung unterwegs sein. Der Nationalparkführer Steffen Petrich führt jeden Dienstag um 20 Uhr interessierte Besucher durch Rathen. Treff ist am Figurenbrunnen in Niederrathen. Sollten Sie daran Interesse haben, melden Sie sich bitte bis Montag 17 Uhr in der Touristeninformation oder unter der Telefonnummer 03 50 24 / 70 42 2 dafür an. Die Mindestteilnehmerzahl für eine Tour beträgt vier Personen und ist für Urlauber mit Gästekarte frei.

Von Ostern bis Ende Oktober erhalten Sie die Möglichkeit, sich in Oberrathen einen besonderen Genuss für Ohren und Augen zu gönnen: In den Säulen rund um die Klangterrasse herum wurden Lautsprecher installiert, die einzelne Tonsignale von sich geben und im richtigen Mischungsverhältnis ein Musikstück ergeben. Das Faszinierende daran ist, dass, sobald man seine Position auf der Klangterrasse verändert, sich auch das Lautstärke- und Mischungsverhältnis ändert, wodurch man den Eindruck gewinnt, sich inmitten eines Orchesters aufzuhalten. Zwischen 10 und 21 Uhr haben Sie täglich jede halbe Stunde die Gelegenheit, eines von drei unterschiedlichen Musikstücken von jeweils etwa zehn Minuten Länge zu genießen.

Direkt daneben finden Sie den 2004 erbauten Lichterbrunnen am Kurplatz. Von Ostern bis Ende Oktober können Sie hier täglich zwischen 21 und 22 Uhr ein beeindruckendes Wechselspiel von Wasser und farbigem Licht im Panorama der Sächsischen Schweiz bewundern. Von kreisförmig angeordneten Lichtspots angestrahlt, bewegen sich die Brunnenfontänen im Rhythmus der Musik der Klangterrasse und erschaffen so ein höchst bemerkenswertes Erlebnis, das Sie sich keinesfalls entgehen lassen sollten.

Auf dem Plateau der Kleinen Bastei (zu dem Sie einen kleinen Schlängelweg am Haus »Panorama« vorbei nehmen) finden Sie den Rhododendrenpark, in dem Sie neben seltenen Laubbäumen und exotischen Nadelgehölzen über 28 verschiedene Arten von Rhododendren bewundern können. Am besten besuchen Sie den Park während der Blütezeit im Juni/Juli. Sie werden von der Farbenfülle begeistert sein.

Und wenn Sie einmal vor Ort sind, gehen Sie am besten gleich weiter zum Aussichtspunkt »Kleine Bastei«, von wo aus Ihnen eine einzigartige Rundumsicht auf das Elbtal und die Rathener Felsenwelt geboten wird.

Metas Extratipp: Direkt neben dem PKW- und Busparkplatz in Oberrathen, an dem auch Franzi vorbeigekommen ist, finden Sie das Areal der Eisenbahnwelten. Diese über 7.500 m² umfassende und damit weltweit größte LGB-Bahnanlage im Maßstab 1:22,5 zeigt Ihnen Impressionen der oberelbischen Eisenbahnwelt von »Decin bis Meißen«, der »Semmeringbahn«, dem »Lößnitzdackel«, der »Kirnitzschtalbahn«, der Strecke Pirna–Neustadt, Altenberg–Heidenau sowie der Schmalspurbahn im Zittauer Gebirge.

Idealerweise gibt es auf dem Gelände auch gleich eine Pension mit Gaststätte und Terrasse für 90 Gäste.

VON RATHEN NACH HOHNSTEIN

Nach dem Verdauungsspaziergang entlang der Elbe ging es mit dem Auto weiter. Zuerst eine Brücke über den Fluss, dann durch eine ebenso kurvige wie waldreiche Gegend, die stetig bergauf führte. Vor allem Ersteres sorgte schon bald dafür, dass Meta richtiggehend flau im Magen wurde. Mehrmals lag es ihr auf der Zunge, Kurt zu bitten, langsamer zu fahren. Aber sie wollte kein Weichei sein und biss daher tapfer die Zähne zusammen.

Schließlich bog ihr Begleiter auf einen schattigen Waldweg ein. Er spekulierte doch nicht etwa darauf, dass ... Irritiert versuchte sie, seine Miene zu deuten. Doch Kurt schien sich einzig und allein aufs Fahren zu konzentrieren.

Was wohl auch besser so war. Der Weg war eine Buckelpiste par excellence und schüttelte Meta auf ihrem Sitz ordentlich durch. Ihr Magen musste das Gefühl haben, dass sie in einer Achterbahn saß, und sie verkrampfte sich noch weiter.

Als der Wagen schließlich zum Stehen kam, seufzte sie erleichtert. Dann schaute sie sich um. Bäume links, Bäume rechts, Bäume überall.

»Was wollen wir denn hier?«, fragte sie vorsichtig.

»Wirst du gleich sehen«, sagte Kurt geheimnisvoll. »Komm mal mit, ich möchte dir was zeigen.«

Ich kenne Krimis, die genauso angefangen haben, dämmerte es ihr. Dennoch folgte sie ihm brav nach draußen und einen schmalen Trampelpfad entlang durch das Unterholz.

»Gehört das auch zu einer deiner Geschichten?«, wollte sie nach einer Weile wissen.

»Nicht ganz. Hier geht es eher um dich. Gleich wirst du staunen.«

Diese Ansage trug ebenfalls nicht dazu bei, dass sie sich besser fühlte. Aber wenigstens sorgte die frische Waldluft dafür, dass sich ihr Magen entspannte. »Die Geschichte über die Kommissarin fand ich sehr gut. Und den Autor kenne ich ebenfalls. Also, seine Bücher. Die sind richtig gut.«

»Finde ich auch. Warst du schon mal in Bautzen, Franzis Heimatstadt?«

»Bis jetzt nicht.«

»Das solltest du bei deinem nächsten Besuch unbedingt nachholen. Die Altstadt ist traumhaft. Wo wir gerade so indirekt über die Elb- äh … Entschuldigung, ich meine natürlich die Spreemetropole reden, fällt mir gleich noch eine weitere Story ein. Ebenfalls eine indirekte Bautzen-Geschichte und noch dazu eine, die schon ein Weilchen zurückliegt.«

Sie ließen eine Bergkuppe hinter sich, und völlig abrupt hörte der Wald auf. Statt Bäumen umgaben sie gewaltige Sandsteinfelsen. Und jetzt wusste sie auch, was Kurt gemeint hatte. Vor ihnen erstreckte sich ein traumhafter Ausblick über die gesamte Sächsische Schweiz. Unter dem strahlend blauen Himmel erkannte Meta das kurvige Flussbett der Elbe, unzählige Hektar Wald in den sattesten Grünfarben, all die mächtigen Felsen, die ihr schon im Tal aufgefallen waren. Und am Ufer gelegene Orte wie Rathen, Stadt Wehlen und Königstein. Selbstverständlich auch die berühmte Festung, die sie vorhin besucht hatten. Meta wusste gar nicht, wohin sie zuerst schauen sollte, so viel gab es zu bewundern. Sie wollte schon die Kamera zur Hand nehmen, doch die Wolke, die sich vor die Sonne schob, bremste sie. Und so spitzte sie die Ohren, als Kurt zu erzählen begann.

HOHNSTEIN, MAI 1999

Solang sich Sandro Köhler erinnerte, war er ein Opfer der Umstände gewesen. Was immer er sich in der Vergangenheit für Pläne gemacht hatte, irgendwas hatte stets dafür gesorgt, dass es vollkommen anders gelaufen war.

Dabei hatte alles relativ harmlos angefangen: Nach einer unspektakulären Kindheit in der DDR hatte er sich keinen großen Träumen über seine berufliche Zukunft hingegeben. Die Schule hatte er mit Ach und Krach geschafft und gedacht, die in Hohnstein begonnene Lehre zum Schlosser würde ihm den Weg in die Zukunft ebnen.

Dann war die Wende kommen. Sandro, inzwischen 18 Jahre alt und gerade mit der Ausbildung fertig, spürte die Verlockungen der großen weiten Welt überdeutlich. Als das Kribbeln nicht nachließ, schmiss er seinen Job und machte sich mit seinem Ersparten auf den Weg in den goldenen Westen. Leider reichte die schöne neue Welt bloß bis Kassel. Als ihm das Geld ausging, versuchte er, es mit kleinen Diebstählen auszugleichen. Was sich bis zum Autoklau steigerte. Die Gelegenheiten dafür waren günstig, vor allem beim Wiederverkauf in den Osten der Republik, wo praktisch jeder einen schmucken Westwagen haben wollte. Bei einem dieser Deals entpuppte sich der Käufer allerdings als verdeckt arbeitender Ermittler, der die Handschellen klicken ließ.

Nach drei Jahren war Sandro wegen guter Führung wieder freigekommen und hatte sich geschworen, nie wieder hinter schwedischen Gardinen zu landen. War extra umgezogen nach Löbau, um nicht in alte Gewohnheiten zu verfallen.

Doch auch in der Oberlausitz schaffte er es nicht, einen Fuß auf den Boden zu bekommen. Alles um ihn herum hatte sich in der Zwischenzeit sehr verändert und die Verlockungen der strahlenden Werbewelt waren noch immer groß. Also reaktivierte er seine früheren Kontakte und ging bald darauf wieder seinem alten Job nach. Diesmal schaffte er es, zwei Jahre unentdeckt zu bleiben. Dann tauchte bei einem nächtlichen Autoklau unerwartet der Besitzer auf und ließ partout nicht mit sich handeln. Es kam zu einer eigentlichen harmlosen Rangelei. Mehr als ein blaues Auge und ein paar Beulen wären es nicht gewesen. Aber der Autobesitzer stürzte unglücklich, brach sich einen Halswirbel an, und Sandro hätte wegen schwerer Körperverletzung für satte acht Jahre hinter Gittern landen sollen.

Hätte.

Vorgestern allerdings waren in der Bautzener Justizvollzugsanstalt, dem sogenannten »Gelben Elend«, die Maler zugange gewesen, und Sandro hatte es geschafft, als solcher verkleidet die Gefängnismauern hinter sich zu lassen. Die Gelegenheit hatte sich so unvermittelt ergeben, dass Sandro gar nicht groß hatte planen können.

Technisch gesehen war er auch da wieder ein Opfer der Umstände gewesen, doch darüber wollte er sich diesmal nicht beschweren. Draußen hatte er sich aus einem Supermarkt Essen und Drogerieartikel geklaut und in einem Tankstellenklo am Bautzener Stadtrand den Bart und einen Großteil seiner vollen Haarpracht abrasiert. Dank einiger von einer Wäscheleine geborgter Kleidung wirkte er auch nicht mehr wie ein frisch ausgebrochener Sträfling. Da übersah er auch gern, dass die Klamotten zwei Nummern zu klein waren und er dadurch beinahe bauchfrei herumlief. Im Mai konnte man sich so was schon mal erlauben.

Nichtsdestotrotz war es wichtig, die Gegend auf dem schnellsten Wege zu verlassen. Am besten sogar das Land. Sicher suchte die Polizei fieberhaft nach ihm und verbreitete seinen Steckbrief über Zeitungen und Fernsehen.

Aber so leicht konnte er der Region dennoch nicht den Rücken zukehren. Es gab noch ein, zwei Dinge, die er erledigen musste. Dinge, die alles verändern könnten.

Per Anhalter reiste er über Neustadt und Sebnitz in seine alte Heimat zurück. Mit einem falschen norddeutschen Akzent erzählte er den Leuten, dass er bloß ein paar Tage ausspannen und die Natur genießen wollte. Sie glaubten ihm und wünschten ihm viel Spaß und gute Erholung.

Als er schließlich am Ortsschild von Hohnstein vorbeikam, wurde ihm richtig warm ums Herz. Der Anblick der Fachwerkhäuser und der Wälder stimmten ihn melancholisch und freudig zugleich. Es war schön, wieder daheim zu sein.

Er ließ sich am Marktplatz absetzen und streifte einige Zeit durch die Straßen, durch die er als Kind so oft gelaufen war. Früher, als es hier noch keinen Aldi, sondern bloß einen Konsum zum Einkaufen gegeben hatte. Früher, als die Welt noch in Ordnung gewesen war.

Stundenlang hätte er durch den Ort spazieren können. Aber der Gedanke, sich wie auf dem Präsentierteller zu befinden, trieb ihn in Richtung Stadtrand. Nahe dem Friedhof fand er ein verlassenes Haus, in dem seit Jahren niemand mehr gewohnt hatte. Zwar gab es hier weder elektrischen Strom noch fließendes Wasser, dafür aber auch niemanden, der allzu neugierige Fragen stellte. Außerdem hatte er von seinem Versteck aus einen hervorragenden Blick auf die Burg.

Er beschloss, den Rest des Tages in seinem Versteck zu verbringen. Als die warmen Sonnenstrahlen nachließen, schnappte er sich einige der muffigen alten Decken, die er auf dem Dachboden gefunden hatte. Für den Moment genügten die vollkommen.

Viel schlimmer war die Stille um ihn herum. Über einen Gefängnisaufenthalt gab es definitiv nicht viel Positives zu berichten. Aber zu leise war es im Gelben Elend nie zugegangen. Zusammen mit seinem Zellengenossen Thilo hatte er stundenlang der Musik aus einem alten Kofferradio gelauscht und dabei von der Welt da draußen geträumt.

Zumindest, wenn ein paar gescheite Lieder gekommen waren. Nicht wie dieser Mist von Leuten wie Ricky Martin, Destiny's Child oder – Gott bewahre! – Nena. Nein, bei diesem Gedudel hatte Sandro immer auf Durchzug geschaltet.

Sein Herz schlug eher für die neuen Rockbands, die in den letzten Jahren wie Pilze aus dem Boden geschossen waren. Britische Bands wie Placebo oder Muse. Aber auch deutsche Gruppen wie Liquido, Bananafishbones und die Scycs. Vor allem Letztere.

Sandro wusste noch genau, an welchem Tag es gewesen war, dass er deren Hit »Next November« das erste Mal gehört hatte. Verdammt, er wusste sogar noch, was es an diesem Abend zum Essen gegeben hatte. In dem Lied ging es darum, dass ein Typ mit seiner Liebsten im nächsten November abhauen wollte. Ja, das konnte sich

Sandro nur zu gut vorstellen. Wahrscheinlich sogar besser als viele andere.

Sofort hatte er wieder die Musik im Ohr. Er schloss die Augen und stellte sich vor, wie es wäre, wenn seine Jugendliebe Carola Stölzel und er einfach ihre Sachen packen und irgendwohin verschwinden würden, wo niemand sie kannte. Klar, sie waren keine 20 mehr, aber konnten sie nicht trotzdem alles hinter sich lassen und neu anfangen?

Es war ein schöner Traum. Noch dazu einer, der möglicherweise wahr werden konnte. Die sexy Brünette mit den vielen Sommersprossen war der Hauptgrund, weshalb er zurück nach Hohnstein gekommen war. Sie beide waren zusammen zur Schule gegangen, hatten die Nachmittage miteinander verbracht, manchmal auch die Abende und Nächte. Irgendwie hatten sie sich schließlich auseinandergelebt. Sein Ausflug nach Kassel hatte sicherlich ebenfalls sein Scherflein dazu beigetragen. Aber auch während seiner Haftstrafe waren sie in Kontakt geblieben und hatten sich Briefe geschrieben.

Natürlich hatte er nicht von ihr verlangen können, dass sie auf ihn warten würde. Als sie ihm schließlich gestand, dass sie mit einem Typen namens Kai zusammenziehen würde, war es zwar schmerzhaft, aber dennoch nachvollziehbar gewesen. Soweit er wusste, waren die zwei inzwischen jedoch getrennt und Carola wohnte wieder daheim bei Mutti.

Ein Grund mehr, dort mal vorbeizuschauen. Mit dem Gedanken daran schlief Sandro ein.

Er erwachte in den frühen Morgenstunden, als draußen ein Wagen mit besonders lautem Motor vorbeiknatterte.

Eine Sekunde lang war Sandro überzeugt davon, dass es ein Polizeiwagen wäre und die Beamten das Haus bereits umstellt hätten.

Doch die Straße vor dem Haus war menschenleer. Lediglich eine Laterne spendete gelbes, tröstendes Licht.

Er beschloss, dem morgendlichen Berufsverkehr den Vorrang zu lassen und erst am späten Vormittag zu Carolas Elternhaus aufzubrechen. Der Hunger trieb ihn allerdings doch deutlich früher in Richtung Innenstadt. Er ging am Hotel Elbresidenz vorbei und bewegte sich vorwiegend durch schmale Gassen und Nebenstraßen. In einem Supermarkt stibitzte er einen Fünferpack Minisalamis und eine Coladose. Nicht unbedingt eine Mahlzeit für Könige, aber in seinem leeren Magen dennoch höchst willkommen. Neben einem Werbeschild von »Bergsport Arnold« verputzte er das karge Mahl.

Anschließend ging es weiter zu Carola. Den Weg dahin kannte er noch immer auswendig. Eine Fußgängerampel zwang ihn kurzzeitig zum Halten. Drei weitere Leute standen um ihn herum. Zum Glück interessierte sich niemand weiter für ihn.

Dafür war ihm, als würde er aus den Lautsprechern eines vorbeifahrenden Autos die neue Scycs-Single »Grounded« hören. Das war eindeutig ein Zeichen. Außerdem erinnerte es ihn daran, dass im April das Debütalbum der Magdeburger Band erschienen war. Sicher würden die Jungs demnächst auf Tour kommen. Vielleicht könnten Carola und er ja zu einem der Konzerte gehen. Ja, mit ihr zusammen könnte er in der ersten Reihe stehen und bei »Next November« lautstark mitsingen. Das wäre was.

Dann stand er vor Carolas Elternhaus. Ein breites Fachwerkhaus mit schneeweißem Putz und dunkelbraunem Dach. Seit seinem Besuch vor vielen Jahren schien sich nichts verändert zu haben. Selbst das Gartentor quietschte beim Öffnen wie eh und je. Eines war jedoch anders als früher: Als er vor der Haustür stand, klopfte Sandros Herz so schnell wie nie zuvor in seinem Leben. Dies war der Moment, der alles entscheiden würde. Den er sich so oft ausgemalt hatte. Komm, lass uns abhauen, so wie Romeo und Julia, lag es ihm auf der Zunge.

Mit zitternder Hand betätigte er den Klingelknopf. Er hörte, wie jemand durch den Flur kam, und hielt vor Aufregung die Luft an. Dann ging die Tür auf.

Eine brünette Frau mit vielen Sommersprossen stand vor ihm. Einen Sekundenbruchteil war er überzeugt davon, es wäre Carola. Aber das stimmte nicht. Es handelte sich um ihre Mutter, die ihr buchstäblich wie aus dem Gesicht geschnitten war.

»Hallo, Frau Stölzel, ist Caro da?«, fragte er mit brüchiger Stimme. Er kam sich vor wie ein schüchterner Teenager vor der ersten Verabredung.

»Nein, die wohnt hier doch gar nicht mehr. Schon länger nicht.« Die Frau hielt kurz inne und musterte ihn von Kopf bis Fuß. »Augenblick mal, bist du nicht Sandro? Sandro Köhler?«

Er nickte zögernd.

»Wo kommst du denn her? Ich dachte, du sitzt im … äh … Gefängnis?«

»War ich auch. Ist aber lange her. Ich bin jetzt sauber.«

Zur Beteuerung hob er die Hände. Dennoch blieb ihr Blick zutiefst skeptisch. »Warte mal. Jetzt kommt's mir erst! Du bist nicht schon lange raus. Ich habe davon gehört. Du bist in Bautzen vor zwei Tagen aus dem Knast geflohen! Die Polizei sucht überall nach dir!«

Ihre Stimme schien ihm mit jedem Wort lauter zu werden. Panik explodierte in seinem Inneren. Wenn sie jemand hörte und die Bullen rief ...

»Nein, das ist ein Irrtum. Ich ...«

»Erzähl mir doch keine Märchen. Ich habe dein Bild in der Zeitung gesehen. Zuerst habe ich mir nichts dabei gedacht. Aber das bist eindeutig du.«

Sandro begann zu schwitzen und zu zittern. Angst erfasste ihn. Bevor er wusste, wie ihm geschah, presste er ihr die Hand vor den Mund. »Seien Sie um Himmels willen still. Ja, ich bin's. Aber ich will nichts Böses. Ich möchte nur mit Carola reden. Sie hat mir Briefe geschrieben. Wir verstehen uns.«

Fast hätte er »lieben« gesagt. Aber das hätte ihm die Mutter sowieso nicht geglaubt. Sie war schon immer gegen ihre Beziehung gewesen. Hatte behauptet, dass er es zu nichts bringen würde.

Als er merkte, wie Gitte Stölzel gegen seine Handfläche atmete, als wolle sie losschreien, bugsierte er sie und sich ins Haus und kickte mit der Ferse die Tür zu. Carolas Mutter riss die Augen auf wie ein Kaninchen im Angesicht des Fuchses. Sie hatte Angst – und Sandro konnte ihr das nicht verdenken. Ihm selbst war nicht wohl.

»Ich lasse Sie jetzt los, aber schreien Sie nicht!«, kündigte er an. Gitte nickte zaghaft. Als Sandro die Hand von ihrem Mund nahm und einen Schritt zurücktrat, atmeten beide laut aus.

»Entschuldigung. Entschuldigung«, murmelte er und hätte sich am liebsten an Ort und Stelle auf den Boden gesetzt. »Das wollte ich nicht.«

Statt einer Antwort ließ Carolas Mutter ein Schnauben hören. »Und jetzt?«, blaffte sie ihn an.

Sandro wunderte sich, wie sie so schnell die Fassung hatte wiedergewinnen können.

»Bitte nicht die Polizei«, flehte er beinahe. »Das ist alles …«

»… ganz anders. Klar. War es damals ja schon. Sandro, der verkannte Künstler, der natürlich niemals Autoschieber war und der gar nicht verstehen kann, wieso er im Knast landet.« Gitte wandte sich um und ging Richtung Küche. Sandro zögerte einen Moment, folgte ihr dann aber in der Befürchtung, sie könne zum Telefon greifen. Doch weit gefehlt: Sie goss offensichtlich frisch aufgebrühten Kaffee in zwei knallrote Becher, reichte ihm einen und setzte sich an den Küchentisch. Der vor Jahren schon an derselben Stelle gestanden hatte – allerdings war das mit Bakelit bezogene Möbel gegen ein neues Modell aus Holz ausgetauscht worden. Überhaupt erinnerte kaum mehr etwas in der Küche an jene DDR-Ausstattung, die er in seinen Tagträumen so oft gesehen hatte: Carola an der Spüle, Carola am Kühlschrank … Zaghaft zog er den zweiten Stuhl heran und setzte sich.

»Du spinnst noch immer«, stellte Gitte fest.

Sandro zuckte mit den Schultern und spürte dem heißen Kaffee in seiner Kehle nach.

»Und jetzt?«, wollte Gitte immer noch wissen. Eine berechtigte Frage – auf die er auch keine Antwort wusste.

»Wo ist sie?«, fragte er stattdessen zurück.

Gitte warf einen Blick auf die Wanduhr. »Um diese Zeit bei der Arbeit.«

»Und wo?«

»Das geht dich gar nichts an.« Gitte stellte den Kaffeepott so schwungvoll auf den Tisch, dass die braune

Brühe herausschwappte und einen kleinen See auf dem Holz bildete.

»Sollte das nicht die Entscheidung Ihrer Tochter sein?« Sandro biss sich auf die Zunge, damit er nicht laut wurde. Auch wenn die Einrichtung eine ganz andere war, so hatte sich hier wohl doch nichts verändert. Und Gitte schon gar nicht. Sie schien wie zu Jugendtagen die Bewacherin ihrer Tochter zu sein. Stets auf der Hut, dass keiner – vor allem nicht Sandro – ihrem Mädchen zu nahe kam. Kein Wunder eigentlich, dass auch die Beziehung mit seinem Nachfolger in die Binsen gegangen war, mutmaßte er. Schwiegermütter vom Kaliber einer Gitte taten selten gut.

»Ich denke, Carola hat sich vor Jahren schon entschieden«, antwortete sie und stand auf, um den Spüllappen zu holen. Just in dem Moment, als sie die Kaffeepfütze wegwischen wollte, fiel Sandros Blick auf die Sächsische Zeitung, die halb aufgeschlagen auf der Anrichte lag. Sein Bild (aufgenommen bei der Verhaftung und deswegen nicht sehr vorteilhaft) prangte mitten auf der ersten Seite des Lokalteils. Und in seinem Magen brannte wie eine Stichflamme Angst. Die nie ein guter Ratgeber war, wohl aber ein Antrieb sein konnte. Im Fall von Sandro trieb sie ihn dazu, aufzuspringen, sich ein Messer aus dem Block auf der Anrichte zu schnappen, hinter Gitte zu treten und ihr die Klinge an den Hals zu pressen. Mit der flachen Seite, denn verletzen wollte er sie eigentlich nicht. Was Gitte aber nicht ahnen sollte. Sie wurde kreidebleich, ließ den Lappen fallen und begann zu zittern.

»Sie haben mir schon einmal alles kaputtgemacht«, knurrte Sandro. »Noch mal machen Sie das nicht.«

»Aber … ich …«, stammelte Carolas Mutter. Selten hatte er sie so sprachlos erlebt, und irgendwie gefiel ihm das. Und ihm gefiel auch, dass die Frau offensichtlich an dieselbe Nacht vor vielen Jahren dachte, wie er auch. Er. Carola. Im Bett. Schmusend. Küssend. Unschuldig beinahe. Dann Gitte. Kreischend. Fluchend. Die ihn aus dem Haus warf und am nächsten Tag bei seinem Lehrherrn aufkreuzte. Lautstark zeterte. Und ihn damit dem Spott aller Kollegen aussetzte. Für Monate. Carola hatte Hausarrest. Ein Treffen unmöglich, ein Anruf schon gar nicht. Und immer wieder dumme Sprüche auf Arbeit. Höhnisches Grinsen.

»Hätten Sie mich nicht rausgeschmissen damals, dann …« Sandro wusste selbst, dass sich auch dann nichts geändert hätte. Kassel, Knast – alles wäre gleich gekommen. Aber vielleicht mit Carola an seiner Seite. Ein bisschen Bonnie und Clyde. Sandro ließ das Messer sinken. Gitte sog hörbar die Luft ein und betastete ihren Hals.

»Ich hab keine Angst vor dir«, behauptete sie.

Müssen Sie auch nicht, hätte er am liebsten gesagt. Stattdessen warf er das Messer auf den Tisch und wandte sich zum Gehen. In der Tür blieb er einen Moment stehen. Gitte lehnte, noch immer blass, an der Spüle. Beinahe wie Carola damals.

»Keine Polizei, jaja«, sagte die. »Du bist so doof, die finden dich auch ohne meine Hilfe.«

»Und ich finde Carola. Auch ohne Sie.«

»Sie will aber nicht! Kapierst du das mal?«

Ja. Nein. Natürlich hatte Sandro verstanden, dass Carola ein anderes Leben lebte. Die Briefe waren immer spärlicher im Gefängnis eingetroffen, blieben eines Tages ganz aus. Dennoch hatte er an seinen Träumen von ihr festgehalten. Wie viel anderes hatte er hinter Gittern schon? Und hatte sie nicht im letzten Brief geschrieben:

»Bis bald, deine C.«? Der Punkt auf dem »i« von »bis« sah aus wie ein kleines Herz. Sandro war nahe dran, Gitte von den Briefen zu erzählen. Er war sich sicher, dass sie keine Ahnung davon hatte. Gerade, als er den Mund aufmachte, schellte es an der Tür. Es war dasselbe schrille Läuten wie vor vielen, vielen Jahren. Und es durchfuhr Sandro wie ein Blitz.

»Scheiße, wer ist das?«, flüsterte er und sah sich hastig um. Hinter der milchigen Verglasung der Tür erkannte er einen dunklen, großen Schatten.

»Der Postbote wahrscheinlich«, sagte Gitte und wollte sich an ihm vorbeidrängen. Was sie beinahe geschafft hatte, als hinter dem ersten Schatten ein zweiter auftauchte. Und nach dem nochmaligen Läuten geklopft wurde. Die Männer mussten nichts sagen – die beiden im Haus wussten auch so, dass es die Polizei war.

»Ich komm ja schon!«, rief Gitte und machte Sandro das Zeichen, sich hinter der Küchentür zu verstecken. Er zögerte. Verschwand dann aber um die Ecke.

»Ja?« Gitte öffnete die Tür und Sandro schalt sich selbst den Deppen der Nation, dass er sie einfach öffnen ließ. Doch zu seinem Erstaunen verlief das Gespräch mit den Uniformierten kurz und knapp. Auf die Frage, wann Gitte das letzte Mal von Sandro Köhler gehört hatte, gab diese ein »vor ein paar Jahren« von sich. Allerdings fragten die Polizisten auch nach Carola.

»Wir gehen davon aus, dass Köhler sich im alten Umfeld einen Unterschlupf sucht«, hörte Sandro einen der Beamten sagen. Und spitzte die Ohren, als Gitte – wohl oder übel – den Arbeitsplatz von Carola preisgeben musste: das Autohaus Swigulski am Rande der Brandstraße-Siedlung, in dem sie als Buchhalterin angestellt war. Sandro lächelte – wieder eine Gemeinsamkeit mit ihm, die berufliche Laufbahn mit Autos. Wenn auch in zwei ganz unterschiedliche Richtungen.

Keine drei Minuten waren vergangen, als Gitte die Tür wieder schloss.

»Kannst rauskommen«, rief sie.

»Danke.« Sandro wischte sich über die Stirn.

»Wofür?«

»Dass Sie mich nicht verraten haben.«

»Ich wär schön doof, wenn ich mir deinetwegen Scherereien einhandeln würde«, gab Gitte zurück. »Wenn ich sage, dass du hier bist, muss ich tausend Fragen beantworten. Und dazu ist mir meine Zeit zu schade.« Sie musterte ihren ungebetenen Gast mit einem angewiderten Blick. Noch deutlicher brauchte sie nicht zu werden. Und weiterhelfen konnte sie ihm auch nicht mehr. Sandro geduldete sich noch einige Minuten, um der Polente einen gewissen Vorsprung zu lassen, und verließ das Haus.

Auf dem Weg in den Südteil der Stadt war er noch mehr auf der Hut als zuvor. Jetzt, da er wusste, dass die Bullen in Hohnstein aktiv nach ihm fahndeten, durfte er absolut kein Risiko eingehen. Außerdem wusste er nicht, ob sich Gitte Stölzel nicht doch noch anders entschied und per Telefon durchgab, wer ihr vorhin noch einen Besuch abgestattet hatte.

Während er der Max-Jacob-Straße hinabfolgte, hätte er sich am liebsten in den Hintern gebissen. Das Gespräch mit Carolas Mutter war gründlich in die Hose gegangen. Sicher, die Alte war eine Krähe, der man es gar nicht rechtmachen konnte. Dennoch würde das, was sich gerade im Hause Stölzel abgespielt hatte, es nicht unbedingt leichter machen, Carolas Herz zurückzuerobern. Sollte er vielleicht Blumen besorgen? Automatisch suchte sein Blick die Vorgärten am Straßenrand ab, fand aber keine einzige Pflanze, die gut genug für seine Angebetete wäre. Geld für was aus dem Blumenladen besaß er nicht. Außerdem war er unschlüssig, ob Carola solche Geschenke überhaupt akzeptieren würde. Jedenfalls am Anfang. Zuerst mussten sie sich unterhalten. Später konnte er ihr immer noch die Welt zu Füßen legen.

An der Breitscheidstraße bog er ab und schlug sich die letzten Meter durch die schmalen Pfade an den Ein- und Mehrfamilienhäusern vorbei. Dann lag es vor ihm: Das Autohaus Swigulski.

Es musste neu sein. Als er das letzte Mal hier vorbeigekommen war, hatte es an der Stelle bloß eine verwilderte Wiese gegeben, auf der manchmal die Schafe geweidet hatten. Aber das lag auch unzählige Jahre zurück. Das Angebot an Fahrzeugen jedenfalls konnte sich sehen lassen. Viele deutsche Autos wie VW oder Mercedes, gleichzeitig auch Asiaten wie Mitsubishi oder Mazda. Sozusagen etwas für jeden Geschmack.

Er umrundete das Grundstück mit gebührendem Sicherheitsabstand. Von den Polypen sah er weit und breit nichts. Waren sie schon da oder würden sie erst noch kommen? Einige Sekunden lang grübelte er über seine Möglichkeiten und beschloss auch hier, kein Risiko einzugehen. Nicht, dass er sich drinnen gerade nach seiner Liebsten erkundigte und auf einmal die Uniformierten vorfuhren. Oder dass die Jungs in Uniform den Autohaus-Mitarbeitern seine genaue Beschreibung vorgelegt hatten und ihn die Leute darin wiedererkannten. Eine weitere eskalierende Situation brauchte er weiß Gott nicht.

Also zog er sich hinter einige Schrottcontainer zurück und behielt von da aus das Gebäude im Auge. Zu sehen war von Carola bislang nichts. Doch das hatte im Grunde genommen nichts zu sagen. Immerhin arbeitete sie in der Buchhaltung und würde sich zweifellos im hinteren Teil des Gebäudes aufhalten. Leider gab es dorthin keinen separaten Zugang.

Ihm blieb also nichts anderes übrig, als abzuwarten. So schwer ihm das auch fiel.

Aus lauter Langeweile begann er nach einiger Zeit, leise die Scycs-Lieder vor sich hin zu singen. Vielleicht nicht immer ganz textsicher und auch nicht jede Note treffend, aber es genügte, um seine Laune zu verbessern. Er konnte gar nicht verstehen, wie jemand die Musik der fünf Magdeburger nicht toll finden könnte. Dass sie in TV-Seifenopern wie »Gute Zeiten, schlechte Zeiten« und »Unter uns« aufgetreten waren, durfte man ihnen seines Erachtens nicht zum Vorwurf machen. Welche andere noch unbekannte Band hätte ein solches Angebot ausgeschlagen? Keine! Von wegen Ausverkauf oder Reputation. Ebenso wenig hätte jemand nein gesagt, wenn er die Chance bekommen hätte, im Vorprogramm von Eros Ramazzotti oder Peter Maffay aufzutreten. Sicher, dies waren nicht die Größen, mit denen man als Rocker in einem Atemzug genannt werden wollte. Trotzdem waren es günstige Gelegenheiten gewesen. Und wenn er sah, wie erfolgreich die Scycs inzwischen waren, war es verdammt noch mal die richtige Entscheidung gewesen! Man musste sich bietende Chancen einfach zu nutzen wissen.

Ebenso wie er es getan hatte, als sich im Gelben Elend in Bautzen eine Möglichkeit zur Flucht geboten hatte. Konnte man es ihm verdenken? Ganz sicher nicht!

Sandro bedauerte seine Entscheidung nicht eine Sekunde lang. Blöd war es nur, jetzt hinten bei den Abfällen herumlungern zu müssen, wenn alles in ihm danach brüllte, etwas zu unternehmen. Aber auch hier war es am besten, auf den richtigen Moment zu warten.

Der lange auf sich warten ließ. Der Nachmittag kroch schwerfälliger als ein fußkranker Tausendfüßler dahin. Mehrmals drehte er Runden um das Autohaus und versuchte aus verschiedenen Winkeln heraus, etwas im Inneren des Hauses zu erkennen. Der Verkaufsraum war zwar mit jeder Menge riesiger Glasfenster ausgestattet, doch direkt dahinter standen haufenweise Autos, die ihm erfolgreich die Sicht versperrten. Von Carola war nach wie vor nichts zu sehen.

Dafür zogen am Himmel immer mehr Wolken auf. Einige Zeit lang sah es tatsächlich so aus, als würde es gleich zu regnen beginnen. Das hätte ihm gerade noch gefehlt. Doch das Unwetter verzog sich zum Glück vollkommen tatenlos.

Eine Handvoll Mitarbeiter verließen nach und nach das Autohaus, aber niemand sah seiner Liebsten auch nur ansatzweise ähnlich. Bekannt kam ihm auch niemand vor. Dann, kurz nach halb sechs, kam endlich der entscheidende Moment. Eine junge Frau mit schulterlangen braunen Haaren trat durch den Haupteingang nach draußen. Sie war ein wenig schlanker, als er sie in Erinnerung hatte. Und die vielen Sommersprossen waren aus der Entfernung ebenfalls nicht zu erkennen. Trotzdem bestand kein Zweifel.

Das war Carola.

Am liebsten hätte er sofort nach ihr gerufen, hielt sich aber zurück. Beinahe so, als wüsste sie, dass er hinter den Containern auf sie wartete, kam seine Angebetete mit schnellen Schritten in seine Richtung. Als sie beide keine 50 Meter mehr trennten, bog sie allerdings ab und ging zu einem auf der Hausrückseite geparkten, blassroten Damenrad.

Das war die Gelegenheit!

Sandro wollte losstürzen. Doch etwas hielt ihn zurück.

Carola war in Eile. Mit raschen Bewegungen entfernte sie das Sicherheitsschloss und schwang sich in den Sattel. Bevor er auch nur eine Chance gehabt hätte, sie zu erreichen, trat sie bereits kräftig in die Pedale. Ihm blieb nichts anderes übrig, als ihr hinterherzulaufen. Buchstäblich.

Ironischerweise wählte sie beinahe exakt dieselbe Route, die er vorhin benutzt hatte. Sandro schwante Fürchterliches. Seine Angebetete radelte doch nicht etwa geradewegs zu ihrer Mutter? Allein die Vorstellung, was für eine bizarre Version der Ereignisse Gitte Stölzel ihrer Tochter auftischen könnte, jagte ihm einen Schauer über den Rücken. Ganz egal, was Carola noch für ihn empfand, wenn ihr jemand erzählte, Sandro hätte ihre Mutter bedrängt und kurzzeitig im eigenen Haus als Geisel gehalten, wäre der Ofen endgültig aus. Das musste er um jeden Preis verhindern.

Bloß wie?

Erneut überlegte er, ihren Namen zu rufen. Vor seinem geistigen Auge sah er, wie sie sich umdrehte, anhielt und von ihrem Rad abstieg, um ihn fest in die Arme zu schließen. Was für eine schöne Vorstellung.

Einziges Manko daran: Sie befanden sich mitten in der Öffentlichkeit und jemand könnte auf sie aufmerksam werden. Nein, besser war es deshalb, abzuwarten, bis sich Carola wenigstens in einer Nebenstraße oder noch besser bei dem alten Schuppen im Garten ihrer Eltern befand. Dort wären sie hoffentlich ungestört.

Kaum hatte er diesen Gedanken zu Ende gedacht, streckte seine Liebste ihren linken Arm aus und bog zum Ritterfelsen ab. Weiter ging es in Richtung Burg und Innenstadt. Nichts davon gefiel Sandro.

Die Zahl der Fußgänger nahm weiter zu und zwang ihn, langsamer zu laufen, um nicht noch mehr aufzufallen. Inzwischen schwitzte und schnaufte er wie früher beim Schulsport. Sein Kopf glühte förmlich.

Es glich beinahe einer Fügung Gottes, als Carola abermals abbog. Sie wollte nicht weiter ins Zentrum, sondern radelte nach Nordosten, zur Oberen Straße. Mit schmerzenden Beinen und noch immer völlig außer Atem lief er wieder schneller. Er hoffte, dass sie nicht mehr lang unterwegs waren.

Auch dieser Wunsch erfüllte sich. Nur wenige Augenblicke später wurde sie langsamer und lehnte ihren Drahtesel gegen ein Mehrfamilienhaus mit beigefarbener Fassade. Wohnte sie jetzt dort? Oder wollte sie sich da mit jemandem treffen? In Gedanken ging er kurz ihre frühere Freundesliste durch, erinnerte sich jedoch an keinen, der dafür infrage kam.

Er beobachtete, wie sie im Treppenhaus eine zusammengerollte Zeitung aus einem Briefkastenschlitz zog und dann den Stufen aufwärts folgte. Das war ganz sicher nicht bloß ein Höflichkeitsbesuch.

Sandro zögerte nicht, zum Hauseingang zu schleichen. Den Namen Stölzel suchte er auf den Klingelschildern vergebens. Stattdessen brannte sich ihm der Name Swigulski ins Hirn.

Oh Gott!

Swigulski. So wie in »Autohaus Swigulski«. Sie besuchte ihren Chef. Wohnte vielleicht sogar hier. Ging mit ihm ins Bett.

Sandro schluckte hart. Er spürte, wie ihm das Blut in den Adern gefror.

Die Tür zum Treppenhaus riss er halb aus den Angeln. Stürmte aufwärts. Hörte zwei Stockwerke über sich zwei leise Stimmen. Eine davon klang vertraut. Hatte er zumindest bis vorhin gedacht.

Er traf oben ein, als die Tür ins Schloss zu fallen drohte. Sofort war er mit dem Schuh dazwischen. Stieß sie auf und betrat die Wohnung.

Seine Liebste stand im Flur und umarmte den anderen Typen. Ein weiterer Stich ins Herz. Dass der Kerl gar kein widerlicher alter Sack war, sondern ein Bursche im selben Alter wie sie, machte kaum einen Unterschied. Dann war es eben der Sohn von ihrem Chef. Na und?

Sandro hörte das Blut in seinen Ohren rauschen. Nur mühsam behielt er die Fassung. »Caro?«

Die Genannte fuhr herum.

»Wer sind Sie?«, fragte der Mann hinter ihr.

»Sandro!« Caro riss die Augen auf und wurde bleich. »Was suchst du denn hier?«

»Ist das dein Ex? Der Knacki?«

Sandro atmete tief durch. Er fixierte den anderen mit strengem Blick und sagte mit so ernster Stimme, dass keine Missverständnisse zurückblieben: »Halt du dich da raus. Ich will nur mit Caro reden.«

»Das kannst du verg…«

Carola brachte ihn mit einer Handbewegung zum Verstummen. »René, nicht. Ich kläre das. Gibst du uns ein paar Minuten?«

»Aber …«

»Bitte. Es ist alles in Ordnung.«

Einen Moment lang funkelten sich die Männer grimmig an. Sandro hätte dem Blick auf ewig standgehalten und genoss es, als der andere sich abwandte und ins Hinterzimmer verzog.

»Woher weißt du, dass ich hier bin?«, fragte sie.

»Ich bin dir gefolgt.« Er bereute die Antwort im selben Moment, als er sie ausgesprochen hatte. Es gab kaum eine Möglichkeit, wie man so was sagen konnte, ohne als Stelzbock rüberzukommen. Aber zumindest konnte er eine Erklärung hinterherschieben: »Von deiner Mutter weiß ich, dass du im Autohaus arbeitest. Ich wollte dort mit dir reden, aber du bist so schnell abgedampft, dass ich keine Gelegenheit dazu hatte. Was hätte ich sonst tun sollen?«

»Aha. Aber was suchst du in Hohnstein? Bitte sag mir nicht, dass du meinetwegen aus dem Gefängnis ausgebrochen bist!«

»Nun ja. Irgendwie schon. Ich bekam die Chance und habe sie genutzt. Weil ich wieder mit dir zusammen sein möchte. So wie früher. Erinnerst du dich noch, wie wir zwei …«

»Das ist Jahre her! Die Zeiten haben sich geändert. Wir haben uns verändert. Du hast gegen das Gesetz verstoßen. Die Polizei sucht dich. Wir können nicht zusammen sein, selbst wenn wir beide es wollten.«

»Ach, scheiß auf die Bullen. Wir können uns ein Auto schnappen und einfach abhauen. So wie in den Liebesliedern. Ich bin nur ein kleines Licht. In ein paar Wochen kräht kein Hahn mehr nach mir. Dann könnte es wieder so wie früher sein. Wir zwei. Für immer.«

»Bis du den nächsten Mist baust. Das steckt dir einfach

in den Knochen, Sandro. Wir sind hier in keinem Lied aus dem Radio. Das ist das wahre Leben. Und da gibt es keine gemeinsame Zukunft für uns. Hätte es wahrscheinlich nie gegeben.«

»Aber ...« Er wusste nicht, was er sagen sollte. All die tausendfach ausgemalten Träume verblassten wie zu lang in der Sonne hängende Farbbilder.

»Wir sind einfach zu verschieden«, fügte Carola hinzu und strich ihm zärtlich über den Handrücken. »Es würde nicht funktionieren.«

Es brach ihm das Herz.

Einen Moment war er den Tränen nahe. Keine einzige Prügelei im Knast oder auf der Straße hätte ihm dermaßen wehtun können wie diese Unterhaltung. Es fiel ihm schwer, den Tatsachen ins Auge zu sehen.

»Sieh es ein, Mann! Sie will nichts von dir!«, erklang es auf einmal von hinter ihnen. Ihr neuer Macker lehnte sich mit wütend machender Lässigkeit an den Türrahmen. »Sieh lieber zu, dass du die Biege machst. Ich habe den Notruf gewählt. Die Polizei ist gleich hier.«

Wie auf Kommando glaubte Sandro, in einiger Entfernung ein leises Sirenenheulen zu hören. Es schien schnell näher zu kommen.

Scheiße.

Carola wirbelte herum. »Bist du noch bei Trost, René? Was soll der Scheiß?«

»Aber ...«, begann auch der andere.

»Ich habe doch gesagt, ich kläre das. Ich kann meine Sachen allein regeln.«

Sandro hörte die Worte kaum. Er sah bloß das hämische Grinsen seines Nebenbuhlers. Und die abschätzige Art, mit der der Mistkerl ihn betrachtete.

Ohne zu zögern, stürzte sich Sandro auf ihn. Seine Faust traf dessen Kinn. Wie gut das tat. Gleichzeitig rammte er ihm das Knie in die Magenkuhle. René keuchte vor Schmerz, gab sich aber trotzdem nicht so leicht geschlagen.

Irgendwie schaffte es der Drecksack, sich nicht nur auf den Beinen zu halten, sondern auch noch mit seiner Rechten auszuholen. Sandro sah den Schlag kommen und duckte sich rechtzeitig.

Nicht so Carola, die dazwischengehen wollte. Sie traf der Hieb ihres Lovers direkt an der Unterlippe. Stöhnend taumelte sie rückwärts und hielt sich die Hände vor den Mund. Blut sickerte zwischen ihren Fingern hindurch. Ihr Blick war verstört und wütend zugleich.

Bei Sandro brannte die letzte Sicherung durch.

»Du schlägst sie nie wieder«, knurrte er wie ein Kampfhund auf dem Kinderspielplatz. Im selben Atemzug holt er aus und bohrte seine Faust so tief wie irgend möglich in Renés Magen. Dieser riss vor Schmerz jaulend die Augen auf. Ging erst auf die Knie und danach zu Boden.

Volltreffer auf ganzer Linie.

Gern hätte er ihm mit einem Knietritt noch mehr wehgetan. Aber das war nicht nötig. Der Waschlappen hatte längst genug.

»Ich liebe dich«, sagte Sandro an Carola gewandt. Trotz ihrer schnell anschwellenden Lippe war sie noch immer wunderschön. Sie schaute auf. Für eine Sekunde verlor er sich in ihrem Blick, in dem so viel Wärme und Vertrautheit lag, dass es schmerzte.

Ein letztes Mal strich er über ihre Wange. Dann stürmte er aus der Wohnung.

Auf der Straße schaute er sich hastig um. Keine Blaulichter in Sicht. Woher die Sirene kam, vermochte er nicht abzuschätzen, aber er wagte nicht, zum Friedhof und zum Abrisshaus zurückzukehren. Nicht mal auf Schleichwegen.

Instinktiv jagte er in nordwestlicher Richtung davon. Mit etwas Glück würde er es zum Polenztal schaffen. Auf den dortigen Wiesen und Wäldern hatte er als Kind öfters gespielt und wusste auf Anhieb mehr als ein halbes Dutzend Stellen, an denen er erst mal unterkriechen konnte.

Die Idee klang gut. Dennoch schaffte es Sandro nicht mal bis zum Promenadenweg. Wie aus dem Nichts bog auf einmal ein Streifenwagen in seine Richtung ein und schoss direkt auf ihn zu. Es war also doch der falsche Weg gewesen.

Das kann nicht wahr sein, fluchte Sandro innerlich und versuchte, durch einen der Vorgärten zu flüchten. Auch hier kam er nicht besonders weit. Von Richtung Innenstadt her kreuzte auf einmal eine weitere grüne Minna seinen Weg. Keine 20 Meter trennten sie voneinander. Zu allem Übel war der Beamte auf dem Beifahrersitz von der Marke Draufgänger und sprang aus dem Auto, kaum dass es zum Stehen gekommen war.

Verdammt! Warum ging auf einmal alles so entsetzlich schief?

Sandro wusste sich keinen anderen Rat, als querfeldein zu sprinten. Vorbei an den Vorgärten und Einfamilienhäusern, von denen sich manche seit seinem letzten Besuch vor vielen Jahren kein bisschen verändert zu haben schienen.

Es nützte nichts. Der Bulle hinter ihm holte stetig auf. Obendrein hatten sich weitere Polizisten seinem Beispiel angeschlossen.

Wie eine Meute bissiger Köter jagten sie hinter ihm her. Er durfte nicht stehen bleiben. Mehrmals schlug er einen Haken oder sprang über Zäune.

Trotzdem ließen sie sich nicht abschütteln.

Mehrere Handpaare versuchten, nach ihm zu schnappen. Einige Male vergeblich, aber schließlich bekamen sie ihn doch zu fassen. Zwei kraftvolle Pranken zerrten ihn herum und stießen ihn dann beiseite. Direkt auf einen massiven Obstbaum zu. Irgendwie gelang es ihm, sich mit den Händen an den Schultern herumzudrehen. Er schaffte es auf diesem Weg, dem Stamm auszuweichen. Der Bluthund hinter ihm krachte mit voller Wucht dagegen.

Sandro hörte etwas knacken und brechen.

Dann erwischte ihn von rechts ein D-Zug und riss ihn brutal zu Boden. Für einige Sekunden sah er Sterne und stöhnte vor Schmerz. Als er wieder zu sich kam, spürte er, wie sich etwas Kaltes um seine Gelenke auf dem Rücken legte, und hörte ein vertrautes mechanisches Klicken. Wieder einmal war Sandro Köhler ein Opfer der Umstände geworden.

Obwohl er schon bald seine alte Zelle im Gelben Elend zurückbekam, war es kein freudiges Wiedersehen. Sein Körper schmerzte von den Strapazen der zurückliegenden Flucht und stand in keinem Verhältnis zum Ausgang. Vor allem wenn er an den idiotischen Polizisten dachte, der während der Festnahme gegen den Baumstamm gekracht war und es geschafft hatte, sich dabei nicht nur die Nase, sondern auch mehrere Wangenknochen zu brechen. Einige Halswirbel hatte er sich ebenfalls verrenkt. Von der Gehirnerschütterung ganz zu schweigen.

Und wem wurde das Ganze wieder angekreidet? Sandro natürlich. Als wenn er etwas dafür könnte, dass der Typ zu blöd zum Laufen war.

Sein Pflichtverteidiger jedenfalls sah keine große Chance, dass die Angelegenheit als Unfall durchgehen würde. Stattdessen faselte er von Körperverletzung und Angriff auf einen Staatsbeamten und dass es Sandro weitere zwei bis fünf Jahre Gefängnis einbringen würde. Wenigstens war der Fluchtversuch selbst in Deutschland nicht strafbar.

Aber selbst wenn, wäre das alles nicht so schlimm. So wie Carola ihren Lover nach dessen Verrat angeschaut hatte, konnte sich Sandro nicht vorstellen, dass die beiden noch lange zusammenbleiben würden. Wer weiß, vielleicht waren sie sogar schon längst getrennt? Sicher würde es nicht mehr lang dauern, bis ihm Carola wieder schreiben würde. Möglicherweise befand sich ihr nächster Brief bereits auf dem Weg zu ihm.

Bis dahin würde er warten. Die Scycs würden ihm dabei helfen. In seinen Träumen malte er sich aus, wie er mit Stephan Michme auf der Bühne stand und sie gemeinsam »Next November« sangen. Auch wenn das Lied für Sandro inzwischen einen etwas melancholischen Unterton besaß.

REISETIPPS HOHNSTEIN

Der berühmteste Ort in Hohnstein ist zweifelsohne die um 1200 errichtete Burg, die im Laufe der Geschichte mehrfach zwischen sächsischen und böhmischen Besitzern wechselte und Zentrum mehrerer Kriege war. Im 19. Jahrhundert diente die Burg als Gefängnis und später als Jugendherberge. 1925 wurde sie sogar als schönste und (mit etwa 1.000 Schlafplätzen) größte Jugendherberge Deutschlands ausgezeichnet. Nicht zu vergessen, dass in den 1950er-Jahren ein Naturwissenschaftliches Nationalmuseum für Geologie, Botanik, Zoologie und Ökologie darin untergebracht war.

Mittlerweile wurde sie zum Naturfreundehaus und Jugendgästehaus umgewandelt. In der mittelalterlichen Burganlage können Sie den Aussichtsturm, den Burggarten inklusive Freilichtbühne, einen urigen Keller und ein Museum besuchen. Auf Anfrage sind auch Grillabende mit historischen Kostümen möglich.

Außerdem haben Sie die Gelegenheit, in der neu gestalteten Amtstube Ölgemälde verschiedener impressionistischer Künstler wie Daniele Colo, Ebba Holm oder Benjamin Wiles zu bewundern.

Übrigens findet jedes Jahr Ende Mai das Hohnsteiner Puppenspielfest statt, bei dem 20 Gruppen aus ganz Deutschland Vorstellungen für Jung und Alt geben. Gespielt wird aus einem breiten Spektrum von Geschichten über den berühmten Hohnsteiner Kasper und etlichen Märchen.

Besuchen können Sie die Aufführungen im Burgsaal, im Burghof, im Burggarten sowie im Puppenspielhaus.

Weitere Informationen dazu erhalten Sie unter www. hohnsteiner-puppenspielfest.de.

Lust auf ein wenig Abkühlung im Sommer? Wenn Sie aus Richtung Bad Schandau kommen, finden Sie am Ortseingang Hohnstein das Stadtbad Hohnstein. Bei dem modernen Edelstahlbecken steht der sportliche Aspekt des Bades im Vordergrund. Das 20 × 10 Meter große Becken (mit einer Beckentiefe von 1,80 Meter) ist für Schwimmer ideal.

Natürlich gibt es auch einen an dieses Becken angeschlossenen Kinderbereich mit Planschbecken und einer allseits beliebten Großrutsche. Geöffnet ist das Bad bei gutem Wetter von Mai bis September.

Von 1897 bis 1951 fuhr zwischen Hohnstein und Goßdorf-Kohlmühle die einzige 750-Millimeter-Schmalspurbahn der Sächsischen Schweiz. Nach ihrer Stilllegung blieb der Bahnverkehr buchstäblich auf der Strecke, bis 2006 wieder Gleise am Unterwegsbahnhof Lohsdorf neu verlegt wurden. Dafür verantwortlich ist der Verein Schwarzbachbahn e. V., der sich seit Mitte der 90er für die Geschichte dieser besonderen Bahn einsetzt. Der Vereinssitz wurde passend dazu im Bahnhof Lohsdorf eingerichtet, von wo aus Veranstaltungen und Besichtigungstouren geplant werden. Schauen Sie doch mal unter www.schwarzbachbahn.de vorbei, um zu erfahren, welche Festlichkeiten zwischen Mai und Oktober geplant werden.

Eine weitere interessante Adresse ist die Erlebniswelt »SteinReich« am Auffangparkplatz Bastei, wo Sie viel Spaß haben und in einem sagenhaften Museum mehr über Hintergründe zahlreicher Märchen, Sagen und Geschichten erfahren können. Wenn Sie zum Beispiel wissen möchten, wie die Zwerge in die Sächsisch-Böhmische Schweiz kamen, wer anstelle des Teufels die Lochmühle aufgebaut oder was Napoleon bei seinen Kriegsreisen durch die Region alles anrichtete, sind Sie hier genau an der richtigen Adresse.

Außerdem finden von dort aus Wanderungen zu verschiedenen Sagenorten wie »Der Wolkenschieber«, »Die Lochfärbe zu Sebnitz« und dem »Zwergenkrimi« statt.

Für das leibliche Wohl ist ebenfalls gesorgt. Lassen Sie sich im »SteinBeisser« in gemütlicher Atmosphäre an Omas Küchentisch verwöhnen. Während Sie auf die leckeren Speisen warten, können die lieben Kleinen am Maltisch, im Puppentheater und in der Bibliothek nach Ablenkung suchen. In der kalten Jahreszeit lohnt sich ein Besuch allein wegen der schönen Kaminöfen und der heißen Bio-Schokolade.

Die sagenhafte Homepage finden Sie unter: www.steinreich-sachsen.de.

Eine gute Idee ist es, mit einem Boot zur Oberen Schleuse im Kirnitzschtal zu fahren. An der dortigen Sperrmauer können Sie die Kirnitzschklamm unter die Lupe nehmen und mit etwas Fantasie Tierformen in der erodierten Felslandschaft erkennen. Das Kirnitzschtal steht seit 1961 unter Naturschutz und bietet ein einzigartiges Wandervergnügen.

Zum Beispiel zum Lichtenhainer Wasserfall, wo ein aufziehbares Werk eingebaut wurde, um so den sonst nur vor sich hin tröpfelnden Bach in einen reißenden Wasserfall zu verwandeln.

Nicht weit davon entfernt liegt der »Kuhstall«, das nach dem Prebischtor zweitgrößte Felsentor im Elbsandsteingebirge. Sie finden es auf dem Neuen Wildenstein, einem 337 Meter hohen, im 15. Jahrhundert von der Burg Wildenstein beherrschten Felsen. Bereits im frühen 19. Jahrhundert zählte der »Kuhstall« zu den Hauptattraktionen der Region und lockte zahllose Besucher an, die den dortigen Ausblick genießen und die schmale »Himmelsleiter« hinaufklettern wollten.

Im mehrmals ausgezeichneten Ort Hinterhermsdorf können Sie die »Waldarbeiterstube« besuchen, eine liebevolle Aufarbeitung des Lebens einer dörflichen Waldarbeiterfamilie um 1900. Zudem haben Sie Gelegenheit, eine Wanderung zum Aussichtsturm oder in das nahe gelegene Waldgebiet zu unternehmen.

Historienfreunde sollten in Ulbersdorf vorbeischauen, wo es eine im 17. Jahrhundert errichtete Dorfkirche und auf dem Schneckenberg eine frühdeutsche Wasserburg zu besuchen gibt. Erhalten geblieben ist außerdem das Schloss des ehemaligen Rittergutes aus dem 16. Jahrhundert mit Umbauten im 18. und 19. Jahrhunderts.

Der Ort ist ein guter Ausgangspunkt für Wanderungen und Fahrten mit der »Sächsischen Semmeringbahn«, die über zahlreiche Brücken und durch sieben Tunnel führt.

Apropos Wanderungen: Der staatlich anerkannte Erholungsort Rathewalde und seine Ortsteile Hohburkersdorf und Zeschnig grenzt direkt an den Nationalpark Sächsische Schweiz und bietet vom Hohburkersdorfer Rundblick ein unvergessliches Panorama über die Sächsische Schweiz. Bei gutem Wetter können Sie bis zum Osterzgebirge und dem böhmischen Mittelgebirge blicken.

Eine fabelhafte Aussicht erhalten Sie auch auf dem drei Kilometer südlich von Hohnstein befindlichen und 177 Meter über dem Polenztal gelegenen Brand Felsplateau. Schon 1801 erwähnte Carl Heinrich Nicolai diese bemerkenswerte Steinebene in seinen Aufzeichnungen: »Nicht gar so weit von hier ist ein Ort, der Brand heißt; da muss der Weg nun hingehen. Das ist wieder so eine Felsspitze am Rande eines Tief Tales. Ihren Namen soll sie daher haben, dass man verschiedene Male die Heide auf derselben brennend gefunden hat.« Der Brand ist außerdem Namensgeber des Klettergebietes Brand, das rund 80 Felsen zwischen Hohnstein und Kohlmühle umfasst.

Metas Extratipp: Wenn Sie im landschaftlich reizvollen Polenztal speisen und nächtigen möchten, sei Ihnen das Wohlfühlhotel Russigmühle ans Herz gelegt. In dieser familiengeführten Gaststube mit Pension und Biergarten können Sie die Seele baumeln lassen und die regionale Küche genießen. Besonders schön ist es im Frühling, wenn die ersten Knospen sprießen und auf den Wiesen entlang der Polenz unzählige Buschwindröschen blühen. Ein Naturschauspiel, das Sie sich nicht entgehen lassen sollten. Zimmer buchen und nach weiteren Informationen fragen können Sie unter der Telefonnummer 03 59 75 / 8 16 95.

VON HOHNSTEIN NACH STOLPEN

»Hach.« Meta konnte nichts sagen außer »Hach.« Tief im Inneren war sie eben auch nur ein Mädchen, das romantische Geschichten mochte. Selbst wenn es darin um Schwerverbrecher ging. Deshalb war sie auch völlig hingerissen vom tragisch-schönen Leben der Gräfin Cosel. Kurt hatte große Mühe gehabt, Meta auf die anderen Sehenswürdigkeiten aufmerksam zu machen, als diese nach dem Abstecher in die Berge in Stolpen erst einmal die Sonderausstellung zum Leben der einstigen Königsgeliebten und späteren Gefangenen im Turm entdeckt hatte. Aber Meta konnte nicht anders, als sich in den gezeigten Gewändern und Preziosen zu verlieren, und ja, sie gab es auch gegenüber Kurt zu: Jedes Jahr zu Weihnachten schmachtete sie vom Sofa aus mit einem heißen Tee oder Glas Rotwein und einer großen Packung Taschentücher die Sissi an.

»Du amüsierst dich scheinbar königlich«, lachte Kurt.

»Fehlt nur noch der Prinz mit dem weißen Pferd«, schäkerte Meta zurück. Und fragte sich im selben Moment, ob sie da gerade einen Flirt anfing. Warum eigentlich nicht? Kurt war attraktiv, ein begnadeter Erzähler obendrein, und außerdem konnte sie sich sehr gut vorstellen, ein zweites oder drittes Mal in die Sächsische Schweiz zu reisen. Schließlich gab es hier so viele Ecken, die fotografiert werden konnten.

Auf dem Weg zum Wagen sagte Meta noch mehrmals »Hach«. Kurt lächelte still in sich hinein und beschloss, ganz unten in seiner Gedächtniskiste zu kramen. Wo er tatsächlich fündig wurde.

»Die Leute erzählen sich hier ja allerhand über die Cosel«, begann er, als er den Wagen wieder auf die Straße lenkte. Meta nutzte die Zeit im Auto, um den Akku der Kamera auszutauschen. Die Fahrt durch das Polenztal und am Goldflüsschen entlang bekam sie allerdings nur am Rande mit. Ebenso, dass langsam die Dämmerung einsetzte. Denn was Kurt aus den Archiven erzählte, war fesselnder als die Tatsache, dass sie auch ein Stück über die Alte Napoleonstraße zurücklegten. Meta nahm sich fest vor, demnächst eine Biografie der Cosel zu lesen. Einstweilen aber bangte sie mit einem Hirtenjungen, der nicht nur mit Schafen zu tun gehabt hatte.

STOLPEN, 1718

Jörgen Fischer kletterte auf den Baumstumpf und ließ
den Blick schweifen. Hinter ihm lag der Wald, vor ihm
erstreckte sich die hügelige Landschaft rund um Stolpen.
Seine Schafe weideten mit zufriedenem »Mäh« das saf-
tige Maigras. Die Augen des Hirten aber blieben nicht bei
seiner Herde, in der heuer ein Dutzend Lämmer geboren
waren. Sein Blick klebte förmlich an der Burg, die über
Stolpen thronte. Jörgen kniff die Augen zusammen und
fixierte den Johannisturm.

Da war sie.

Sie.

Nicht, dass er sie sehen konnte. Dass er sie jemals zu
Gesicht bekommen hätte. Die Reichsgräfin Cosel interessierte sich nicht für einen Hirtenjungen von gerademal
18 Lenzen. Und doch wusste Jörgen tief in seinem Herzen, dass Anna Constantia von Brockdorff sein Schicksal
war, seit er zum ersten Mal einen Blick auf ein Porträt der
königlichen Mätresse werfen durfte. Das war nun gute
fünf Sommer her, damals war ein Reisender aus Dresden
durch Stolpen gekommen und hatte am Bauernhof seiner
Eltern Rast gemacht, um sein Ross zu tränken. Der Mann
hatte sich auf die Bank unter dem Apfelbaum gesetzt und
in einer Zeitung gelesen.

Jörgen konnte nicht lesen. Aber er konnte sehen.
Und was er da als feine Zeichnung auf der Titelseite sah,
sprengte das Herz des Knaben beinahe: die schönsten
Augen. Das feinste Gesicht. Das herrlichste Lächeln. Jör-

gen verliebte sich auf der Stelle und brachte mit den Jahren so allerhand über die Schöne in Erfahrung. Wann immer Reisende rasteten, spitzte er die Ohren und erfuhr so, dass die königliche Geliebte einen Gatten hatte. Finanzminister von Hoym. Dass die Ehe aber sozusagen torpediert wurde vom Begehren des Königs. Und dass aus der kleinen Anna eine echte Gräfin wurde.

Anna. Seine Anna.

Nun war sie hier, eingekerkert in Stolpen. Seit zwei Jahren. Verstoßen vom König, der die Schöne einst zur Gemahlin nehmen wollte. Anna. So nah. So fern.

Jörgen kniff die Augen zusammen. Mit aller Kraft versuchte er, die Steine der Burg zum Bersten zu bringen. Was albern war, natürlich, und dennoch musste es doch einen Weg geben, die schönste Frau auf Gottes Erdboden zu befreien. Wie konnte es angehen, fragte sich der Hirte, dass eine zweifellos kluge Dame ihr Dasein in der zugigen Burg fristen musste? Gewiss, man hörte im Ort so manches Gemunkel über die Pracht und den Luxus der Gemächer. Doch was nutzte all das Gold und Geschmeide, wenn niemals ein Sonnenstrahl das herrliche Antlitz der Cosel traf? Jörgen wollte ihre Sonne sein und ihr Mond, ihre Sterne und …

»… träumt schon wieder vor sich hin, nichtsnutziger Bengel!«, unterbrachen ihn die Schreie des Vaters in seinen Plänen.

»Ich träume nicht«, erwiderte Jörgen. »Ich habe Ausschau gehalten.«

»Alle Schafe sind da, den Hunden sei Dank«, wetterte der Vater. »Die haben mehr zwischen den Ohren als du.« Er gab seinem Sohn einen Schubs gegen die Schulter und ließ das Bündel fallen, welches die Mutter geschnürt hatte.

Jörgen wusste, was darin lag: Ein Kanten Brot, ein Stück Käse und ein hart gekochtes Ei. Wie jeden Tag. Doch er beklagte sich nie, hatten andere doch weniger zu beißen als die Fischers, die mit der kleinen Landwirtschaft immerhin die eigenen Mägen und mit dem Überlassen von Gästezimmern an Durchreisende die Geldbörse füllen konnten. Ja, er würde Anna ernähren können. Daran sollte es nicht scheitern.

Nachdem sich der Vater brummend Richtung Feld verabschiedet hatte, sank Jörgen ins weiche Gras. Schloss die Augen und genoss die warme Sonne auf seinem Gesicht. Ein sanfter Wind kam auf, und er stellte sich vor, dass es Annas Finger wären, welche ihm liebevoll über die Wangen strichen. Die Schafe um ihn herum wurden genauso träge wie er. Manch eines legte sich zu Boden. Nur die Lämmer sprangen umher, riefen nach ihren Müttern und lullten den Hirten mit ihren Rufen in den Schlaf.

Jörgen träumte. Denselben Traum wie fast immer. Anna. Er. Eine weiche Bettstatt aus einem Dutzend weicher Lammfelle. Er. Anna. Als er vom aufgeregten Kläffen des Hundes geweckt wurde, rappelte er sich voller Bedauern auf. Blickte zur Burg Stolpen und dann zum Feld, wo der Vater die Ochsen vor dem Pflug mit lauten Schreien antrieb.

Die Sonne stand schon tief, als er die Herde ins Gatter getrieben hatte und endlich, endlich in seiner Kammer verschwinden konnte. Bis zum Abendbrot wäre er ungestört. Und so zog Jörgen die kleine Kiste unter dem Bettzeug hervor, strich mit der flachen Hand über das gewachste Holz und öffnete langsam, fast bedächtig, den Deckel. Sein Herz schlug schneller, als er auf die Gegenstände blickte. Sie sollten der Grundstein für

Annas, für ihr gemeinsames Glück sein. Wie stets, wenn er seine Schätze betrachtete, meldete sich der Hauch eines schlechten Gewissens. Denn, nahm man es genau, gehörte ihm kein einziges Ding davon. Nicht einmal die Kiste. Alles hatte einst einen anderen Besitzer gehabt. Einen Kaufmann, einen Schulmeister. Einen Pastor vielleicht, die nahe Stolpen ein Nachtlager bezogen hatten.

Nein, Jörgen sah sich nicht als Dieb. Er hatte sich nur geborgt, was er brauchte. Was Anna brauchte. Sie sollte Königin sein. Seine Königin.

Auf den ersten Blick besaß keines der Dinge großen Wert. Nicht einmal das Kästchen, selbst wenn der Deckel von ausgebrochenen Intarsien geziert wurde. Jörgen hatte sorgsam darauf geachtet, den Reisenden keine Goldtaler, Schmuck oder ähnlich Wertvolles zu stibitzen. Einen Tabakbeutel mochte man verlieren. Einen Kamm aus Elfenbein verlegen. Und wegen eines weißen Spitzentuches würde niemand zurück auf den Hof kehren. Und so fanden sich in Jörgens Schatztruhe neben besagtem Tabakbeutel, einem Kamm und einem Taschentuch eine hölzerne Spange, ein einzelner gelblicher Herrenstrumpf und ein Obstmesser. Dieses gefiel ihm besonders: Die silberne Klinge glänzte, wenn er sie gegen den Schein der Funzel hielt. Der Griff war aus Horn gearbeitet und lag angenehm kühl und glatt in seinen Händen. So manches Mal schon hatte er mit diesem Messer einen prallen roten Apfel geschält. Ihn in Stücke zerteilt und diese Bissen für Bissen Anna gegeben. Seiner Anna.

Als im Hof Hufgetrappel laut wurde, stopfte Jörgen das Kästchen eilig zurück unter sein mit Stroh gefülltes Kissen. Dann trat er an das kleine Fenster seiner Kammer im oberen Stock des Hauses und sah hinaus. Ein

Reisender bugsierte eben seinen verschwitzten braunen Gaul zum Trog. Das Tier soff gierig, während der Mann seinen staubigen Umhang von den Schultern gleiten ließ. Darunter kam die Kleidung eines Priesters zum Vorschein.

»Oh nein«, stöhnte Jörgen leise. Priester wurden für gewöhnlich an den Tisch der Familie geladen, wenn sie auf dem Hof um ein Nachtlager baten. Nicht nur, dass der Vater dann keinen Heller für Kost und Logis verlangte – nein: Stundenlang musste Jörgen sich das predigthafte Gespräch zwischen dem Gast und seinem Vater anhören. Der nämlich war der Meinung, dass ein Mann Gottes Segen in ein Haus brächte. Und dass ein wenig zusätzliches Gebet dem Seelenheil der gesamten Familie diene. Jörgen dagegen lechzte nach durchreisenden Händlern, nach Handwerkern, die vom Leben in Dresden erzählten. Von ihren Abenteuern, manches Mal von fernen Ländern. Seufzend wandte sich der Junge vom Fenster ab und machte sich auf den Weg in die Stube.

Und richtig: Der Vater und der Gast saßen bereits am Tisch. Die Mutter trug eben die dampfende Schüssel mit Bohnensuppe auf, in der viele fette Stücke Schweinebauch schwammen. Sie selbst und die jüngeren Kinder würden in der Küche speisen. Wie immer, wenn ein Gast in der Stube und nicht im Gastraum bewirtet wurde.

»Willkommen, willkommen«, wuselte der Vater um den Priester herum und bot ihm den schönsten Stuhl an. Der Mann nickte und wandte sich Jörgen zu.

»Mein Sohn Jörgen«, erklärte der Vater und Jörgen meinte, eine Spur Bedauern in dessen Stimme zu hören. Ja, er war nicht Hannes, der ältere Bruder, der Kluge, Starke. Der vor drei Jahren wie auch zwei der Mädchen der Grippe zum Opfer gefallen war.

Der Geistliche schien das nicht zu bemerken, wandte sich Jörgen zu und streckte ihm die Hand hin. Der Junge schlug ein und schauderte: Die Hand war kalt und schweißig, der Händedruck schlaff, schlangenartig. Er sah den Mann an, der kaum älter sein konnte als er selbst. Hageres Gesicht, blasse Haut, eine viel zu lange Nase und ein spitzes Kinn, an dem rotblonde Bartstoppeln wucherten. An der Stirn begann das rote Haar des Pfarrers sich bereits zu lichten, und so wurde die Aufmerksamkeit des Betrachters unweigerlich auf die wässrigen grauen Augen gelenkt.

»Sebastian zu Wilmsdorff«, stellte der Priester sich vor.

»Der Herr kommt aus Dresden«, stellte der Vater klar und setzte sich. Jörgen und Wilmsdorff taten es ihm nach.

»Ich bin auf dem Weg nach Sebnitz«, erklärte Wilmsdorff, als ob Jörgen das interessiert hätte. Die Stimme des Pfarrers stand im Gegensatz zu dessen Äußerem: warm, fast singend. Auf Bitten des Vaters sprach er dann auch das Tischgebet. Ein sehr kurzes, wie Jörgen bemerkte. Und das »Amen« klang beinahe gehetzt. Nun, vielleicht hatte der Gottesmann einfach nur Hunger? Jörgens eigener Magen knurrte leise.

Während der Vater dem Gast großzügig von der heißen Suppe auftat und ihm aus dem tönernen Krug Bier einschenkte, erzählte Wilmsdorff in knappen Worten, was ihn nach Stolpen geführt hatte. Zum einen die Reiseroute, zum anderen ein zusätzlicher Auftrag des Bischofs. Über den er natürlich nicht weiter sprechen dürfe, der ihn aber am kommenden Morgen in aller Herrgottsfrühe auch kurz zur Burg führen sollte. Weswegen er, Wilmsdorff, auch nicht allzu lange die abendliche Gastfreundschaft strapazieren wolle.

Jörgen horchte auf, als er das Wort »Burg« vernahm. Nervös kaute er auf einem knorpeligen Stück Fleisch und starrte in seine Schüssel. Er wollte und konnte sich auf keinen Fall etwas anmerken lassen und hoffte inständig, sein laut schlagendes Herz wäre wirklich nur in seiner Brust zu hören.

»Seid ganz beruhigt«, sagte der Vater. »Mein Weib wird euch zum Morgengrauen eine Hafersuppe bereiten. Und gerne etwas Wegzehr.«

Wilmsdorff dankte. Ließ sich eine zweite und noch eine dritte Portion schöpfen. Trank vier Humpen Gerstensaft und lehnte sich schließlich schmatzend zurück. Die fast bohrenden Fragen des Vaters nach Wilmsdorffs Auslegung des Evangeliums, nach seiner Ansicht über das fünfte Gebot oder anderem biblischen Gewäsch (wie Jörgen es insgeheim nannte), beantwortete der Priester in knappen Sätzen. Viel mehr als ein Ja, Nein oder ein Hmmh kam dabei nicht zwischen den vor Schweinefett glänzenden Lippen hervor. Schließlich pulte der Geistliche ein faseriges Stück Fleisch mit den Fingern zwischen seinen Zähnen hervor, rülpste laut und gähnte herzhaft.

»Fühlen Sie sich wie zu Hause«, schoss es aus Jörgen hervor.

Der Vater bedachte ihn mit einem strengen Blick, doch Wilmsdorff schien das nicht zu bemerken. Er stand auf, bedankte sich für die Gastfreundschaft und ging in die Gästekammer.

»Ein stiller Mensch«, beschied der Vater und erhob sich ebenfalls. Jörgen zuckte nur mit den Schultern. Ihm kam der Mann merkwürdig vor, ohne dass er sagen genau könnte, wieso. Irgendetwas schien mit dem Reisenden nicht zu stimmen, und als er schließlich im Bett lag, fiel ihm auf, was das sein könnte. Wieso war das Pferd so verschwitzt gewesen? Ein Priester in Eile – das war ihm noch nie untergekommen. Und wieso hatte das Tischgebet so holprig geklungen? Warum die Antworten auf Vaters Fragen so knapp? Jörgen merkte, wie seine Hände zu kribbeln begannen. Er wälzte sich unruhig im Bett hin und her. Fand keinen Schlaf. Trank einen Schluck Wasser. Deckte sich erneut zu. Sah dem Mond nach, der seine stille Bahn als halbe Sichel am Himmel zog. Und schlüpfte schließlich in seine Pantoffeln und schlich die Stiege hinab.

Im Haus war es so still, dass Jörgen meinte, sein Atem würde laut schallen. Unten angekommen, blieb er stehen und lauschte. Nichts war zu hören, außer einem leisen Scharren, das aus der Kammer des Priesters drang. Er hielt die Luft an. Schlich näher. Unter der Tür kroch ein gelblicher Lichtschein auf die Dielen. Wilmsdorff war also noch wach. Jörgen presste das Ohr an die Tür. Das Scharren klang, als würde eine Feder über Papier wandern, unterbrochen vom leisen Klopfen, wenn der Kiel am Tintenfass anschlug. Jörgen nahm all seinen Mut – oder war es Dummheit? – zusammen und riss einem Impuls, den er selbst nicht erklären konnte, folgend die Tür auf. Hinterher konnte er auch nicht mehr sagen, was ihn geritten hatte. In diesem Moment aber schien es ihm das einzig Richtige und sein Körper tat, was sein Gehirn nicht einmal dachte.

Der Priester stieß einen erschrockenen Schrei aus und sprang vom kleinen Tisch auf. Der Hocker knarzte auf den Dielen.

»Was willst du hier?« Wilmsdorffs schütteres Haar stand wirr vom Kopf ab, an seiner rechten Wange war ein blauer Tintenfleck. Vor ihm auf dem Tisch stand tatsächlich ein Tintenfass, daneben ein Stapel eng beschriebenes Papier.

»Anna.« Mehr brachte Jörgen nicht hervor. War es, weil der Name ohnehin stets in seinem Kopf war? Oder war es eine Ahnung, die Ahnung eines liebenden Herzens?

»Was?« Kopfschüttelnd steckte Wilmsdorff die Feder ins Fässchen zurück.

»Sie schlafen noch nicht«, stellte Jörgen fest und schloss die Tür hinter sich. Die beiden Männer standen sich nun gegenüber, nur der Tisch trennte sie.

»Du auch nicht«, konterte Wilmsdorff und schob die Papiere hastig in eine lederne Mappe.

»Ich kann sowieso nicht lesen«, rutschte es Jörgen raus. Was nur brachte ihn dazu, sich derart zu öffnen? An Wilmsdorffs sympathischer Gestalt konnte es nicht liegen, denn er war keine. Im Gegenteil. Aber er war einer, und das spürte Jörgen, der ihm ähnlich war, auf gewisse Weise. Die Bildung war es nicht, auch nicht das Äußere. Aber selbst der Priester war getrieben – was, wenn er ebenfalls der schönen Gräfin Cosel verfallen war, was, wenn er ihm, Jörgen, zuvorkäme?

»Was wollen Sie von Anna?« Jörgen verschränkte die Arme vor der Brust und sah den Gast kampfeslustig an.

»Was faselst du, Junge? Welche Anna?« Wilmsdorff klang schroff. Und wich einen Schritt zurück, als Jörgen um den Tisch herum kam.

»Meine Anna.«

»Ich kenne keine Anna, Herrgott!« Speichel spie aus dem Mund des Mannes und traf Jörgen wie ein Faustschlag ins Gesicht. Dann war da nur noch das Obstmesser, das er aus der Tasche zog. Und die weit aufgerissenen wässrigen Augen, deren Blick ins ewige Nichts glitt, als das Messer die unrasierte Kehle wie ein Stück Butter durchschnitt.

Jörgen sah zu, wie Wilmsdorff zu Boden sank. Trat einen Schritt zurück. Und tat das Folgende wie in einem Traum: Er warf Kleidungsstücke des Geistlichen auf die quellende Wunde, damit kein Blut auf den Boden tropfte, schulterte den Leichnam und schlich mit seiner Last zum Stall. Dort band er den Toten auf dessen Ross, hastete zurück in die Gästekammer, riss alles an Gepäck und Papieren an sich, stopfte es in die Reisetasche und sorgte dafür, dass der Priester bis zum Morgengrauen in den Wäldern Richtung Dresden verschwunden war. Als er nach der gründlichen Zimmerreinigung am Küchentisch saß und seinen Haferbrei löffelte, stimmte er scheinbar verwundert zu, dass es schon merkwürdig sei, dass der Gast so früh aufgebrochen sei. Immerhin, so der Vater, sei er ja kein Zechpreller. Jörgen nickte innerlich. Ja, Wilmsdorff hatte die Zeche bezahlt.

Zunächst versuchte er, sich auf sein Tagewerk zu konzentrieren. Zu tun gab es auf dem Gutshof stets eine Menge – obwohl Jörgen laut Ansicht seines Vaters nie auch nur die Hälfte der anfallenden Arbeiten bemerkte. Mehrmals hatte er ihn deswegen buchstäblich schon mit der Nase darauf gestoßen.

Doch das war Jörgen egal. Vor allem heute. Während er die Ställe ausmistete, dachte er an heute Nacht zurück. Er bedauerte es, den Priester einfach so auf seinem Pferd losreiten gelassen zu haben. Besser wäre es gewesen, den Leichnam irgendwo im Wald zu verstecken. Auf diese Weise würden vielleicht Wochen oder Monate vergehen, bevor er gefunden wurde. Sofern die Wildtiere bis dahin überhaupt noch etwas übriggelassen hätten.

Außerdem hätte sich so die Möglichkeit ergeben, statt des Priesters zur Burg zu reisen und sich dort als dieser auszugeben. Vielleicht wusste ja niemand, wie der Geistliche ausgesehen hatte.

Das Ganze wurmte ihn dermaßen, dass er sich noch in der Mittagsstunde auf seinen eigenen Klepper schwang und in die gleiche Richtung ritt, in die der Priestergaul aufgebrochen war. Mehrere Stunden suchte er den Wald und die umliegenden Felder ab, fand aber nicht die geringste Spur von Pferd oder Reiter.

Es wäre wohl auch zu einfach gewesen.

Er tröstete sich mit dem Gedanken, dass es ihm wahrscheinlich eh zu heikel gewesen wäre, in den Priestergewändern zur Burg zu reiten. Mit Betrügern ging man hierzulande schließlich nicht besonders zimperlich um.

Deshalb ermahnte er sich, in Zukunft deutlich umsichtiger vorzugehen. Was auch immer noch kommen würde.

Als sich zwei Tage darauf am Vormittag ein einsamer Reiter dem Gutshof näherte, ahnte Jörgen schon vor der Ankunft dessen Gewehr. Und wirklich: Gleich darauf stellte sich der Mann als Wendelin Deibert von der Stolpener Burgwache vor und berichtete mit stoischer Miene, dass die Leiche des Priesters einige Kilometer von hier gefunden wurde.

Dem Vater fiel vor Schreck die Kinnlade hinab. Auch Jörgen tat möglichst überrascht und hielt sich die Hand vor den Mund, um das dünne Lächeln zu kaschieren, das sich hartnäckig in seinem Gesicht zu halten versuchte.

Der Fremde nickte nur leicht. »Ich bin von Gräfin Cosel höchstpersönlich beauftragt worden, die Hintergründe der abscheulichen Tat aufzuklären. Auf der Burg hatte man den Priester dringend erwartet.«

Bei der Erwähnung von Annas Namen verkrampften sich sämtliche von Jörgens Muskeln. Dieser grobschlächtige Bursche mit den ungekämmten schwarzen Haaren und dem stechenden Blick kannte nicht nur die Gräfin, nein, sie selbst hatte ihn mit dieser besonderen Aufgabe betraut. Sofort betrachtete er den Mann mit völlig anderen Augen.

Auch der Vater wirkte sichtlich beeindruckt. Was der Fremde zu genießen schien. »Ich bin deswegen schon eine Weile auf der Suche«, fuhr er fort. »Unterwegs sagte man mir, dass der Priester auf dem Weg in diese Richtung gewesen wäre und man ihm Euer Landgut als Übernachtungsmöglichkeit vorgeschlagen hatte.«

Jörgen lachte innerlich. Den Hof des Vaters konnte man kaum als Landgut bezeichnen, wohl aber fühlte sein alter Herr sich von dieser Wortwahl geschmeichelt.

Der Vater nickte. »Das ist richtig. Vor drei Tagen traf Herr zu Wilmsdorff mit seinem Pferd hier ein, wurde von uns bewirtet und mit einem Quartier für die Nacht versorgt. Allerdings sagte er bereits bei seiner Ankunft, dass er in den frühen Morgenstunden dringend weiterreiten müsste. Am nächsten Tag war er bereits aufgebrochen, bevor meine Frau ihm ein Frühstücksmahl zubereiten konnte. Sein Auftrag scheint sehr wichtig gewesen zu sein.«

»Das war er in der Tat. Wäre es möglich, die Gästekammer zu sehen, in der er genächtigt hat?«

»Selbstverständlich.« Der Vater führte die Burgwacht ins Haus und zeigte dem Mann bereitwillig die kleine Kammer. Jörgen spürte, wie er mit jeder Sekunde nervöser wurde. Was, wenn er im Zimmer nicht sämtliche Spuren beseitigt hatte? Schon der kleinste Blutfleck könnte ihn und seine ganze Familie in Teufels Küche bringen. Mit vor Nervosität zitternden Beinen folgte er und beobachtete, wie Deibert das Gastzimmer musterte, kurz unter das Bett sowie den schmalen Holztisch schaute und sich dann uninteressiert abwandte. »Hier ist nichts. Hatte der Priester am Abend noch etwas erwähnt? Irgendwas, das Euch vielleicht merkwürdig vorkam.«

Der Vater schüttelte den Kopf. »Nichts dergleichen. Er war recht verschlossen. Meinte, er dürfte über seinen Auftrag nichts verraten.«

»Er wirkte irgendwie gehetzt«, schob Jörgen hinterher. »So als müsste er sich beeilen. Bei seiner Ankunft war auch sein Pferd völlig außer Puste. Vermutlich ist er am Morgen in Richtung des Waldes aufgebrochen. Kommen Sie, ich zeige es Ihnen.«

»Warum begleitest du den Herrn nicht ein Stück?«, schlug der Vater vor.

Irritiert fuhr Jörgen herum. Er suchte nach den Anzeichen eines Scherzes, aber sein Vater verzog keine Miene. »Es scheint eine Angelegenheit von hoher Dringlichkeit zu sein. Da kann Herr Deibert sicherlich jede Hilfe gebrauchen. Ich werde hier leider gebraucht.«

»Aber sicher«, stimmte der Genannte sofort zu. »Eine hervorragende Idee.«

Kurz wog Jörgen die Möglichkeiten ab. Konnten ihm die Nachforschungen der Burgwache irgendwie gefährlich werden? Zumindest im Wald würde der Mann jedenfalls nichts finden. Diese Zuversicht lockte sein Lächeln zurück. »Warten Sie nur einen Moment. Ich hole mein Pferd. Dann können wir losreiten.«

Jörgen verließ den Hof mit sehr gemischten Gefühlen. Sein Blick wechselte ständig zwischen Wendelin Deibert und den blühenden Wiesen und Feldern um sie herum hin und her. Als er dann noch im Süden die Burg Stolpen aufragen sah, konnte er nicht anders, als den Wächter auf jenen markanten Ort anzusprechen. Schließlich war Deibert der erste Mensch, den er traf, welcher Anna wohl persönlich kannte. Jörgens Herz trabte schneller als sein Roß.

Deibert legte für einen Moment die Stirn in Falten. »Ich weiß nicht, was du dir unter einer Burg vorstellst, aber Orte wie dieser wurden nicht gebaut, um schön zu sein, sondern um Schutz vor Angriffen zu bieten. Deshalb gibt es auch mehrere Innenhöfe, Türme und Wälle. Und auf den Burghöfen stinkt es meistens nach Pulver und dem Dreck der Tiere. Nicht zu vergessen: die Laute. Ständig blökt ein Schaf, bellt ein Hund oder irgendwelche Fuhrwerke rattern. Gelegentlich vernimmt man auch die Schreie aus der Folterkammer.«

Eigentlich lag Jörgen etwas anderes mehr auf dem Herzen. Was scherten ihn derartige Einzelheiten? Aber er hatte nicht gleich mit der Tür ins Haus fallen wollen. »Das klingt nicht wie der bevorzugte Ort für eine Dame«, wagte er nun einen zaghaften Versuch.

Deibert grunzte verächtlich. »Ihr Domizil hat sich die Gräfin nicht selbst ausgesucht. Ich weiß nichts Genaueres darüber, wie sie es sich mit August dem Starken verscherzt hat, aber der Kurfürst war unmissverständlich, was ihre Unterbringung und ihre Privilegien betrifft. Selbst auf dem Burggelände darf sie sich nur unter Aufsicht bewegen.«

»Das klingt, als wäre sie höchstgefährlich. Wie ein Feind des Königshauses.«

»Einen solchen Begriff hat er auch einmal gebraucht. Dabei macht sie gar keinen solchen Eindruck. Für ihre 38 Jahre sieht sie auch wirklich noch immer ziemlich betörend aus, wenn ich das mal so sagen darf.«

Ein weiteres Mal verkrampften sich sämtliche von Jörgens Muskeln. Wie konnte dieser Rohling es wagen, von ihr wie von einer gewöhnlichen Dirne zu sprechen? Anna war eine Gräfin. In Jörgens Augen sogar eine Königin, wenn nicht gar Göttin. Nur mühsam schluckte er seine Verärgerung hinunter.

»Haben Sie oft mit ihr zu tun?«

»Oft wäre übertrieben. Ich habe meine Aufgaben und Bereiche, sie die ihren. Aber gelegentlich sieht man sich. Auch die größte Burg ist in mancher Hinsicht sehr klein.«

Mit dem Erreichen des Waldes verebbte ihre Unterhaltung. Deibert schien nur noch Augen für die Bäume und Sträucher zu haben. Jeden Zoll des Wegesrandes nahm er genauestens unter die Lupe.

»Hier muss er entlanggekommen sein. Es ist der direkte Weg zur Burg.«

Jörgen wusste nicht, ob das gut oder schlecht war, und hielt sich mit Kommentaren zurück. Schließlich erreichten sie eine Kreuzung mit Abzweigen in alle Himmelsrichtungen. Der Angehörige der Burgwache brachte sein Pferd zum Stehen und schaute sich mit zusammengekniffenen Augen um. Nach einigen Sekunden kratzte er sich nachdenklich am Kinn. »Hier hätte der Priester normalerweise abbiegen müssen, um nach Stolpen zu gelangen. Seltsamerweise ist er jedoch geradeaus weitergeritten, bis man ihn auf dem Weg in Richtung Bischofswerda gefunden hat.«

Deibert stieg ab und suchte den Boden nach Hinweisen ab. Eine Stelle im Unterholz besah er sich genauer und schüttelte den Kopf. »Irgendwie passt das alles nicht zusammen. Entweder zu Wilmsdorff ist im Wald was zugestoßen. Oder das, was du und dein Vater mir erzählt habt, passt hinten und vorne nicht zusammen. Ich glaube, wir sollten noch einmal …«

Weiter kam er nicht, denn Jörgen hatte sich an ihn herangeschlichen und ihm das vorhin vorsichtshalber eingesteckte Apfelmesser von hinten in den Rücken gerammt. Die Burgwache schrie auf und probierte verzweifelt, sich die Klinge aus dem Leib zu ziehen. Es ging nicht.

»Was hast du getan?« Keuchend taumelte er auf der Weggabelung umher, sackte aber nach wenigen Metern halb zusammen.

»Nur das, was notwendig war«, erklärte Jörgen und verpasste Deibert einen Tritt, der diesem den Rest gab. Der Mann verlor sein letztes bisschen Kraft und fiel seitlich in die links des Weges wuchernden Brennnesseln. Er stöhnte noch einen Moment lang, dann wurde sein Blick glasig.

Reue fühlte Jörgen nicht eine Sekunde lang. Er besann sich nur all der Dinge, die er nach dem vorherigen Mord hatte besser machen wollen. Deshalb stand es außer Frage, den schweren Leichnam irgendwie auf dessen Pferd zu hieven. Stattdessen schleifte er den Toten tiefer in den Wald hinein und verbarg ihn notdürftig hinter einigen Büschen. Später würde er zurückkehren und ein Loch für den viel zu neugierigen Burgmann ausheben. Für den Augenblick war es wichtiger, die anderen Spuren zu beseitigen.

Er entfernte den Sattel von Deiberts Pferd und jagte das Tier davon. Es klappte ohne Probleme. Den Sattel des

Toten verfrachtete er auf den Leichnam. Idealerweise war der Reitsitz ohnehin in einem stark an Baumholz erinnernden Braunton gehalten und würde das Versteck hinter den Sträuchern noch weiter kaschieren. Zum Schluss richtete Jörgen die Äste und Büsche am Wegesrand wieder so her, dass niemandem auffiel, dass hier vor Kurzem eine Leiche entlanggezogen worden war.

Zufrieden betrachtete er einige Sekunden lang sein Werk, dann schwang er sich auf sein eigenes Pferd und kehrte zum Gutshof zurück.

Er hatte angenommen, dort lediglich seine Eltern anzutreffen, doch schräg gegenüber dem Misthaufen stand sein Vater im Gespräch mit einem alten Bekannten vertieft. Dem Bauern Emil Schneider, dessen Hof ein Stück weit nördlich von hier lag.

»Konntest du dem Wachmann helfen?«, rief der Vater ihm aus einiger Entfernung zu.

»Ich glaube schon.«

»Welcher Wachmann?«, fragte Emil. Offenbar hatte ihm der Vater noch gar nichts von ihrem Besucher erzählt. Oder dem vor drei Tagen. Aber das holte er nun auf seine gewohnt nüchterne Art nach.

Jörgen hatte gedacht, dass Emil danach vor Neugierde die Augen aus dem Kopf fallen würden. Stattdessen wirkte der Bauer irritiert und nachdenklich. »Seid ihr sicher, dass es Sebastian zu Wilmsdorff war, der auf eurem Hof übernachtet hat?«

»Mit dem Namen hat er sich zumindest vorgestellt. Auch der Mann von der Burgwache schien davon überzeugt.«

Emil wirkte immer verwirrter. »Und ihr sagt, das soll vor drei Tagen gewesen sein?«

Vater und Sohn nickten im Takt.

Einige Augenblicke lang herrschte angespanntes Schweigen. Dann hatte Emil seine Gedanken genügend geordnet. »Ich frage deshalb, weil mir heute früh in Stolpen auf dem Markt einer erzählt hat, dass man vor vier Tagen in Dittersbach die Leiche eines Priesters gefunden hat. Laut den Papieren, die der Mann in seiner Tasche trug, war sein Name Sebastian zu Wilmsdorff. Seine Kirchenkleidung und sein Kreuz fehlten zwar, dennoch besteht angeblich kein Zweifel. Es hat ihn jemand gefunden, der ihn kannte.«

»Das kann nicht sein«, behauptete der Vater, klang dabei jedoch selbst wenig überzeugt. Abermals herrschte einige Sekunden lang bedrückendes Schweigen. Dann stellte er die 100-Thaler-Frage: »Wenn der Mann gar nicht der Priester war, wer hat dann auf unserem Hof geschlafen?«

Jörgen spürte, wie ihm das Blut aus dem Gesicht wich. Auf einmal war ihm bitterkalt.

Nach dem Abendessen schlich er sich zurück in den Wald und hob im letzten Licht des Tages eine kleine Grube für den Toten aus. Das war mühsam und dauerte bis längst der Mond aufgegangen war.

Müde schleppte er sich danach zum Hof zurück – fand aber trotzdem keinen Schlaf. Wie hätte er auch selig träumen können bei all den Geschehnissen? Jörgen versuchte, die Gedanken zu ordnen. Kam aber immer wieder zum selben Schluss: Der Kerl, der hier übernachtet hatte, konnte also unmöglich ein Priester gewesen sein. Nein – der Mann hatte Schlechtes gewollt. Schlechtes für Anna. Und ohne es zu ahnen hatte er, Jörgen, seiner Liebsten vielleicht das Leben gerettet. Er hatte Recht getan, davon war er überzeugt.

Leider war Jörgen nicht davon überzeugt, dass man ihm nicht auf die Schliche käme. Der Teufel war ein Eichhörnchen, das hatte ihn das Leben schon gelehrt. Nun galt es, alle Sinne beieinanderzuhalten und zu sehen, was zu tun war. Ja, er würde etwas tun. Das sagte er sich immer wieder, und mit diesem Gedanken und Annas Bild im Herzen glitt er in den frühen Morgenstunden endlich in einen traumlosen, viel zu kurzen Schlaf.

Aus dem er jäh hochschreckte, als unten im Hof das Poltern und Knarzen von Kutschrädern zu hören war. Schlaftrunken sprang Jörgen aus dem Bett und sah aus dem Fenster seiner Kammer. Ein Vierspänner hatte vor dem Misthaufen Halt gemacht. Eingespannt waren edle Schimmel, die Kutsche selbst trug an den Seitentüren das königliche Wappen. Doch heraus kam nicht seine Majestät, den hätte Jörgen erkannt. Vielmehr entstieg ein krumm gebeugter hagerer Mann mit silberner Perücke der Kalesche. Trotz des roten Samtrocks sah der Mann schlaksig aus, wie eine Weide, die zu lange im Wind gestanden hatte. Nach ihm wurde einer dicken, schwarz verschleierten Frau vom Kutscher beim Aussteigen geholfen. Kaum hatte diese den Fuß auf den Boden gesetzt, stürmte der Vater aus dem Haus. Offensichtlich war auch er vom Rattern der Räder geweckt worden, denn sein Haar stand noch wirr vom Schlaf ab. Jörgen schauderte, als er den Vater beobachtete, wie er vor den Herrschaften buckelte und sie überschwänglich begrüßte. Als das Trio im Haus verschwunden war und der Kutscher die Rösser mit einem Eimer tränkte, ging auch Jörgen hinab.

Der Vater saß mit dem Herrn und dessen Begleiterin in der Stube. Jörgen drückte sich in die Dunkelheit neben der Tür und lauschte. Er war gerade rechtzeitig gekommen, um die Frau sagen zu hören: »Ich habe meinen Sohn zweimal verloren. Das erste Mal an die Kirche. Und nun an einen heimtückischen Mörder.« Durch die Tür wurde ihr Schluchzen gedämpft, es traf den Jungen dennoch wie ein Schwerthieb mitten ins Herz. Eine Weile lang sprachen die drei so leise, dass Jörgen nichts verstehen konnte. Dann hoben sich die Stimmen und er konnte sich, obwohl nicht jedes Wort durch das Holz drang, zusammenreimen, was die Besucher hergeführt hatte. Graf zu Wilmsdorff, seines Zeichens Oberster Finanzsekretär am Hofe, war unterwegs auf den Spuren seines Sohnes und dessen Mörders. Seit der Leichnam von Sebastian aufgetaucht war, hatte das Paar keine Ruhe. Zum einen natürlich durch den Schock und die Trauer, zum anderen wurden sie sowohl von Kirchenoberen, als auch von Vertretern der Jurisprudenz nach dem Lebenswandel des Sohnes befragt. Viel konnten die zu Wilmsdorffs nicht sagen, hatten sie doch seit dem Eintritt Sebastians in den Priesterstand fast nur brieflichen Kontakt mit dem Sohn gehabt. Die wenigen Male, da er sie besucht hatte, hatten wohl kaum ausgereicht, um ihnen ein gutes Bild seines Alltags oder gar seiner Sorgen und Nöte zu zeichnen.

Freilich, räumte Graf zu Wilmsdorff ein, sei Sebastian hin und wieder den allzu weltlichen Verlockungen erlegen. Habe ein ums andere Mal sein Glück beim Kartenspiel versucht. Verloren. Den Vater um Geld gebeten. Das aber seien doch jugendliche Eskapaden, kaum wert, einem Menschen ans Leben zu gehen. Die Ausführungen des Grafen klangen wie ein Monolog, der ihm dazu dienen sollte, den Sohn zu verstehen. Zu begreifen, warum Sebastian getötet wurde. Warum und immer wieder warum!

Jörgen war das herzlich egal. Ihn interessierte viel mehr, wer der Mann gewesen war, der sich in jener Nacht als Priester ausgegeben hatte. Doch als Lauscher erfuhr er nicht viel mehr davon, denn von der Küche her drang lautes Poltern in den Flur. Rasch machte er sich davon, verschwand im Stall und beeilte sich, sein Tagwerk zu beginnen. Dass der Graf nach einer guten Stunde weiterfuhr, erfüllte Jörgen mit einer gewissen Erleichterung. Nicht aber, dass der Vater kurz darauf in den Stall kam und ihn erst einen Nichtsnutz schimpfte, dann einen Taugenichts und sich schließlich vor ihm aufbaute, die Hände in die Hüfte gestemmt, und ihn aus zusammengekniffenen Augen fixierte.

»Wer war der Priester?«, fragte der Vater.

Jörgen erschrak bis ins Mark und ließ den Futtereimer beinahe fallen. Begriff dann aber, dass der Vater gar nicht wirklich mit ihm sprach. »Nicht, dass die hohen Herrschaften noch denken, wir hier hätten mit dem Verbrechen zu tun, bloß weil der Kerl hier übernachtet hat.«

»Ja, Vater«, sagte Jörgen.

»Wir können von Glück sagen, dass er uns nichts angetan hat.«

»Ja.«

»Und jetzt sieh zu, dass du im Stall hier fertig wirst. Der Wolf hat letzte Woche drei Schafe nahe Sebnitz gerissen. Sieh nach, ob wir verschont geblieben sind.«

»Ja, Vater.« Erleichtert tat Jörgen, wie ihm geheißen. Eilte zur Weide, zählte die Tiere – es fehlte keines. Dann ließ er sich auf seinen angestammten Platz ins Gras sinken und schloss die Augen.

Riss sie aber gleich wieder auf, als Annas Bild sich auf seine Netzhaut brannte. War sie in Gefahr? Was, wenn der falsche Priester nicht allein gewesen war? Wenn eine ganze Bande seiner Schönen nach dem Leben trachtete? Es war nicht auszuschließen, dass sich noch mehr Meuchler und Verbrecher herumtrieben. Jörgen sprang auf. Setzte sich wieder. Raufte sich die Haare und stieß einen stummen Schrei aus. Dann sank er wieder in sich zusammen. Nur um gleich darauf vom Donnern zahlreicher Hufe, die von Stolpen her näher kamen, aufgeschreckt zu werden. Jörgen sprang auf und sah sich kurz darauf einem Reitertross gegenüber, dessen Anführer dieselbe Uniform trug wie Deibert. Ihm wurde schlecht.

»Wie heißt du?«, herrschte der Anführer der Reiterschar ihn an. Die Soldaten feixten und Jörgen meinte fast, dass auch die Pferde hämisch grinsten.

»Jörgen … Fischer …«, stammelte er.

»Sprechen kannst du also«, stellte der Oberst grinsend fest. »Sehen auch?«

Jörgen verstand nicht.

»Ob du irgendetwas gesehen hast in den letzten Tagen, was hier nicht hergehört«, kam es ungeduldig aus dem Mund des Obersts.

»Nein«, presste Jörgen hervor und rieb sich die vor Aufregung schweißnassen Hände an der Hose ab.

»Auch keinen Priester?«

»Doch, der … der Herr von zu Wilmsdorff hat bei uns übernachtet«, presste der Junge hervor.

»Ach, zu der Sippe gehörst du«, rief der Oberst aus.

»Euer Gast hieß nicht zu Wilmsdorff. Man nannte ihn Wolfgang Borchert.«

Jörgen schwieg. Bewegte den Namen im Kopf hin und her, fand aber nichts, woran er ihn festmachen konnte.

»Schon mal gehört?«, fragte der Reiter.

Jörgen verneinte ehrlich.

»Na, den falschen getroffen hat der Mörder nicht. Borchert war in der Gegend unterwegs, um sein Säckel auf unlautere Weise zu füllen, wenn du verstehst.«

»Ja«, gab Jörgen zu. Und war erleichtert, als die Soldaten weiterritten. Nach Sebnitz vielleicht. Oder zurück zur Burg, zu seiner Anna? Er sank ins Gras und gab sich seinen Tagträumen hin. In denen rettete er Anna aus den Fängen Borcherts, der ihr zuerst an die Schatulle und dann ans Leben wollte. Als es dämmerte, wachte er auf und sah sich hastig um. Die Tiere grasten friedlich. Das Bild der wollweißen Schafe wollte so gar nicht zu den schwarzen Gedanken passen, die er hegte. Was hatte der Wachmann als Letztes gesagt? Auf den Borchert war ein Kopfgeld ausgesetzt. Tausend. Oder Hundert? Egal – ein Vermögen jedenfalls. Und ausreichend, um mit Anna endlich, endlich ein neues Leben zu beginnen.

Auf dem Weg zurück zum Hof legte sich Jörgen noch einmal die Fakten dar. Geld, viel Geld, das war demjenigen versprochen, der Wolfgang Borchert zur Strecke brachte. Und er, Jörgen, hatte das getan. Sein Herz wummerte. Ein bisschen vor Stolz, ein wenig vor Freude. Und ganz viel vor Liebe zu jener Frau, die er bald, so bald, aus ihrem Gefängnis würde befreien können.

Er war so gefangen in seiner Träumerei, dass er die Kutsche erst bemerkte, als sie direkt auf ihn zuraste. Jörgen konnte sich gerade noch mit einem Sprung retten, als das Gefährt mit den vier weißen Zugpferden an ihm vorbeiraste. Der Kutscher fluchte, die Kalesche geriet ins Schlingern, wirbelte Staub auf und blieb schließlich nach ein paar Metern stehen. Als sich die Staubwolke gelichtet hatte, erkannte Jörgen, dass der Graf aus dem Fenster schaute.

»Was ist da los?«, rief er.

»Ein Bauernjunge«, keifte der Kutscher.

Jörgen rappelte sich auf. Verletzt war er nicht, aber der Schreck war ihm in alle Glieder gefahren. Und womöglich auch in den Kopf, denn mit einem Mal fühlte er sich, als sei er ein anderer. Nicht mehr er selbst. In seinem Beutel konnte er schon die Goldmünzen spüren, die ihn ebenbürtig machen würden mit einem wie dem Grafen. Er straffte die Schultern und kam auf die Kutsche zu. Bis der Diener seinem Herrn herausgeholfen hatte, hatte Jörgen das Gefährt erreicht.

»Was willst du?« Der Graf spie die Worte förmlich in den von der Sonne ausgetrockneten Boden.

»Ich weiß, wer Ihren Sohn getötet hat, edler Herr.« Jörgens Stimme war fest und klar. Jetzt reckte auch die Gräfin den Kopf heraus und sah den Bauernjungen fragend an.

»Wir wissen, wer das war«, schmetterte der Graf an. »Und wir wissen auch, dass Borchert längst seinem Richter begegnet ist.«

»Und dieser Richter war ich«, platzte Jörgen heraus. Der Graf schnappte nach Luft. Wurde erst blass, dann rot im ausgezehrten Gesicht.

»Weißt du, was du da sagst?«

»Ja, Herr.« Jörgen sah dem Grafen direkt ins Antlitz.

»Du bringst dich um Kopf und Kragen.« Wilmsdorff schüttelte den Kopf.

»Nein, Herr«, entgegnete Jörgen.

»Willst du Geld? Was willst du?« Der Graf sah ihn in einer Mischung aus Verachtung und Verwunderung an.

»Anna.« Mehr brachte Jörgen nicht hervor. Denn mehr gab es für ihn nicht zu sagen.

»Gut, nehmen wir an, dass du Borcherts Richter warst, wie du sagst«, sinnierte der Graf und sah zu seiner Gattin, die sich ein schneeweißes Taschentuch vor den Mund presste. »Dann hättest du eine Belohnung verdient. Mein Säckel ist nicht das leichteste. Dennoch ... darf einer wie du dem irdischen Richter entgehen?«

»Ich habe nur getan, was ich tun musste«, sagte Jörgen. Und meinte damit zwar nicht die Rache am Tod eines Priesters, sondern seine Sehnsucht nach Anna. Aber das verriet er dem Grafen besser nicht.

»Was weißt du von meinem Sohn«, rief die Gräfin, machte aber keine Anstalten, die Kutsche zu verlassen.

»Er war Priester und ein Spieler«, gab Jörgen wieder, was er am Morgen belauscht hatte. Die Gräfin wurde blass.

»Kanntest du Sebastian?«, wollte der Graf wissen.

»In gewisser Weise ja«, orakelte Jörgen und fragte sich selbst, woher er diese Antwort nahm, Vielleicht war es Anna, die in seinem Herzen zu ihm sprach?

»Und wer war Borchert? Warum hat er ...«

»Geld!«, fiel Jörgen dem Graf ins Wort.

»Du meinst, Sebastian hatte Spielschulden bei Borchert, diesem Taugenichts und stadtbekannten Dieb?«

Da Jörgen keine Antwort wusste, nickte er aufs Geratewohl. Der Graf schwieg. Ging ein paar Schritte auf die üppig grüne Wiese. Kam wieder zurück und baute sich vor Jörgen auf.

»Ich glaube, du willst dich wichtigmachen«, stellte der Edelmann ruhig fest.

Sein Gegenüber erwiderte nichts.

»Das alles gilt es zu beweisen«, sagte der Graf.

»Das kann ich«, platzte Jörgen hervor.

»Und wie?«

»Ich … das Messer. Das Messer, welches den Richtspruch über Borchert fällte, hat auch … ich habe …« Weiter kam er nicht, denn die Gräfin stieß einen spitzen Schrei aus und zog den Kopf zurück in die Kalesche.

»Der Wachmann! Deibert!« Der Graf wurde blass und sah sich hilfesuchend nach seinem Kutscher um. Dieser verstand und eilte seinem Herrn zur Seite. Baute sich mit vor der Brust verschränkten Armen vor Jörgen auf und knurrte wie ein Wachhund.

Der Graf nickte ihm zu.

Und dann ging alles ganz schnell: Wenig später fand sich Jörgen gefesselt auf dem Kutschbock wieder, die Pferde galoppierten schnaubend und schwitzend Richtung Dresden. Dass man Deibert am Morgen in der erst kürzlich zugeschaufelten Grube gefunden hatte, erfuhr Jörgen erst in seiner Zelle. Und dass die Doktoren festgestellt hatten, dass beide Männer – Deibert und Borchert – mit einer kurzen Waffe erstochen wurden. Man machte keinen langen Prozess. Jörgen verbrachte nicht einmal den halben Monat in seiner Zelle, als der Richter sein Urteil sprach. Und keine zwölf Stunden später bestieg Jörgen, der Hirtenjunge, das Schafott. Sein letzter Gedanke galt Anna. Seiner Anna. Deren Leben ihm wertvoller war als seines. Und die nun nie erfahren würde, wie groß seine Liebe zu ihr war. Als das Schwert niedersauste, öffnete er ein letztes Mal den Mund. Doch es kam kein Laut mehr heraus.

Ob es ihr am Ende wirklich gefallen hat oder sie nur trotzig war? Niemand weiß, warum die Gräfin Cosel ihr Gefängnis auf der Burg Stolpen auch nach Ende der Haft nicht verließ. Fakt ist: Was heute eine – sehr imposante – Ruine ist, machte aus Stolpen einen weltberühmten Ort, gerade mal 25 Kilometer von Dresden entfernt.

Der erste Weg für Besucher der Stadt führt also ganz sicher zur Burg der 5.700 Einwohner zählenden Stadt mit den Ortsteilen Langenwolmsdorf, Helmsdorf, Lauterbauch, Rennersdorf-Neudörfel und Heeselicht. Die Landschaft bestimmende Höhenburg auf dem Basaltberg wurde vermutlich im 12. Jahrhundert erbaut. Anfangs beherbergte sie die Bischöfe von Meißen. Im 17. Jahrhundert wurde aus dem Schloss die sächsische Landesfestung. Während der DDR war die Burg sogenanntes Volkseigentum, heute ist sie im Besitz des Freistaates Sachsen.
Wir empfehlen einen Rundgang durch die Außenanlagen. Von hier aus hat man einen fulminanten Blick über die Landschaft der Sächsischen Schweiz. Und bei gutem Wetter bis nach Böhmen.

Das Burgmuseum lockt mit über 30 Räumen. Unser Tipp: Im Marstall kann man sich einen Film über die wechselhafte 800-jährige Geschichte der Burg ansehen. Wer es schaurig mag, ist in der Folterkammer und den Verliesen genau richtig. Und für die Romantiker empfiehlt sich ein Besuch bei der berühmtesten Bewohnerin der Burg, der Gräfin Cosel. Die Mätresse von August dem Starken lebte 49 Jahre lang im Johannisturm, der heute ihren Namen trägt. Und das nur, weil sie vom König geheiratet werden wollte – was ihr den lebenslangen Arrest einbrachte.

Der Name Tom Pauls taucht in der Kulturwelt der Sächsischen Schweiz immer wieder auf. So auch in der Kornkammer der Burg: Anno 1997 war er Gründungsmitglied der dortigen Kleinkunstbühne, die mit Lesungen und Musik, Kabarett sowie Theater aufwartet und dabei Künstler aus aller Welt anlockt.

Stolpen selbst muss sich nicht im Schatten seines Wahrzeichens verstecken. Am Marktplatz zum Beispiel findet sich ein stattliches Gebäude, welches ein Geheimnis hinter der Fassade verbirgt: Es besteht aus den Resten dreier zusammengebauter Häuser. Heute ist hier das Heimatmuseum untergebracht. Übrigens: In der Nacht vom 25. zum 26. August 1813 übernachtete Napoleon Bonaparte genau hier – die Stolpener dürfte es nicht gefreut haben, ließ der Franzose doch die Burg in Flammen aufgehen. Betrieben wird das Museum übrigens vom Stolpener Geschichtsverein. Und zwar ehrenamtlich.

Wer sich fragt, woher Stolpen seinen Namen hat, der stolpert buchstäblich über Basalt (aber bitte nicht in Wirklichkeit!). Das altslawische Wort »Stolp« bedeutet »Säule« und erklärt also, warum so viele Basaltsäulen in der Stadt zu finden sind. Aus jenem Material, das seit 2006 »Nationales Geotop« ist. Erste Zeichnungen des Basalts aus dem

Jahr 1564 stammen aus Stolpen. In einem Tiefkeller der Burg gibt es eine separate Basaltschau. Und: Der Brunnen der Burg ist der tiefste Basaltbrunnen der Erde – ganze 24 Jahre lang hat es gedauert, bis 1628 das erste Wasser sprudelte. In der Stadt selbst finden sich zahlreiche Denkmäler aus Basalt.

Unser Tipp: Buchen Sie im Tourismusbüro eine Stadtführung, dann verpassen Sie kein noch so kleines Detail. Besonders schön ist ein Rundgang mit einem der Stolpener Nachtwächter. Termine und genaue Uhrzeiten erfahren Sie im Rathaus oder direkt bei den Nachtwächtern unter Telefon 03 59 73 / 2 57 24.

Ob man nun Musik mag oder nicht: die »Herbrig-Orgelstraße« begeistert. Gewidmet ist dieser Weg durch die Stadt und an vielen Sehenswürdigkeiten vorbei dem weit über die Grenzen der Stadt hinaus schon zu seiner Zeit berühmten Orgelbauer Christian Gottfried Herbrig. Schönstes Stück ist wohl die Altstadtorgel von 1856. In Langenwolmsdorf, wo die Werkstatt des Orgelbauers stand, ist eine Schleifladenorgel zu bestaunen.

Im Ortsteil Rennersdorf-Neudörfel ist bis heute die Ende des 15. Jahrhunderts gebaute Brettmühle in Betrieb. Nach deren Besichtigung empfiehlt sich ein Spaziergang entlang des Flüsschens.

Im Jahr 1223 wurde der Ortsteil Lauterbach erstmals in einer Urkunde verzeichnet. Heute kommen die Besucher und schmunzeln über die sogenannte »Ostersäule« aus dem Jahr 1584. Sie erinnert daran, dass man vor 600 Jahren in der Gegend zweimal Ostern feierte – weil der neue gregorianische Kalender nicht von allen Leuten gleichzeitig akzeptiert wurde.

Wer auf der Suche nach Souvenirs ist, sollte das Ratags-Kunsthandwerkerhaus im Ortsteil Langenwolmsdorf besuchen. Hier findet sich neben Schauwerkstätten die größte deutsche Verkaufsausstellung für Volkskunst aus dem Erzgebirge.

Nach Helmsdorf und Heeselicht lockt vor allem das Helmsdorfer Schloss, das 1597 erbaut und Anfang des vorigen Jahrhunderts komplett umgestaltet wurde. In Heeselicht beginnt die sogenannte Napoleonstraße, die seit 1813 nach Stolpen führt.

Metas Extratipp: Wer es ein bisschen gruselig mag, sollte Basaltus kennenlernen. Der Stolpener Burggeist spukt seit Jahrhunderten im Keller und gilt als sehr bestechlich. Für 10 Cent kann man ihn locken. Oder Basaltus als geistvollem Führer in vielen Broschüren (besonders für Kinder) begegnen. Mitten im Ort beginnt ein Rundweg an einer Bronzestatue des Geistes, der auf originelle Weise durch die Stadt leitet.

VON STOLPEN NACH SEBNITZ

»Und dann soll mal einer sagen, ich hätte keine alten Geschichten auf Lager«, sagte Kurt und tupfte sich mit einer Serviette die Mundwinkel ab. »Die letzte war sozusagen steinalt.«

Meta nickte zustimmend und legte den Löffel neben die kleine Suppenschüssel zurück. Nach der Fahrt durch das Polenztal hatte sie eigentlich vorschlagen wollen, einen Abstecher nach Sebnitz zu unternehmen. Aber ein gewaltiges Magenknurren aus Kurts Richtung hatte diese Idee einen ziemlich schnellen Tod sterben lassen.

Nun saßen sie hier, in einem lauschigen Gasthof mit Blick auf satte grüne Wiesen und wärmten sich an den letzten Sonnenstrahlen des Tages. Die leckere Waldpilzcremesuppe hatten sie bereits hinter sich, gleich würde das Hauptgericht folgen. Kurt hatte zwischen der Rinderpökelzunge und dem Gulasch von der Heidschnucke geschwankt, sich aber zu Metas Freude für Letzteres entschieden. Sie selbst hatte die vergleichsweise unspektakuläre gebratene Ente mit Apfelrotkohl und Semmelknödel gewählt. Bei dem Gedanken daran knurrte es auch in ihrem Magen.

Während des Essens schwatzten sie über Nebensächlichkeiten wie das Wetter, gute nationale Krimi-Autoren und den Niedergang der deutschen Fernsehlandschaft. Mehrmals setzte Meta an, Kurt zu fragen, ob er morgen ebenfalls Zeit für eine kleine Rundreise hätte, erwischte aber nie den richtigen Moment dafür. Erst als sie satt und langsam müde werdend das Lokal verließen, lenkte sich das Thema automatisch darauf.

»Selbstverständlich gerne«, erklärte er sich sofort bereit.

Meta lächelte. Obwohl sie mit keiner anderen Antwort gerechnet hatte, freute sie die Bestätigung sehr. Sie verabschiedeten sich mit einer zaghaften Umarmung und dem Versprechen, sich morgen früh um neun an der gleichen Stelle wie gestern zu treffen.

In der Nacht zum Sonntag schlief sie wie ein Stein und erwachte so erholt wie schon lange nicht mehr. Der Gedanke daran, dass sie der Sächsischen Schweiz heute Nachmittag wieder Lebewohl sagen würde, stimmte sie traurig. Nicht nur wegen der beeindruckenden Landschaft und dem Gefühl, dass sie bisher bloß einen Bruchteil all der tollen Sehenswürdigkeiten besucht hatte. Auch wegen Kurt. Sie wusste nicht, ob sie tatsächlich beide bloß Freundschaft verband. Möglicherweise könnte mehr daraus werden.

Aber um das herauszufinden, war ein verlängertes Wochenende eindeutig zu wenig Zeit. Selbst jetzt blieb ihr kaum Gelegenheit, genauer darüber nachzudenken. Rasch verstaute sie ihr Gepäck im Auto und düste zurück nach Königstein.

Diesmal erwartete sie Kurt bereits am Treffpunkt und reichte ihr einen noch dampfenden Becher Kaffee, den sie gerne annahm.

»Wohin wirst du mich heute entführen?«, fragte sie, während sie ihre Kamera auf die Rückbank verfrachtete.

»Lass dich überraschen«, sagte er betont geheimnisvoll. »Zuerst laufen wir aber noch ein paar Schritte. Nicht weit entfernt steht die aus dem 15. Jahrhundert stammende

Marienkirche. Die möchte ich dir nicht vorenthalten. Auf dem Weg dahin kann ich dir noch eine kleine Geschichte erzählen. Ich muss dich allerdings warnen, sie könnte gerade dir besonders an die Nieren gehen.«

Sie schaute ihn prüfend an. »Wie darf ich denn das verstehen?«

Er zuckte mit den Schultern. »Na ja, es geht um deinen Berufsstand. Und um …«

Kaum befand sich der Wagen auf der Straße in Richtung Bad Schandau, begann er zu erzählen.

»Also, es war so um 2002 oder 2003 herum …«

SEBNITZ, 2002 ODER 2003

Geschichten hatte Bianca Kramer schon immer gern erfunden. In der Schule war der Deutschunterricht ihr liebstes Fach gewesen und sie hatte jedes Mal gestrahlt, wenn sie etwas Ausgedachtes zu Papier bringen durfte. Als 14-Jähriger hatte ihr schließlich irgendwann gedämmert, dass sie so was später gern mal hauptberuflich machen wollte.

Seit damals waren elf Jahre ins Land gegangen, aber ihren Traum hatte sie noch immer nicht aus den Augen verloren. Im Gegenteil: Beinahe täglich klemmte sie sich hinter ihre Computertastatur und schrieb entweder an neuen Geschichten oder feilte an den bereits verfassten. Zwei fantastische Romane hatte sie inzwischen veröffentlicht und nun endlich sollte das dritte Buch »Teufelskrone« erscheinen.

Zwar kam das Werk – wie seine beiden Vorgänger – bei einem kleinen Verlag heraus, aber sie hatte auch dafür nicht bezahlen müssen (so was war bei jedem ernst zu nehmenden Schriftsteller total verpönt – schließlich wollte man mit der Schreiberei Geld verdienen, nicht welches dafür ausgeben!) und es hatte sowohl ein ordentliches Lektorat als auch Korrektorat bekommen. So gesehen dürfte »Teufelskrone« den Wälzern aus den großen Verlagen in nichts nachstehen.

Dachte Bianca zumindest.

Doch als sie mit einem Exemplar des Prachtstücks den Buchladen in der Schandauer Straße nahe des Marktplatzes betrat, stieß sie dort auf wenig Interesse. Der Inhaber Jürgen Klein beäugte das Taschenbuch zwar aufmerksam, reichte es ihr dann aber mit dem Wort »Bedauere« zurück.

»Aber ich komme aus der Region! Und ein Teil der Geschichte spielt sogar in dieser Gegend!«

Letzteres war ein Fehler gewesen, den sie in ihren ersten beiden Romanen begangen hatte: Der erste hatte in Amerika gespielt, der zweite in der deutschen Hauptstadt. Diesmal hatte sie geglaubt, klüger gewesen zu sein.

Ein Irrtum.

Nicht viel besser sah es bei ihren Bemühungen in Pirna, Stadt Wehlen und Hohnstein aus. Keiner von den dort aufgesuchten Buchhändlern wollte das Werk auch nur auf Kommissionsbasis in sein Sortiment aufnehmen. An der Qualität des Inhalts konnte es jedenfalls nicht liegen. Kein Händler hatte sich die Mühe gemacht, in die Geschichte hineinzulesen.

Aber es gab noch andere Möglichkeiten, die Leute dazu zu bringen. Zuerst schickte sie ihre Eltern, später dann ihre Freunde vor, um das Buch in den verschiedenen Geschäften vorzubestellen. Das klappte jedes Mal prima: Innerhalb von zwei Tagen war der Schmöker auf Lager und konnte abgeholt werden. Bianca hoffte, dass sich die Händler daraufhin ein paar Exemplare in die Schaufenster legen würden, wenn sie sahen, dass eine Nachfrage danach bestand.

Ein weiterer Irrtum. Die Einkäufer in den Läden bestellten immer bloß exakt so viele Exemplare, wie die Kunden angefragt hatten, und kein einziges mehr.

Als würde auf der »Teufelskrone« ein Fluch haften. Lag es am Titel? Lehnten die Leute das Buch ab, weil das Wort »Teufel« darin vorkam oder es in der Geschichte um

Beelzebub ging? Bianca verstand die Welt nicht mehr. Sie wusste sich keinen anderen Rat mehr, als deswegen nochmals in das Geschäft in ihrem Heimatort zu gehen. Eventuell würde ihr der Inhaber ja sagen, woran es haperte und was sie besser machen könnte.

Mit flauem Magen betrat sie den Laden, in dem sie all die Bücher ihrer Lieblingsautoren gekauft hatte. Gleich beim Eintreten erblickte sie einen Stapel von Stephen Kings aktuellem Bestseller, der auch bei ihr auf dem Nachttischchen lag. Daneben die Werke von Peter Straub, J. K. Rowling und Anne Rice. An denen konnte und wollte sie sich zwar nicht messen, aber streng genommen waren auch das nur Autoren, genau wie sie.

Mit dem Gedanken im Hinterkopf sprach sie den Eigentümer des Buchladens an. Jürgen Klein war ein hagerer Mann in den Fünfzigern mit fliehender Stirn und Nickelbrille. Seine blasse Haut deutete sie als gutes Zeichen dafür, dass auch der Mann seine Nase lieber in ein gutes Buch vergrub, als an die frische Luft zu gehen.

»Mit dem Titel hat es nichts zu tun«, gestand er ihr. »Auch nicht damit, ob die Geschichte gut oder schlecht ist. Ich habe einfach Zweifel daran, dass sich so was bei mir verkaufen würde.«

»Dann lassen Sie es doch auf einen Versuch ankommen! Die Leute probieren gern mal was Neues aus.«

»Das kann ich so nicht bestätigen. Wenn der Leser einmal Fan eines Autors ist, bestellt er sich jedes neue Buch von ihm. Mehr jedoch nicht. So viel wie früher wird eh nicht mehr gelesen. Ich habe auch nur begrenzt Platz in meinem Laden. Da will jeder Bucheinkauf gut überlegt sein. Sie müssen das von der wirtschaftlichen Seite sehen: Wenn Sie die Wahl haben, hier Bücher auszulegen, von denen Sie wissen, dass sie sich mit Sicherheit verkaufen werden, und welche von einer Autorin, die noch relativ unbekannt ist, womit werden Sie wohl mehr Gewinn machen? Ich sag's nicht gern, aber die Zeiten sind hart. Ich muss selbst schauen, wie ich über die Runden komme. Große Experimente kann ich mir nicht erlauben. So leid es mir tut. Wenn Ihr Buch in den Bestsellerlisten steht, kann ich es gern ins Sortiment aufnehmen.«

Erschüttert und deprimiert über die klaren Worte verließ Bianca das Geschäft. Wie sie den Fußweg nach Osten, zu ihrer Wohnung in der Langen Straße, entlangging, merkte sie kaum. Es war echt zum Aus-der-Haut-fahren.

Kommen Sie wieder, wenn Ihr Buch in den Bestseller-listen steht.

Pah! Wie sollte sich ihre »Teufelskrone« denn verkaufen, wenn die Leute nicht einmal erfuhren, dass das Buch überhaupt existierte?

Klar, es gab das Internet, das seit der Jahrtausendwende stetig an Bedeutung zunahm, aber wie viele Menschen bestellten dort ihre Bücher? Die meisten wollten ein Buch in der Hand halten, bevor sie es kauften. Wollten daran schnuppern, über das Papier streichen, die ersten Seiten anlesen.

Ich könnte es mit Werbung versuchen, überlegte sie, verwarf die Idee aber fast auf der Stelle wieder. Damit sie mittels Werbung wirklich etwas erreichte, müsste sie einiges Geld investieren. Und selbst dann wäre der Erfolg nicht gewiss. Abgesehen davon besaß sie nicht mal die Mäuse für eine kleine Reklame in der Tageszeitung. Millionärin wurde sie von ihrem Einkommen als Apothekerin nicht, eine groß angelegte Kampagne würde ihr Budget sprengen.

Ursprünglich hatte sie ja gedacht, mit dem Verkauf

ihrer Bücher mindestens etwas dazuzuverdienen. Nicht dadurch noch klammer dazustehen.

Wütend knallte sie die Wohnungstür hinter sich zu und stapfte in ihrem Wohnzimmer, das gleichzeitig als Schlafs- und Arbeitszimmer fungierte, umher. Sie ging zum Schreibtisch mit ihrem Computer, ging zum Fenster mit Blick auf die Straße. Bianca fühlte sich so rastlos, so kirre, so aufgestachelt. Was für Möglichkeiten, die Leute auf ihre »Teufelskrone« aufmerksam zu machen, blieben ihr noch? Die Chance auf eine Lesung konnte sie vergessen, weil bisher kaum einer das Buch kannte. Aus genau dem gleichen Grund würde wiederum auch keiner zu einer Lesung kommen.

Das alles war ein schrecklicher Teufelskreis. Ein Albtraum!

Wie wurden nur ihre Schriftstellerkollegen mit so was fertig? Sofort dachte sie wieder an all die anderen Fantastikautoren wie Robert Krauss, Markus K. Korb oder Tobias Bachmann, mit denen sie übers Internet befreundet war. Oder dieser eine Bursche aus Neschwitz, der 2001 nach Nürnberg gezogen war. Sicherlich kannten sie diese Situation genauso wie sie.

Hastig ließ sie sich vor ihrem PC nieder und schüttete per E-Mail förmlich ihr Herz aus. Zuerst Robert, dann kopierte sie den Text und schickte ihn in leicht abgewandelter Form an die anderen. Die erste Antwort ließ auch gar nicht lang auf sich warten: »Es ist und bleibt schwierig«, schrieb ihr Robert zurück. »Ein Patentrezept gibt es dafür sowieso nicht. Manchmal muss man tief in die Trickkiste greifen, um auf sich aufmerksam zu machen. Es gibt Momente, da wollen die Leute erst noch von ihrem Glück überzeugt werden.«

Das stimmte zweifelsohne. Aber half ihr dieser Ratschlag weiter?

Nicht besonders viel.

Ratsuchend schaute sie zu ihrem Bücherregal, das fast die gesamte hintere Wohnzimmerwand einnahm. Früher hatten es die Schreiberlinge sicher einfacher gehabt. Sir Arthur Conan Doyle, H. P. Lovecraft und Agatha Christie hatten sich gewiss nicht mit solchen Problemen wie sie herumschlagen müssen. Die hatten in Magazinen veröffentlicht und/oder das Glück gehabt, im richtigen Moment mit der richtigen Geschichte um die Ecke gekommen zu sein.

»Manchmal muss man tief in die Trickkiste greifen, um auf sich aufmerksam zu machen«, rezitierte sie gedankenversunken Roberts Worte. »Es gibt Momente, da wollen die Leute erst noch von ihrem Glück überzeugt werden.«

Plötzlich kam ihr eine Idee. Sie war fies, aber sie war originell. Und sie würde sie weiterbringen. Kurz fragte sich Bianca sogar, warum sie nicht früher daran gedacht hatte. Schließlich hatte sie ganz wie ihre Jugendheldin Agatha Christie eine Ausbildung als Apothekerin abgeschlossen. Eigentlich hatte sie das Studium nur gemacht, um später ihren Eltern nicht auf der Tasche liegen zu müssen. Sie war in Rekordzeit fertig geworden. Der Illusion, gleich von Anfang an vom Schreiben leben zu können, hatte sie sich nie hingegeben. Bianca hatte gewusst, dass es ein steiniger Weg werden würde. Sie hätte nur nicht gedacht, dass es so aussichtslos sein könnte.

Aufgeregt sprang sie auf und blätterte in ihren alten Unterlagen. Sie brauchte nicht lang, um einen Volltreffer zu landen: Das geruch- und geschmacklose Mineral Thallium war genau das Richtige für sie. Das kannte sie noch aus Agatha Christies Krimi »Das fahle Pferd«. Und über das Internet kostete es sie nur wenige Mausklicks und die Angabe ihrer Kreditkartennummer, um sich ein fein gemahlenes Pulver davon bei einem ausländischen Rohstoffhändler zu bestellen.

In den Tagen, während sie auf die Lieferung wartete, feilte sie weiter an ihrem Plan und führte erste Observierungen der Zielperson durch. Dass sie sich dafür bei ihrer Arbeitsstelle, einer Apotheke in Hohnstein krankmelden musste, bekümmerte sie wenig. Manche Situationen bedurften eben einer kleinen Notlüge. Außerdem wusste sie ganz genau, was für Symptome sie ihrem Hausarzt vorspielen musste, damit dieser ihr für die nächsten Tage ein Attest ausstellte.

Dann traf ihre Bestellung ein und Bianca machte sich sofort ans Werk. Dank einiger Überwachungen wusste sie genau, welche Sachen Jürgen Klein gerne und wie oft aß. Diese gegen mit Thallium präparierte Lebensmittel auszutauschen, dürfte keine große Sache sein. In ihrer Vorstellung klappte das ohne Probleme.

Doch als sie in möglichst legerer Kleidung vor dem Geschäft stand, begannen auf einmal ihre Knie zu zittern. Nicht vor der Tat selbst, sondern davor, dass Klein sie vorzeitig bemerken und so ihren sorgfältig durchdachten Plan durchkreuzen könnte.

Schweiß perlte auf ihrer Stirn und trotz der kühlen Temperaturen war ihr auf einmal ziemlich heiß. Einige Minuten lang war sie drauf und dran, die Sache abzubrechen. Sie war keine Verbrecherin! Nur eine verzweifelte Schriftstellerin. Aber verzweifelte Situationen erforderten nun mal verzweifelte Maßnahmen.

Als drei Frauen um die 40 den Laden betraten, folgte sie in deren Sichtschatten und huschte hinter ein Bücherregal, bevor Klein sie sehen konnte. Geduldig wartete sie dort, bis die Damen den Inhaber in ein Gespräch verwickelten. Soweit sie hören konnte, ging es um einen Roman vom Autorenehepaar Heike und Wolfgang Hohlbein.

Das genügte als Ablenkung. So unauffällig wie möglich schlich sie am Fach mit den Reiseplanern und Urlaubsbildbänden vorbei. Neben der Kasse stand Kleins fast noch volle Tasse mit schwarzem Tee. Mit einer daheim hundertmal geübten, raschen Handbewegung hielt sie eine Phiole über die Tasse und goss den pulverförmigen Inhalt aus. Danach glitt sie zurück in ihr Versteck und beobachtete, wie sich die Frauen gleich für mehrere Empfehlungen entschieden und mit dem Verkäufer zur Kasse gingen. Während sie ihr Bargeld zückten, nippte Klein lächelnd an seinem Tee.

Und merkte nichts.

Bianca jubelte innerlich. Gleich darauf noch mal, als er einen weiteren Schluck zu sich nahm.

Danach war das Schlimmste überstanden. Es wäre Bianca sogar egal gewesen, wenn Klein sie bemerkt hätte. Aber das tat er nicht. Während ihn ein neuer Kunde in ein Gespräch über historische Romane verwickelte, schlich sie sich schnell nach draußen. Auf dem Heimweg hätte sie am liebsten getanzt.

Als sie einige Tage darauf die Aktion wiederholte, sah der Ladeninhaber noch blasser als bisher aus. Sie hätte nicht gedacht, dass dies möglich gewesen wäre. Wenn die Angaben in ihren Lehrbüchern stimmten, müsste Klein inzwischen mit den ersten Durchfällen und Verstopfungen zu kämpfen haben. Bei dem Gedanken daran schmunzelte sie. Ihr Mitleid hielt sich in Grenzen.

Ebenso wie ihr Ärger darüber, dass er sie nach getaner Arbeit im Laden bemerkte, als sie sich gerade notgedrungenerweise hinter einem Buch von Andreas Eschbach versteckte, weil sich keine Möglichkeit zum unerkannten Flüchten bot. Bianca setzte ihre teilnahmsloseste Miene auf, schmökerte noch kurz in dem Roman und verzog sich dann, bevor Klein auf die Idee kommen konnte, sie in ein Gespräch zu verwickeln. Aus den Augenwinkeln heraus beobachtete sie, wie er hinter der Kasse wieder aus seiner Teetasse trank.

Gut so.

Auf der Straße empfingen sie Sonnenschein und laue Frühlingstemperaturen. Spontan entschied sie sich für ein Kuchenstück aus Gnaucks Backhaus und machte es sich in einiger Entfernung zum Buchladen auf einer Parkbank bequem. Von hier aus sah sie genau, wer das Geschäft betrat und verließ.

Der Inhaber zählte nicht dazu. Jedenfalls nicht vor Ladenschluss. Danach allerdings lief er mit zusammengekniffenem Hintern und Stechschritt zu seiner Wohnung. Auch das enthielt durchaus eine gewisse Komik.

Bianca genoss es sehr und wünschte ihm eine gute Nacht. Er würde sie mit Sicherheit nicht haben.

Am nächsten Morgen wartete sie auf der anderen Straßenseite des Hauseingangs, bis der gepeinigte Buchhändler nach draußen trat. Wenig überraschend führte sein erster Weg heute früh nicht zu seinem Geschäft, sondern in die entgegengesetzte Richtung. Vermutlich dorthin, wo sich die Praxis seines Hausarztes befand.

Würde dieser eine Magen-Darm-Grippe diagnostizieren? Oder doch die richtigen Schlüsse ziehen? Dem

Zufall konnte sie das nicht überlassen. Es wurde Zeit, einzugreifen.

Im Sichtschatten der geparkten Autos auf der anderen Straßenseite überholte sie den buchstäblich todkranken Buchhändler. Was vermutlich viel zu viel der Mühe war, weil der arme Mann momentan genug mit sich selbst zu tun hatte.

An der Ecke zu einer verwaisten Seitengasse blieb sie stehen und lehnte sich lässig gegen die Mauer eines Mehrfamilienhauses. Als Klein an ihr vorbeikam, setzte sie eine besorgte Miene auf. »Geht es Ihnen nicht gut?«

»Sehe ich so aus? Ich fühle mich wie ausgekotzt«, gestand er.

»Oh nein. Was fehlt Ihnen denn?«

»Wenn ich das nur wüsste. Wahrscheinlich habe ich mir ein Virus eingefangen.«

»Haben Sie nur Magen- und Darmprobleme? Oder haben Ihre Haare bereits angefangen, auszufallen? Ich könnte mir auch vorstellen, dass Sie demnächst mit Ohnmachtsanfällen oder tauben Händen und Füßen zu kämpfen haben.«

»Wie? Was? Ich verstehe nicht …«

»Hatte ich schon mal erwähnt, dass ich nicht nur Autorin, sondern auch gelernte Apothekerin bin? Sie wären erstaunt, was man während dieser Ausbildung alles lernt. Mit etwas Fantasie kann man da die tollsten Sachen kreieren.«

Klein bekam große Augen.

»Soll das heißen, Sie haben mich … vergiftet?« Das letzte Wort keuchte er mit unnatürlich hoher Stimme. Wie ein Schlumpf unter Drogeneinfluss.

»Ich würde eher vermuten, dass sich Ihr schlechtes Gewissen bei Ihnen gemeldet hat. Weil Sie eine aufstrebende Jungautorin so schlecht behandelt haben. Freuen Sie sich, der Haarausfall wird bald Ihre geringste Sorge sein. Ihr gesamtes Schmerzempfinden wird sich verändern. Und wie.«

Sie betonte es auf eine genüssliche Art, die selbst ihr Angst machte. Trug sie nicht ein bisschen dick auf? Doch verzweifelte Situationen erforderten noch immer verzweifelte Maßnahmen.

»Was wollen Sie?«

»Liegt das nicht auf der Hand? Ich möchte, dass sich mein Buch verkauft. Sie präsentieren es im Schaufenster und legen einen Stapel in Ihrem Laden aus.«

»Das ist alles?« Entgeistert starrte er sie an.

»Ich bin bescheiden. Und als Apothekerin kann ich ja im Gegenzug mal meine schlauen Bücher konsultieren, was für Heilmittelchen für Sie infrage kämen. Eine Hand wäscht ja bekanntlich die andere.«

»Und wenn ich mich weigere?«

»Dann werden Sie sterben. So ein schlechtes Gewissen kann sehr belastend sein.«

»Ich schätze, in dem Fall bleibt mir wohl keine andere Wahl.« Er sagte es mit einem merkwürdigen Unterton in der Stimme, der Bianca aufhorchen ließ. Prüfend schaute sie ihn an, kam aber nicht dahinter, was er im Schilde führen könnte. Besonders gewieft sah er nicht aus, aber der Eindruck konnte bei all den Schmerzen auch täuschen.

Klein stützte sich mit der Hand an der Hauswand ab und fixierte Bianca. »Ich könnte allerdings auch zur Polizei gehen. Oder ins Krankenhaus. Oder beides.« In seiner Stimme schwang neben Entschlossenheit auch ein Quäntchen Panik mit.

»Könnten Sie«, antwortete Bianca sehr ruhig. »Werden Sie aber nicht.« Zufrieden betrachtete sie die Schweißperlen, die sich auf Kleins Stirn bildeten. »Weil Sie viel zu schwach sind.« Kaum hatte sie das gesagt, knickten die Knie des Buchhändlers weg. Er taumelte ihr entgegen, und sie fing ihn auf. Für Passanten wirkten sie in dieser Stellung wie ein Liebespaar, dachte Bianca. Im selben Moment krächzte Klein: »Misery.«

Bianca lehnte sich und den Kranken in einer bequemeren Stellung an die Wand. Und lachte. »Stephen King. Gutes Buch, aber nicht sein bestes. Das mit dem Clown hat mir mehr gefallen«, plauderte sie los, als sei es das Normalste der Welt, am helllichten Tag mit einem todkranken Mann im Arm mitten in Sebnitz zu stehen. »Ich will ja nicht, dass Sie etwas weiterschreiben, so wie der arme Kerl in ›Misery‹. Sie sollen nur Ihren Job machen und Bücher verkaufen.«

Klein wollte antworten, konnte es aber nicht. Bianca pustete ihm ins Gesicht, als seine Augen zufielen.

»Na los, ist ja nicht weit«, sagte sie munter und zog ihn, quasi unter ihre Arme geklemmt, mit sich zum Buchladen. Klein verbrachte die meiste Zeit in einer Art Dämmerzustand, der Bianca doch einige Sorgen bereitete. Nicht, dass sie sich bei der Dosierung vertan hatte und der Mann gleich abnibbeln würde.

Sie hievte ihn auf die abgewetzte Couch im Hinterzimmer und betrachtete ihn einige Sekunden lang mit bekümmerter Miene. Als er einige Male im Halbschlaf stöhnte, beschloss sie, ihm ein Glas Wasser zu holen. Vielleicht würde das ja helfen.

Bei ihrer Rückkehr kam der Buchhändler gerade wieder zu sich. Er wollte aufstehen, aber seine Muskeln gehorchten ihm nur bedingt. Nach einigen wenig ansehnlichen Versuchen ließ er es bleiben.

»Hier, trinken Sie das.« Bianca reichte ihm das Glas und verschwand in den Verkaufsraum. Sie ging nicht davon aus, dass Klein eine Gefahr für sie darstellte, spitzte für alle Fälle aber trotzdem die Ohren. Außer gelegentlichem Ächzen und Stöhnen war nichts zu hören. Das genügte ihr, um einige Minuten lang ungestört zu arbeiten.

Als sie das nächste Mal zurückkehrte, trug sie unter dem Arm einen Packen Bücher vom Auslagentisch. »Ich wusste gar nicht, dass Bücher so staubig sein können«, tadelte sie ihn. Sie legte die Romane auf einen großen Stapel an der Wand. Dort befanden sich bereits sämtliche Kochbücher aus dem Bestand, die historischen Romane sowie die kompletten Kinderbücher.

»Was machen Sie da?«, fragte Klein perplex.

»Aufräumen. Raus mit dem Schund. Rein mit Qualität.« Sie klang geradezu fröhlich und lächelte ihn an. »Und abstauben. Mit Verlaub, es sieht auf den Regalen schlimmer aus als in der Sahara.«

»Sahara«, sagte Klein lahm und versuchte, seinen Kopf zu heben.

»Warten Sie noch ein, zwei Stunden. Dann bin ich draußen fertig und verabreiche Ihnen das Gegengift. An die Eingangstür habe ich übrigens ein Schild gehängt, dass heute wegen Krankheit geschlossen ist.« Sie zwinkerte ihm zu, und er sank wieder benommen auf dem Sofa zusammen. Es war fast wie Magie.

Es dauerte dann doch länger, bis Bianca mit dem Ergebnis ihrer Arbeit zufrieden und der Buchhändler wieder aufgewacht war. Draußen war es bereits dunkel, und so konnte sie die Beleuchtung einschalten, was dem neu gestalteten Verkaufsraum ein besonderes Flair verlieh. Ja, sie war zufrieden und sagte das auch zu Klein, als sie diesen in seinen Laden führte. Es hatte drei Tassen Schwarztee gebraucht, bis er sich kräftig genug fühlte. Beim Anblick von Biancas Werk aber drohten ihm die Knie wegzusacken: Die Regale waren komplett neu bestückt worden. Der zentrale Tisch, auf dem die Neuerscheinungen lagen, war umdekoriert worden und in den Schaufenstern klebten neue Plakate. Alles wirkte sauber. Aufgeräumt. Und eintönig: Der gesamte Laden war gefüllt mit Hunderten Ausgaben desselben Buches. Biancas Buch verstopfte die Auslagen, das Cover prangte zwölfmal übergroß an den Schaufensterscheiben und sogar die Postkartenständer waren mit Exemplaren der »Teufelskrone« befüllt.

»Gefällt es Ihnen?«, fragte Bianca Beifall heischend.

Klein sagte nichts. Konnte nichts sagen. Musste er auch nicht, denn die Schriftstellerin führte ihn zu einem Stuhl und platzierte ihn darauf.

»Sie haben Glück«, lächelte sie ihn an. »Ich muss für meine große Lesung üben. Sie dürfen gerne zuhören.« Jetzt bemerkte er den Ohrensessel aus der Kinderbuchabteilung, den sie hervorgezogen hatte. Daneben stand ein kleines Beistelltischchen mit einer Lampe aus dem Hinterzimmer darauf.

»Sie haben leider keinen Rotwein«, sagte sie. »Macht aber nichts. Ich trinke sowieso nie bei der Arbeit.« Sie lachte gekünstelt und nahm im Ohrensessel Platz. Dann langte sie mit einer beinahe zärtlichen Geste nach einem Exemplar ihres Romans, strich über das Cover, auf welchem eine blutbeschmierte Krone abgebildet war, und schlug das Buch auf.

»Was soll das?«, platzte es aus Klein heraus.

»Ich gebe eine exklusive Lesung.« Bianca sah ihn über den Rand des Buches hinweg an. »Im Anschluss signiere ich auch gerne.«

Klein hätte gelacht, wenn er gekonnt hätte. Aber selbst dazu fühlte er sich zu schwach, und so blieb ihm nichts anderes übrig, als ihr zuzuhören. Sie las schlecht. Nicht so schlecht wie manch andere Schriftsteller, die er bereits zu Lesungen gebucht hatte. Aber bei Weitem nicht gut genug, um damit ein Publikum zufriedenzustellen oder gar noch Honorar zu verlangen. Bianca betonte an den völlig falschen Stellen, leierte ganze Passagen nur so herunter und sah kein einziges Mal auf. Schnell stieg er aus dem Text aus und überlegte, was er tun konnte. Das Ergebnis war so schlecht wie die Lesung: in seinem Zustand – nichts. Er würde es wohl nicht einmal bis zum Telefon hinter dem Verkaufstresen schaffen, und wenn doch, wäre Bianca schneller.

»Sie hören mir ja gar nicht zu!«, rief sie nach einer guten halben Stunde.

»Doch, doch«, beteuerte Klein.

Offenbar nicht überzeugend genug, denn Bianca sprang auf, warf das Buch auf den Sessel und baute sich vor ihm auf. »Und?«

»Was und?«

»Wie finden Sie mein Buch?«

»Ich … ich habe ja noch nicht viel … also da kann ich mir jetzt noch kein genaues Bild machen«, wand Klein sich unter ihrem stechenden Blick.

»Es muss Ihnen auch nicht gefallen«, spie sie ihm entgegen. »Sie müssen es nur verkaufen.«

Klein nickte.

»Ich habe für die komplette Dekoration bezahlt. Sie bekommen einen exklusiven Buchhandelsrabatt. Besser als von den großen Häusern.«

Klein schluckte. »Ja.«

»Ja, was?!«

»Ja, das Buch ist … es ist … großartig.«

Bianca strahlte. Wie eine Mutter, deren zerknautschtes Neugeborenes von der Familie als süß bezeichnet wurde. Doch ihr Lächeln gefror, als es an der Ladentür klopfte. Eine nur schemenhaft erkennbare Gestalt presste die Hände wie einen Trichter an die Scheibe und schielte am Plakat vorbei ins Innere.

»Wer ist das?«, flüsterte Bianca.

Klein zuckte mit den Schultern.

Die Gestalt klopfte erneut und rief dann »Hallo? Jürgen? Mach mal auf!«

Nun erkannte er die Stimme. Manfred Goldfuß. Mit dem er für heute Abend verabredet war. Und der, wie er vermutete, pünktlich auf die Minute gekommen war, um ihn wie vereinbart abzuholen.

»Mein Bekannter«, sagte Klein. »Wir hatten für heute Abend was ausgemacht.«

»Ausgemacht? Bekannter?« Einige Sekunden lang fehlten Bianca, für eine Schreiberin ungewöhnlich, die Worte. In ihrem Kopf kreisten die Szenarien durcheinander. Was konnte sie tun? Was sollte sie tun? Was hätte eine Figur aus ihren Romanen getan?

»Jürgen! Nun mach schon!«

»Ich komme!« Klein wollte aufstehen, schaffte es aber nicht. Bianca überlegte nur kurz. Dann ging sie selbst zur Tür und schloss auf. Vor ihr stand ein groß gewachsener

Mann in den Fünfzigern, der Schnauzbart war bereits angegraut, das Haar licht. Dennoch sah er mehr als gut aus in seinem schwarzen Mantel und mit dem hellroten Schal um den Hals.

»Sind Sie neu hier?« Goldfuß drängte sich an ihr vorbei in den Laden.

»Sozusagen«, murmelte Bianca und wäre beinahe gegen Goldfuß' Rücken geprallt, als dieser abrupt stehen blieb.

»Was ist denn hier los?«, fragte er verwundert beim Blick auf die vielen »Teufelskronen«.

Bianca schickte Klein einen warnenden Blick und dieser verstand zum Glück, dass er besser ihr das Reden überließ. Was sie auch prompt übernahm.

»Ein Experiment. Ein literarisches Experiment«, sagte sie breit lächelnd und streckte Goldfuß die Hand hin. Dieser schlug ein, und als sie sich vorstellte und er erkannte, dass ihr Name auf den Covern prangte, ließ er Luft zwischen den Zähnen zischen.

»Respekt«, sagte er. Und, an Klein gewandt: »Hast du vergessen, dass wir ins Kino wollten?«

Der Angesprochene schüttelte den Kopf.

»Wir haben wohl völlig die Zeit vergessen«, flötete Bianca und ließ sich in den Ohrensessel gleiten. Sie schlug die Beine übereinander und blinzelte kokett.

Goldfuß zwinkerte erst ihr, dann Klein zu. »Verstehe. Alter Schwerenöter. Na, dann will ich nicht länger stören. Den neuen Scorsese-Film können wir uns auch ein andermal anschauen.« Er grinste anzüglich, klopfte seinem Freund auf die Schulter und wandte sich zum Gehen.

Bianca sah, wie bei Klein der Schweiß ausbrach. Sie sprang auf, um sich zwischen den Buchhändler und seinen Freund zu schieben. Wie in Zeitlupe nahm sie wahr, wie Kleins Lippen das Wort »Halt!« formten.

Ihre Augen weiteten sich vor Schreck.

Jetzt ist es aus, befürchtete sie. Was soll ich tun? Den anderen Typen ebenfalls als Geisel nehmen? Wohin soll das führen? Ich will doch nur, dass sich meine Bücher verkaufen!

Doch noch war nicht aller Tage Abend.

»Was Jürgen ungeschickterweise nicht erwähnt hat«, startete sie einen verzweifelten Versuch, »… ist, dass wir uns gerade auf eine Buchlesung vorbereiten. Sie müssen wissen, ich bin Autorin. Komme sogar hier aus der Stadt.«

Der groß gewachsene Mann hob überrascht die Brauen. »Oh! Davon hat er in der Tat nichts erwähnt. Sagen Sie bloß, Sie sind *die* Bianca Kramer?« Mit einem Kopfnicken deutete er auf die Plakate hinter ihnen.

Das ging runter wie Öl. Selbst wenn sie versucht hätte, nicht zu lächeln, wäre es ihr nicht gelungen. »Genau die bin ich.«

»Jetzt bin ich aber neugierig.«

Manfred stapfte auf den Bücherstapel zu und griff nach einem der Exemplare. Das war Biancas Gelegenheit, um Klein ein leises »Seien Sie ja still. Schon vergessen? Ich habe das Gegengift! Es steckt direkt in meiner Hosentasche« zuzuraunen. Dann schritt sie weiter, um dem Freund für etwaige Fragen zur Verfügung zu stehen. Dieser studierte aufmerksam den Buchrücken, blätterte die ersten Seiten durch und las den Romananfang.

Genauso, wie es sein sollte.

Dass er dabei mehrmals beeindruckt nickte, war blanker Honig.

»Wirklich interessant. Ich bevorzuge zwar meistens Klassiker wie Jules Verne und Karl May, aber das hat mich neugierig gemacht. Würden Sie mir ein paar Zeilen daraus vorlesen?«

Hätten es nicht ihre Ohren aufgehalten, ihr Lächeln wäre einmal um den ganzen Kopf herumgegangen. »Nichts lieber als das. Wir wollten ohnehin ein bisschen üben.«

Sie führte ihren Zuhörer zu den Stühlen und warf hinter dessen Rücken dem Buchhändler einen letzten warnenden Blick zu. Der vermutlich unnötig war. Klein hing mehr, als dass er saß, auf seinem Stuhl und hatte sich seinem Schicksal gefügt.

Bianca nahm im Ohrensessel Platz und fächerte sich mit der Hand Luft zu. Auf einmal war ihr unglaublich heiß. Das alles war so aufregend. Sie hatte einen richtigen Zuhörer! Nicht bloß den Buchhändler, der ihr zwangsweise hatte zuhören müssen, sondern jemand, der unbedingt ihr und ihrer Geschichte lauschen wollte. Was konnte es Schöneres geben?

Ihre Finger zitterten leicht, als sie nach dem Roman griff und den Schein der Lampe hinter sich so einstellte, dass der Strahl direkt auf sie und die Buchseiten fiel.

Nun war sie bereit für das Live-Debüt ihres Romans vor echtem Publikum. Noch einmal ermahnte sie sich selbst, nicht zu hastig zu lesen, Kunstpausen einzulegen und so oft wie möglich aufzuschauen. All die Sachen, die Robert Krauss und andere Schriftstellerkollegen ihr geraten hatten.

Dann fing sie an zu lesen.

»Ein bisschen lauter!«, rief Manfred, bevor sie auch nur den ersten Absatz beendet hatte. Sie nickte und kam der Bitte nach. Doch anscheinend nicht genug, denn eine halbe Minute später meldete sich der Zuhörer schon wieder zu Wort: »Noch ein bisschen lauter, bitte. Und nicht so schnell.«

Nicht so schnell? Sie las doch schon fast im Schneckentempo! Aber gut, der Kunde war ja bekanntlich König.

Also ließ sie sich beim Vortragen noch mehr Zeit. Legte nach praktisch jedem Satz eine kleine Pause ein. Und versuchte, die wichtigen Worte besonders zu betonen. Dennoch unterschied sich Manfreds Gesichtsausdruck nur unmerklich von dem seines Freundes Jürgen. Was zur Hölle war deren Problem?

Sie versuchte, unbeirrt weiterzulesen, aber der Blick der Zuhörer schien förmlich auf ihr zu brennen. Es kam zum unvermeidlichen Versprecher. Erst einmal. Gleich darauf noch einmal. Bianca spürte, wie sie errötete.

Ganz ruhig, sprach sie sich selbst Mut zu. Aber das war einfacher gesagt als getan. Ihr Publikum wirkte noch immer nicht begeistert. Verdammt, was machte sie bloß falsch?

Nach dem nächsten Absatz legte sie eine längere Pause ein und sprang einige Kapitel weiter vor. Hier geriet ihre Heldin gerade in einen Hinterhalt, aus dem sie sich nur mit Mühe und Waffengewalt befreien konnte. Mit Action würde Bianca hoffentlich mehr punkten können.

Oder eben nicht.

»Sie lesen noch immer viel zu schnell«, unkte Manfred dazwischen. »Und Sie verschlucken manchmal die Worte. Bleiben Sie ruhig und lassen Sie sich Zeit.«

»Ich. Bin. Ruhig.« Es fiel ihr schwer, die Worte nicht zu brüllen. Ihre Hände krallten sich um die Buchseiten und fungierten als Blitzableiter für ihren weiter aufkochenden Zorn. Hatte dieser Kerl überhaupt eine Ahnung von Lesungen und wie man eine Geschichte vortrug? Wenn es die Szenen erforderten, ließ sie sich beim Vortragen doch Unmengen an Zeit. Und rasante Passagen mussten nun mal etwas flotter gelesen werden. Das hier war schließlich kein Heimatroman für die Omas im Altenheim!

Ein Stöhnen aus Jürgen Kleins Richtung unterbrach sie wenig später. Manfred schaute kurz in seine Richtung, widmete sich dann aber wieder der Lesung. Als das Stöhnen anschwoll, warf sie dem Buchhändler einen mörderischen Blick zu. Den dieser gekonnt ignorierte.

»Jürgen, was ist mit dir?«, fragte Manfred nur Sekunden darauf. »Du siehst nicht gut aus. Soll ich einen Arzt rufen?«

Nein, du solltest zuhören, lag es Bianca auf der Zunge. Statt es auszusprechen, las sie weiter. Ihre Heldin war den Feinden inzwischen entkommen und versteckte sich in einer Ruine am Stadtrand. Das war einer der Höhepunkte in der Geschichte: Der erste Auftritt des Höllenfürsten und der Pakt, den er der Heldin anbot.

Bianca war mächtig stolz auf diese Szene. Manfred hingegen schien nicht einmal mehr zuzuhören. Seine gesamte Aufmerksamkeit gehörte offenbar seinem Freund.

»Vergiftet«, brachte dieser schwerfällig heraus. »Das Miststück hat mich vergiftet.«

Bianca erstarrte. Für einen Moment vergaß sie sogar den Roman in ihren Händen. Wer ist hier ein Miststück, schoss es ihr durch den Kopf. Aber derlei Diskussionen waren derzeit unangebracht.

Der Freund des Buchhändlers wirbelte herum. Sein Blick war zweifelnd und erschüttert zugleich. Er richtete sich auf und kam auf sie zu.

»Er lügt und fantasiert!« Bianca sprang aus dem Sessel und wich einige Schritte zurück.

»Ich weiß nicht, was hier gespielt wird.« Manfred schien mit jedem Schritt zu wachsen. Seine Schultern kamen ihr so breit wie die Stoßstange eines Autos vor. Und seine Hände erst. Pranken so groß wie Radkappen.

»Ich hab ihm nichts getan!« Ihre Worte klangen leise und piepsig wie von einer Maus.

»Sie lügt«, stöhnte Klein von der anderen Seite des Verkaufsraums. »Sie hat mir irgendwas verabreicht und mich erpresst. Damit ich ihr verdammtes Werk bei mir ausstelle. Sonst würde sie mich umbringen.«

»Gar nicht!« Aus Kleins Mund klang die Sache vollkommen übertrieben. Sie hatte niemals vorgehabt, ihn umzubringen. Sie konnte doch nicht mal einer Fliege was zuleide tun. Das musste er doch wissen.

Dann erreichte sie der groß gewachsene Mann. Baute sich förmlich vor ihr auf. Schützend presste sich Bianca ihr Buch an die Brust. Als er seine gewaltigen Hände nach ihr ausstreckte, hatte sie das Gefühl, zu schrumpfen. Sie wollte sie beiseitestoßen. Sich wehren. Mit Worten und mit Taten. Die Helden in ihren Geschichten waren auch in jeder Hinsicht schlagfertig.

Aber das hier war keine ihrer Erzählungen, sondern die Realität. In der sie sich auf einmal ziemlich wehrlos vorkam. Scheinbar mühelos riss Manfred ihr die »Teufelskrone« aus den Händen und drehte ihr die Arme auf den Rücken.

Mit nur einer Hand hielt er sie fest und fischte sich mit der anderen sein Mobiltelefon aus der Manteltasche.

»Hören Sie auf! Sie tun mir weh!«

Ihre Worte verpufften ohne Wirkung. Manfred war voll und ganz auf seinen Notruf konzentriert. Bianca versuchte, die Gelegenheit für einen Fluchtversuch zu nutzen. Doch der Griff des Mittfünfzigers war fest wie der eines Schmieds. Verzweifelt blickte sie zu Klein und glaubte, im Gesicht des Buchhändlers ein zufriedenes Lächeln zu entdecken.

»Zukünftig können Sie Ihre Lesungen in der Gefängnis-Kantine halten«, sagte er mit leiser Stimme. »Aber sehen Sie es von der positiven Seite. Dort können Ihnen die Zuhörer nicht davonlaufen.«

REISETIPPS SEBNITZ

Sebnitz bildet den östlichsten Punkt der Sächsischen Schweiz und geht praktisch nahtlos in den tschechischen Ort Dolní Poustevna über.

Der Ort mit seinen rund 10.000 Einwohnern gilt als Stadt des Kunstblumenhandwerks und liegt eingebettet in die Hügel- und Tallandschaft am Rande des Nationalparks »Sächsische Schweiz«. Bei einem Spaziergang durch die Sebnitzer Straßen bekommen Sie zahlreiche Bürgerhäuser aus der Gründerzeit, Umgebinde- und Fachwerkhäuser der Leinweber sowie ehemalige Produktionsgebäude aus der Hochzeit der Kunstblumenindustrie zu Gesicht.

Zum touristischen und kulturellen Zentrum der Stadt zählen das Haus des Gastes (in dem auch die Touristeninformation beheimatet ist), das Kunstblumen- und Heimatmuseum, die Bibliothek mit ihrer »Grünen Leseinsel«, die Sebnitzer Seidenblumenmanufaktur, die Parkanlage mit Freischach und der unter Denkmalschutz stehende Marktplatz mit seinen im spätklassizistischen Stil erbauten Häusern.

Im Erholungsgebiet »Forellenschänke«, nicht weit von der Grenze zur Tschechischen Republik entfernt, gibt es seit 1996 einen bemerkenswerten Urzeitpark, der genau wie sein großer Bruder in Kleinwelka (nahe Bautzen – wie Sie auch in unserem kriminellen Reiseführer »Wer mordet schon in der Oberlausitz?« nachlesen können) vom ostsächsischen Künstler Franz Gruß geschaffen wurde. Mehr als 400 Skulpturen von Dinosauriern und urzeitlichen Kleinlebewesen sowie bizarre neuzeitliche Tiere, wie die unwahrscheinliche Riesenkrake, wurden hier mit Zement und viel Detailtreue nachgebaut und können auf dem über 10.000 qm großen Freigelände bestaunt werden.

Viel Spaß werden Sie auch im Sebnitzer Hochseilgarten am Birkenweg 2 haben, wo unzählige Seile und Balken in etlichen Metern Höhe schweben, verbunden durch massive, in gleicher Höhe befindliche Plattformen. Wem das bloße Hinaufklettern als Nervenkitzel nicht genügt, darf seinen Mut gern am Hindernisparcours ausprobieren.

Damit dabei nichts schiefgeht, erhält jeder Besucher vor dem Betreten des Geländes eine gründliche Sicherheitseinweisung. Weitere Infos finden Sie unter www.hochseilgarten-sebnitz.de.

Wie eingangs erwähnt, wird Sebnitz die »Seidenblumenstadt« genannt. Bereits 1834 wurden hier künstliche Blumen in traditioneller Handarbeit hergestellt. Wenn Sie mehr darüber erfahren möchten, sollten Sie sich einen Besuch in der deutschlandweit einzigen Seidenblumenmanufaktur und dem Blumeneisenkeller nicht entgehen lassen. Hier können Sie auch den Museumsmitarbeiterinnen beim »Blümeln« (der Herstellung der Blüten) zuschauen. Oder in der Schauwerkstatt unter fachmännischer Anleitung selbst ein kleines Andenken herstellen. Das deutsche Kunstblumenmuseum finden Sie im Neustädter Weg 10. Öffnungszeiten und zusätzliche Informationen erhalten Sie unter der Telefonnummer 03 59 71 / 5 31 81 und unter www.deutsche-kunstblume-sebnitz.de.

Falls Sie zufällig im April nach Sebnitz kommen, lassen Sie sich den alljährlich stattfindenden Blumenball nicht entgehen. Live-Bands, Show-Acts und prominente Moderatoren präsentieren ein vielseitiges Programm, bei dem keine Langeweile aufkommt. Außerdem wird beim Festakt jedes Jahr ein neues Blumenmädchen gewählt und das vorherige gebührend verabschiedet.

Jedes Jahr am ersten Freitag im November erstrahlt das Sebnitzer Stadtzentrum in Lichterglanz und Fackelschein. Alle Geschäfte, Museen und Straßen sind herausgeputzt und bieten einen besonderen Augenschmaus. Viele Geschäfte und Museen laden zudem zu ungewöhnlichen Aktionen und Gewinnspielen mit Sonderpreisen ein.

Zu Weihnachten sollten Sie sich die Sebnitzer Tannert-Weihnacht nicht entgehen lassen. Unter dem Motto »Klasse statt Masse« werden auf dem Weihnachtsmarkt Scherenschnitte von Adolf Tannert präsentiert. Wir haben uns sagen lassen, dass das Zusammenspiel von Licht und Schatten(spielen) bei Schnee besonders verzaubernd wirken soll.

Apropos Augenschmaus: Besuchen Sie doch das »Fischer-Art-Haus« in der Neustädter Straße 3 (Ecke Neustädter Weg). Kaum ein Künstler hat rund um den Globus so viel Gebäude und Flächen bemalt wie der Leipziger Michael Fischer-Art. Seine farbenfrohen Zeichnungen im Comicstil finden sich sowohl an Häusern in Europa wie auch in

Amerika, Asien und selbst in Afrika. Im Jahr 2001 entstand im Zuge des Projekts »Junges Wohnen« das »Bunte Haus« in Sebnitz, um so der Stadt einen buchstäblich echten Hingucker zu verschaffen. Wir finden, das ist sehr gut gelungen.

Sie interessieren sich für Modelleisenbahnen? Dann ist Ihnen der Name des Herstellers Tillig längst ein Begriff. Hinter dessen Shop an der Promenade 1 finden Sie ein liebevoll eingerichtetes Museum, in dem der Hersteller über seine 50-jährige Geschichte und 100 Jahre Modellbahngeschichte informiert. Mit zahlreichen faszinierenden Ausstellungsstücken, die das Herz eines jeden kleinen oder großen Eisenbahnliebhabers höher schlagen lassen.

Ein einzigartiges Familien-Freizeiterlebnis verspricht das SoliVital – das Sebnitzer Sport- und Freizeitzentrum in der Schandauer Straße 100, in dem Sie die fünf Themenwelten Fitness, Klettern, Kegeln, Sport und Toben auf einer Fläche von über 3.000 Quadratmetern direkt unter einem Dach wiederfinden. Ideal, um überschüssige Energie abzubauen und dabei viel Spaß zu haben. Geöffnet ist täglich bis 22 Uhr, freitags und samstags sogar bis 23 Uhr. Mehr Informationen zu SoliVital gibt es unter der Telefonnummer 03 59 71 / 80 84 80.

Im September 2001 eröffnete in der Hertigswalder Str. 12–14 das Afrikahaus Sebnitz, das als Museum, Bibliothek und Begegnungsstätte dienen soll. Hier finden Sie eine völkerkundliche Sammlung von rund 4.000 Exponaten über den und vom afrikanischen Kontinent. Aus der Sammlung des Ehepaars Nold werden Exponate der deutschen Kolonialzeit sowie Objekte aus Namibia und Südafrika ausgestellt. Eine Fotodokumentation über Albert Schweitzers Urwaldklinik in Lambarene können Sie ebenfalls bewundern. Und aus der Sammlung Werner Küpper sind völkerkundliche Exponate Ost- und Westafrikas zu sehen. Nicht zu vergessen die unglaubliche 3.400 Titel umfassende Nold-Namibia-Bibliothek. Geöffnet hat das Afrikahaus täglich außer Montag von 10 bis 17 Uhr. Weitere Informationen erhalten Sie unter Tel.: 03 59 71 / 8 07 30.

Vor den Toren der Stadt, am Naßweg 5, direkt an der S154, liegt das »Western Village«, wo sich Westernfreunde zusammenfinden und die Country- und Western-Ära wieder aufleben lassen. Zweimal im Jahr finden auf dem Ranch-ähnlichen Gelände Rodeos mit Westernreiten und Spielen, Countrymusik und Tanz statt. Wenn Sie sich ranhalten, haben Sie auch die Chance, eine der nur im begrenzten Umfang verfügbaren Übernachtungsmöglichkeiten wahrzunehmen. Rufen Sie am besten gleich unter der Telefonnummer 03 59 71 / 5 13 81 an oder besuchen Sie die Homepage www.westernvillage.de.

Nicht weit von Sebnitz entfernt befindet sich die historische Waldarbeiterstube Hinterhermsdorf. Hier erhalten Sie einen Einblick in die Wohnverhältnisse einer ländlichen Familie zum Ende des 19. und zu Beginn des 20. Jahrhunderts. Geöffnet ist von Ostern bis Ende Oktober. Die aktuellen Öffnungszeiten erfahren Sie im Haus des Gastes Hinterhermsdorf (in der Kontaktbox).

Und wenn Sie einmal vor Ort sind, unternehmen Sie doch gleich einen »heimatkundlichen Dorfrundgang«, der auf

Initiative des Heimatvereins Hinterhermsdorf entstanden ist. Während des rund zweistündigen Fußmarsches erfahren Sie mithilfe von 30 Informationstafeln viel Wissenswertes über die Geschichte des Ortes, seine Besonderheiten und was dort sehenswert ist. Die erste Tafel befindet sich unweit des »Haus des Gastes« in der Weifbergstraße 1, wo Sie auch einen kostenfreien Plan mit den 30 Stationen erhalten können. Anrufen können Sie dort unter der Telefonnummer 03 59 74 / 52 10. Oder schicken Sie eine E-Mail an hinterhermsdorf@sebnitz.de.

Ein weiteres kleines Museum ist die Kaukasusstube Sebnitz in der Hertigswalder Straße. Hier hat die Familie Mütze in ihrem Wohnhaus mit viel Liebe und Leidenschaft ein privates Museum rund um das Kaukasus-Gebirge eingerichtet und stellt jede Menge außergewöhnliche und seltene Exponate aus. Der Eintritt ist frei. Über telefonische Voranmeldungen unter 03 59 71 / 5 46 69 freut man sich sehr.

Metas Extratipp: Sebnitz ist über 750 Jahre alt und hat im Laufe der Jahrhunderte viel erlebt. Nutzen Sie die Chance, eine der bei der Tourist-Information im Neustädter Weg 10 angebotenen Stadtführungen zu buchen – oder einen sogenannten Audiowalk zu unternehmen.

Letzteres ist eine Mischung aus Hörspiel und Stadtführung. Anfang 2015 begaben sich Künstler aus dem Bereich Theater, Video und Hörspiel des Dresdner Kollektivs »theatrale subversion« gemeinsam mit Sebnitzer Jugendlichen auf die Suche nach Geschichten vom scheinbar Fremden in der Stadt. Mittels Interviews und selbst produzierten Soundcollagen wurden die Aufnahmen zu einem begehbaren Hörspiel umgestaltet, das Sie sich herunterladen können, um auf eigene Faust einen ganz besonderen Stadtrundgang zu erleben.

Weitere Informationen und die Tonspuren finden Sie auf der Internetseite www.aktion-zivilcourage.de.

VON SEBNITZ NACH BAD SCHANDAU

»Da bin ich aber froh, dass du kein Buchhändler bist«, lachte Meta, nachdem Kurt seine Geschichte beendet hatte. »Die leben scheinbar gefährlich.«

Kurt kicherte und bot ihr auf dem Rückweg von der Marienkirche den Arm an. Meta hakte sich ein und ging ein bisschen näher neben ihm, als es nötig gewesen wäre. Was sich gut anfühlte. Vertraut und doch neu. Gut eben.

»Ist die Frau noch in Haft?«, wollte Meta wissen.

»Ich nehme es nicht an. Bei guter Führung dürfte sie bereits nach drei Jahren wieder auf freiem Fuß gewesen sein.« Er sah Meta einen Moment länger an als gewöhnlich. »Veröffentlicht hat sie aber, soweit ich weiß, nie wieder was.«

Meta sog die klare Luft ein und warf einen letzten Blick auf Königstein. Dann löste sie sich von Kurt und stieg in den Wagen. Dieses Mal fuhr sie. Was Kurt ganz recht zu sein schien. Auf den letzten Metern zum Auto war er in ein seltsames Schweigen verfallen. Außerdem bedachte er sie, wann immer er glaubte, dass sie es nicht bemerkte, mit merkwürdig nachdenklichen Blicken. Als er auf einmal zu schmunzeln begann, musste sie natürlich darauf reagieren.

»Was ist?«, fragte sie. Nebenbei lenkte sie das Auto nach Kurts Anweisungen Richtung Nordwest.

»Ach, ich … nichts.«

Meta gab sich mit der Antwort zufrieden, war sie selbst doch genug mit den eigenen Gedanken beschäftigt. Die kreisten um die baldige Rückkehr nach Hause und um die Frage, ob und wann sie Kurt wiedersehen würde. Schweigend saßen die beiden nebeneinander, passierten Lichtenhain und Mittelndorf und kamen in Altendorf bei einer Baustellenampel zum Stehen. Vor ihnen warteten bereits einige Fahrzeuge auf Grün. Im Rückspiegel sah Meta, wie ein Lieferwagen hinter ihnen anhielt und der Fahrer nervös aufs Lenkrad trommelte. Der Mann hatte offensichtlich keine Zeit, aber es würde auch nicht schneller gehen, wenn er sich aufregte. Ob man nun 15 oder 20 Minuten für die Strecke brauchte, machte den Kohl sicher nicht fett.

»Kohl!«, rief Kurt in dem Moment.

Meta schluckte. Konnte er Gedanken lesen?

»Da gab es einen Hartmut Kohl, das war wohl 2011. Ja, doch.« Kurt kratzte sich am Kinn.

Meta lächelte. »Und der hat es auch in deinen Krimifundus geschafft, ja?«

Sie nickte Kurt aufmunternd zu. Und noch ehe die Ampel die Farbe wechselte, waren sie bereits mitten drin in einer neuen Erzählung.

BAD SCHANDAU, 2011

Hartmut Kohl ließ die blaue Sporttasche fallen und machte einen Schritt zurück. Ihn schauderte. Nicht, weil seine Haare vom Schwimmen in der Therme noch feucht waren. Und auch nicht, weil er nach dem Schwimmen so hungrig war, dass er am liebsten zwei Pizzen in den Ofen geschoben hätte. Seine Nackenhaare stellten sich auf, als wäre er ein Wolf, der Gefahr witterte. Allerdings ein sehr mutloser Wolf, denn Hartmut knurrte nicht und dachte nicht einmal daran, sich zu wehren, als der schwere Hammer auf seinen Schädel krachte. Im Fallen streckte er die Hand aus, als könnte er seine Frau, die bestürzt die Hände vors Gesicht schlug und zu kreischen begann, damit irgendwie retten. Doch genau wie ihn konnte auch Cordula niemand mehr retten. Als Hartmut Kohl starb, hatte er die Augen geschlossen. Seine Gattin folgte nur wenige Sekunden später.

»Was für eine Schweinerei!« Kommissar August Hellstein funkelte seinen Assistenten Hansen an, als ob der irgendetwas für die Blutlachen könnte. Der Kommissar schaute auf die beiden leblosen Körper, ließ den Blick schweifen zu den Blutspritzern an der Wand. Verharrte mit den Augen an einer blauen Schwimmtasche und seufzte. Er hätte sich für einen Adventssonntag etwas anderes vorstellen können, als in Bad Schandau in einem Siedlungshäuschen zu stehen. Weihnachtsmarkt, zum Beispiel.

Glühwein. Einen neuen Schwibbogen hatte er kaufen wollen. Oder ein Räuchermännchen.

»Das muss die Tatwaffe sein.« Hansen lenkte die Aufmerksamkeit des Ermittlers zurück in den gefliesten Flur. Halb verborgen hinter einem Schuhschrank lag ein schwerer Hammer, an dem Blut und Haarreste klebten. Offenbar hatte sich der Täter nicht die Mühe gemacht, das Werkzeug verschwinden zu lassen. Hellstein schielte auf die Uhr. In ein paar Minuten müsste die Spurensicherung da sein. Bis dahin wollte er den Tatort auf sich wirken lassen. Er nickte Hansen zu. Der verstand und verschwand mit den beiden Streifenbeamten nach draußen. Nicht ohne ein Murren, denn erstens drängten sich im Vorgarten jede Menge Nachbarn und Schaulustige, und zweitens hatte ein eiskalter Regen eingesetzt.

»Frag schon mal die Zeugin!«, rief Hellstein ihm hinterher und schloss die Tür. Er wusste, dass das Ehepaar Kohl heute früh kurz nach acht von einer Nachbarin gefunden worden war, die wie jeden Sonntag nach ihrer Gassirunde Brötchen und Croissants auf Bestellung von Freunden holte und ihnen brachte. Hellstein hatte noch nicht gefrühstückt, aber beim Anblick der aufgeplatzten Schädel verging ihm jegliche Lust auf Backwerk. Er schlängelte sich an den Leichen vorbei, sorgsam darauf bedacht, trotz Überziehern nicht in eine Blutlache zu treten. Vom Flur zweigte er zunächst in die Küche ab, inspizierte diese, fand nichts Auffälliges und setzte seinen Weg ins Wohnzimmer fort. Auch hier war auf den ersten Blick alles so, wie es in einem biederen Haushalt der Mittelschicht nun einmal aussah. Er hatte schon viele solcher Wohnzimmer gesehen: mittelteure Couchgarnitur, davor ein Holztisch mit dem zur Jahreszeit passenden Adventskranz, Kissen passend zum Sofabezug und eine Schrankwand aus dem Baukasten der Möbelhäuser. Einzig der übergroße Flatscreen, der sich mit Ach und Krach in die dafür vorgesehene Lücke im Regal zwängte, passte nicht ins Bild. Hellstein seufzte und setzte sich in den Funktionssessel.

An der Wand entdeckte er zahlreiche gerahmte Fotografien. Sie zeigten das ermordete Ehepaar an sonnigen Stränden, auf saftigen Bergwiesen oder an Bord eines Kreuzfahrtschiffes. Kinder schienen die beiden nicht zu haben, was August nur recht war. So sparte er sich den üblen Gang zu den Angehörigen. Er schloss die Augen, nahm den Geruch des Wohnzimmers in sich auf und erhob sich dann. Die Wohnwand war dekoriert mit Meißener Porzellan. Nicht sein Geschmack, aber definitiv nicht billig. Er öffnete die erste Schublade und sog die Luft ein: Sie war gefüllt mit Münzalben. In jedem Plastikfach steckte eine Goldmünze. Auch nicht sein Geschmack, aber ebenfalls nicht billig. Und: Da auch beim Blick in die weiteren Laden klar wurde, dass weder eine teure Nikon noch ein Laptop oder ein Silberbesteck aus 24 Teilen fehlten, war ihm klar, dass dies auf keinen Fall ein Raubmord war. Er schielte zum Fenster und erkannte durch die Gardinen, dass Hansen mit einer älteren Dame sprach. Die Streifenbeamten hatten mittlerweile den Vorgarten geräumt und abgesperrt. Zu spät, dachte der Ermittler grimmig, denn wenn es Spuren in den sorgsam gepflegten und mit Tannenreisig für den kommenden Schnee abgedeckten Beeten gegeben hatte, waren die nun zertrampelt.

»Mist!« Hellstein fluchte leise, als er die SpuSi anfahren sah. Er huschte in den zweiten Stock des Hauses. Badezimmer. Ein als Kinderzimmer vorgesehenes und als

Büro-Bügel-Zimmer genutztes Kämmerlein. Im Schlafzimmer fand er das ordentlich gemachte Doppelbett und schauderte. Wie konnte jemand freiwillig in Leopardenbettwäsche schlafen? Beim Blick in den Kleiderschrank allerdings konnte er sich einen Pfiff nicht verkneifen. Neben Arbeitsklamotten – der Tote war nach Auskunft von Hansen bei der Stadtreinigung beschäftigt gewesen – hingen Anzüge. Teure Anzüge. Er schielte auf die Marken. Hugo Boss sagte ihm etwas. Nicht sein Geschmack. Aber nicht billig. Auch in der Abteilung der toten Ehefrau hingen edle Kleider. Fließende Stoffe. Seide. Wenn er den zermatschten Schädel ausblendete, konnte er sich vorstellen, dass Frau Kohl in den Kleidern famos ausgesehen haben musste.

Unten ging die Haustür auf. Rasch schloss er den Kleiderschrank, kramte in den Nachttischschubladen und machte sich dann auf den Weg ins Büro. Zwischen Schreibtisch und Regalen stand ein Bügelbrett. Hellstein setzte sich an den ledernen Chefsesel und fuhr den PC hoch.

»August?«, brüllte Hansen von unten. Der Kommissar verdrehte die Augen. Meldete sich aber mit einem unartikulierten Rufen und starrte auf den Bildschirm, als sein Assistent eintrat.

»Die Kollegen sind da«, meldete Hansen, was Hellstein schon wusste.

»Hmmh«, brummte der Ermittler und begann, sich durch die gespeicherten Dateien zu klicken. Die Feinarbeit würde er im Präsidium machen, aber für einen ersten Eindruck taugte das hier allemal. Und war es nicht eine alte Binsenweisheit der Polizei, dass Täter am ehesten in den ersten 24 Stunden gefasst wurden?

»Die Zeugin kann auch nichts sagen, hat natürlich nichts gesehen. Lässt aber ausrichten, dass sie uns gerne die Semmeln für die Familie Kohl überlass...«

»Schluss! Blödsinn«, brüllte Hellstein.

Hansen zuckte zusammen, murmelte ein »Ich sag ja nur« und verschwand nach unten. Kurz darauf hörte Hellstein ihn mit den Kollegen der SpuSi reden. Er selbst öffnete einen Ordner im Schreibprogramm und stutzte. Nicht nur wegen des Namens »Müll«, sondern wegen des Inhalts: Hunderte von PDF-Dateien. Er klickte die erste an. Fand eine Rechnung über Winterreifen. In der nächsten eine Rechnung für einen Hotelaufenthalt in Sebnitz. Weitere Rechnungen und Belege. Tankstellen, Restaurants, Autozubehör, Dessous. Schmuck. Uhren. Und alle hatten eines gemeinsam: den Namen des Empfängers Ralf Silbereisen. Und der saß, wie Hellstein sich erinnerte, im Sächsischen Landtag. Für welche Partei wusste er nicht. Nur, dass dieser Herr erstens oft in den Lokalnachrichten auftauchte, in Bad Schandau lebte und, soweit er sich erinnerte, Vater von zwei Kindern war.

Hellstein kopierte sich die Daten auf den USB-Stick, den er immer am Schlüsselbund bei sich trug, und fuhr den PC herunter. Später würden die Kollegen von der IT-Abteilung den Computer gründlich unter die Lupe nehmen. Sollten sie ruhig tun. Ihm genügten einstweilen die Daten auf seinem Datenstick. Die wollte er auf dem Revier weiter durchforsten. Zunächst aber fragte er sich: Wie kam Hartmut Kohl an die Rechnungen, und vor allem – was hatten die offensichtlich eingescannten Belege auf dem PC des Toten zu suchen? Hatte es was mit seiner Arbeit für die Stadtreinigung zu tun? Oder doch eher was mit Frau Kohls Beruf?

Zurück im Erdgeschoss kam er am Tatort vorbei, wo die Kollegen gerade dabei waren, die letzten Fotos von den Leichnamen sowie den Blutspritzern an den Wänden und der Sporttasche zu schießen. Einmal mehr fiel ihm auf, wie brutal der Täter vorgegangen war. Das sprach für eine persönliche Verwicklung. Und dass jemand mächtig wütend gewesen war. Was hatte der Hammer als Tatwaffe zu bedeuten? Nachdenklich kratzte sich Hellstein am Kinn. Dieser Fall gefiel ihm ganz und gar nicht.

Viel war auf dem Polizeirevier in Pirna an diesem dritten Advent nicht los. Rabenschmidt und seine Kollegin standen halb über ihren Schreibtisch gebeugt und studierten Fotos von Ölgemälden und alten Bleistiftskizzen. Ach ja, diesen ominösen Caspar-David-Friedrich-Fall in Schöna, um den sie sich neulich gekümmert hatten und bei dem trotz der Aufklärung noch immer nicht alles einwandfrei rekonstruiert war. Hellstein überlegte kurz, auf einen kleinen Plausch zu ihnen zu gehen, ließ es dann aber doch bleiben. Sowohl sie als auch er hatten genug mit ihrer jeweiligen Arbeit zu tun. Er hoffte inständig, dass sie die Ermittlungen im Hause Kohl noch vor Weihnachten abgeschlossen haben würden. Wenn sie das nicht schafften, würde Hellstein wahrscheinlich die ganze Zeit über mit den Gedanken bei der Arbeit sein und so auch das letzte Bisschen Festtagsstimmung ruinieren. Mit seiner Frau Linda lief es eh nicht besonders gut. Zusätzliches Öl wollte er deshalb nicht ins Feuer gießen. Dass sie heute nicht wie geplant gemeinsam einen neuen Schwibbogen aussuchen konnten, hatte ihr ebenfalls sauer aufgestoßen. »Immer kommt deine Arbeit dazwischen«, hatte sie gefaucht. Als wenn er daran schuld wäre. Was konnte er denn dafür, dass ständig irgendwo was passierte? Er als Polizist war nur dafür zuständig, die Sachen aufzuklären.

Aufklären!

Das war das Stichwort. Mit einem tiefen Seufzer ließ er sich hinter seinem Schreibtisch nieder und startete den Computer. Nebenbei bat er seinen ihm gegenüber sitzenden Assistenten Hansen, die Lebensläufe der beiden Ermordeten genauer zu durchleuchten. Berufliche Werdegänge, Vorstrafenregister, Einträge in Flensburg oder bei der Schufa. Sie brauchten irgendeinen Punkt, an dem sie mit ihren Nachforschungen anknüpfen konnten.

Während der altersschwache PC vor sich hin röchelte, griff Hellstein wie selbstverständlich an die Brusttasche seines Hemdes. Dort, wo bis vor wenigen Wochen seine Zigarettenpackung gesteckt hatte. Inzwischen versuchte er sich als Nichtraucher, hatte aber noch immer mit den Entzugserscheinungen zu kämpfen. Vor allem in Momenten wie diesem hatte er das Gefühl, es vor innerer Unruhe kaum auszuhalten. Widerwillig schob er sich einen Fruchtkaugummi in den Mund. Der schmeckte zwar unangenehm nach Zitrone, gab seinem Körper aber wenigstens genug zu tun, damit sich der Stress halbwegs kompensieren ließ. Um auch seinen Geist auf andere Gedanken zu bringen, steckte er den USB-Stick an und öffnete den schreibgeschützten Ordner.

Ihm fiel auf, dass viele der eingescannten Dokumente Eselsohren, Falten und sonstige Knitter besaßen. So als wären sie von jemandem weggeworfen worden. Eventuell war also der Ordnername »Müll« nicht zufällig gewählt worden.

»Was, sagtest du noch mal, arbeitete Kohl bei der Stadt-reinigung?«, fragte er über den Schreibtisch seinen Kollegen.

»Müllkutscher. Er leerte die Tonnen aus.«

Das konnte eine mögliche Verbindung sein. »Hast du schon was über die Toten herausgefunden?«

»Polizeilich auffällig geworden ist keiner von beiden. Gelegentlich gab es mal ein Knöllchen wegen Falschparken oder erhöhter Geschwindigkeit, aber nix Weltbewegendes. Die Schufa-Auskunft steht noch aus.«

»Welcher Arbeit ging die Gattin nach?«

»Laut Finanzamt arbeitete Cordula Kohl als Haushälterin. Für verschiedene private Arbeitgeber in der Region.«

»Auch für Ralf Silbereisen?«

»Davon steht hier nichts. Meinst du, die beiden hatten was miteinander?«

»Und der Ehemann hat es rausgekriegt? Aber warum mussten dann beide sterben? So ganz passt das noch nicht zusammen. Aber vielleicht kann der Herr Abgeordnete da ja etwas Licht ins Dunkel bringen.«

Hansen reckte den Hals in die Höhe, um über den Monitor starren zu können. »Jetzt? Heute ist Adventssonntag.«

»Na und? Uns fragt auch keiner, ob wir gerne frei hätten. Die Arbeitskollegen von Hartmut Kohl können wir auch erst morgen befragen. Warum also nicht noch einen kleinen Ausflug nach Bad Schandau unternehmen?« Während er sprach, klickte er einige der PDF-Dokumente an und druckte sie aus. »Mehr als das haben wir momentan nicht. Du kannst die Kollegen aber noch mal bitten, die Münzsammlung im Haus zu überprüfen. Auf den ersten

Blick war zwar alles da, aber man weiß ja nie, ob nicht doch irgendein besonderes Geldstück fehlt.«

Hellstein griff nach seinem Mantel. Auf dem Weg zum Ausgang schnappte er sich die Unterlagen vom Drucker. Draußen hatte ein unangenehmer Nieselregen eingesetzt. Er passte hervorragend zu seiner immer weiter in den Keller rutschenden Laune.

Obwohl es noch nicht mal um vier war, bekam der milchgraue Dezemberhimmel eine immer dunklere Färbung. Sämtliche ihnen entgegenkommende Autos hatten ihre Scheinwerfer eingeschaltet. Manche davon waren Sonntagsfahrer, die die Gelegenheit für besonders langsame Fahrweisen nutzten. Hellstein hätte vor Ungeduld ins Lenkrad beißen können. Um sich abzulenken, schaltete er das Radio an, aber dort liefen bloß Bruno Mars, Lana Del Rey und eine, die sich selbst Lady Gaga nannte.

Nee, das war nichts für ihn. Gern hätte er jetzt was Rockiges gehört, um auf andere Gedanken zu kommen. Zum Beispiel was Altes von R.E.M. Was Neues würde es von der Band ja nicht mehr geben, nachdem sie im September ihre Auflösung bekannt gegeben hatte. Zufälligerweise genau einen Tag, nachdem er mit dem Rauchen aufgehört hatte. Als hätten sie ihn damit ärgern wollen. Das Ende der Band hielt er immer noch für einen kolossalen Fehler. Auch wenn es auf den letzten Alben gelegentliche Ermüdungserscheinungen gegeben hatte, bezweifelte er nicht, dass das geniale Trio sicher noch den einen oder anderen großen Wurf gelandet hätte.

Sein Blick fiel auf eine Litfaßsäule am Pirnaer Straßenrand, wo für den in Kürze anlaufenden Kinofilm »Mission Impossible 4« geworben wurde. Den wollte er sich unbedingt anschauen. Endlich mal ein gescheiter Blockbuster und nicht so was wie dieser animierte »Tim & Struppi«-Streifen oder diese »Aushilfsgangster«-Klamotte mit Eddie Murphy und Ben Stiller, die derzeit im Filmpalast liefen. Ob er Linda dazu überreden könnte? Actionkracher waren ja eher nicht so ihr Ding. Aber vielleicht in Verbindung mit einem leckeren Abendessen? Mal sehen.

Sie folgten der B172 an Königstein vorbei und erreichten nach gut einer halben Stunde Fahrt Bad Schandau. Dank des Navis war es kein Problem, das Haus der Silbereisens zu finden. Es war eine ansehnliche, für die Gegend untypische Walmdachvilla mit blassgelber Fassade und reetgedeckt, nicht weit von der St.-Johanniskirche entfernt. So grundsaniert wie die Bude aussah, hatte sie beim Hochwasser 2002 wohl einiges abbekommen.

Am Gartentor warnten sie das Bild eines Schäferhunds und die Botschaft »Hier wache ich« vor dem unbefugten Betreten des Grundstücks. In natura zeigte sich das gute Tier allerdings weder beim Öffnen des Tors noch nach dem Klingeln an der Haustür. Wahrscheinlich schlief er irgendwo drinnen. Das Wetter jedenfalls wäre passend dafür. Der Nieselregen nahm langsam zu und lief Hellstein unangenehm in den Jackenkragen.

Zum Glück dauerte es nicht lang, bis ihnen eine blonde Frau von vielleicht Mitte 30 mit fein geschnittenen Gesichtszügen die Tür öffnete. »Ja, bitte?«, fragte sie mit Skepsis in der Stimme und im Blick. Einen Stock höher hörte man zwei Kinder herumtollen, die, dem Geräuschpegel nach zu urteilen, eine Menge Spaß dabei hatten.

Hellstein zückte wie gewohnt seine Marke und stellte sich ordnungsgemäß als Kriminalkommissar vom Revier

Pirna vor. Nach ihm folgte Hansen mit einem ähnlichen Sprüchlein. »Sie sind Frau Silbereisen?«

Die Hausherrin nickte.

»Wir würden gern Ihren Mann sprechen.«

»Der ist gerade nicht daheim. Kann ich Ihnen vielleicht weiterhelfen?«

Die Frage brachte Hellstein einen Moment lang ins Grübeln. Bestand möglicherweise die Gefahr, hier unbeabsichtigt einen schlafenden Hund zu wecken? Und damit meinte er gewiss nicht den Bello, der am Gartentor erwähnt worden war. Er beschloss, es zu riskieren. »Kennen Sie einen Herrn Hartmut oder eine Frau Cordula Kohl?« Parallel zur Frage zog Hansen Porträtfotos des Ehepaars aus der Manteltasche, die er vorhin am Computer ausgedruckt hatte. Frau Silbereisen schaute nur kurz darauf und zuckte dann mit den Schultern. »Flüchtig. Man läuft sich gelegentlich über den Weg. So groß ist Bad Schandau nicht. Und als Gattin eines Politikers muss man sich gelegentlich auch unters Volk mischen.«

Hellstein runzelte irritiert die Stirn, schluckte aber die Bemerkung auf seiner Zunge ungeäußert herunter. »Wann haben Sie sie das letzte Mal gesehen?«

»Keine Ahnung. Das ist Wochen her. Wenn nicht Monate.«

»Haben Sie eine Haushaltshilfe?«

»Ja, Wanda. Aber die hat heute frei. Worum geht es denn?«

»Um eine polizeiliche Ermittlung. Wissen Sie, wo wir Ihren Mann finden können?«

»Er befindet sich auf einer Klausurtagung in Sebnitz. Wo genau, kann ich Ihnen gar nicht sagen. Er hat ja ständig irgendwo Termine.«

»Okay, haben Sie trotzdem vielen Dank«, sagte Hellstein und fügte in Gedanken hinzu: Ich glaube, ich habe da schon so eine Ahnung, wo er stecken könnte. Er gab seinem Partner ein Zeichen, ihm zum Wagen zurück zu folgen.

Weiter ging die Fahrt in Richtung Nordosten. Bis nach Sebnitz waren es zwar bloß 14 km, aber fast die gesamte Straßenstrecke führte über Berge und durch Wälder, auf denen die Autofahrer besonders langsam unterwegs waren. Nicht ganz unschuldig daran war der inzwischen massive Regen, der die Sicht erheblich einschränkte.

Aus irgendeinem Grund fühlte Hansen sich genötigt, die Fahrtdauer mit einer Unterhaltung zu überbrücken. Dabei hätte Hellstein kein Problem damit gehabt, einfach nur zu schweigen und verdrossen auf seinem Zitronenkaugummi herumzukauen.

»Denkst du, dieser Silbereisen hängt mit drinnen?«, fragte der Assistent mit Blick aus dem Fenster.

Hellstein dachte einen Moment darüber nach und schüttelte den Kopf. »Für derlei Überlegungen dürfte es zu früh sein. Aber als Politiker hat er bei mir eh einen schlechten Stand. Meiner Meinung nach kann man denen grundsätzlich nicht trauen. Du siehst ja, was in den letzten Monaten alles ans Licht kam: Unser Verteidigungsminister musste zurücktreten, weil er bei seiner Doktorarbeit geschummelt hat. Wenn du mich fragst, hat er sich mit der Aussetzung der Wehrpflicht keine Freunde gemacht. So was rächt sich irgendwann. Oder schau dir unseren Bundespräsidenten an, der offenbar bei der Finanzierung seines Eigenheims gemauschelt und bei einer Befragung darüber wissentlich falsch ausgesagt hat. Das ist alles ein elendiger Morast, durch den die da waten.«

Hansen nickte. »Wissenschaftler haben herausgefunden, dass einer von drei Politikern genauso korrupt ist wie die anderen zwei.«

Der flache Witz brachte sogar Hellstein zum Schmunzeln. Trotzdem wurde er schnell wieder ernst. »Kein Wunder, dass sich die Leute nach Alternativen umsehen.«

Der Kollege richtete sich im Sitz auf und betrachtete ihn mit besonders zweifelnder Miene. »Damit meinst du aber nicht dieses NSU-Zeugs, von dem in den Nachrichten die Rede ist, oder? Das Haus, das in Zwickau explodiert ist, war ja schon schlimm, aber was jetzt alles über die Leute ans Licht kommt, ist mehr als heftig. Wenn ich mir vorstelle, dass das bei uns passiert wäre, und wir hätten nichts von alledem mitgekriegt.«

»Natürlich ist das alles ziemlich heftig. Da kommt mir echt das kalte Grausen. Ich will gar nicht wissen, was diese Beate Zschäpe und der in Potsdam verhaftete Propaganda-Filmer noch alles auspacken. So was kann man gar nicht gutheißen. Sind ja auch total verdrehte Ideologien. Als wenn irgendwelche Hautfarben und Nationalitäten mit irgendwelchen Problemen der Welt zu tun hätten. Ich frage mich nur, ob die ganze Sache vielleicht nicht ganz so sehr aus dem Ruder gelaufen wäre, wenn wir mehr ehrliche Volksvertreter hätten.«

»Du weißt doch, was man über die sagt.«

»Ja, ja, wer glaubt, dass Volksvertreter das Volk vertreten, glaubt auch, dass Zitronenfalter Zitronen falten. Ist ein alter Hut.«

»Ich weiß nicht, ob alles mit ehrlichen oder unehrlichen Politikern zu tun hat. Nehmen wir nur die anhaltende Eurokrise …«

»Auch die kann man darauf zurückführen«, fiel ihm Hellstein ins Wort.

Sein Kollege runzelte die Stirn. »Häh? Ich dachte, daran wären die Spekulanten und Banken schuld.«

»Ja, schon. Aber nicht ausschließlich. Was denkst du denn, wer denen im Notfall unter die Arme greift und gegriffen hat?«

»Vielleicht solltest du in die Politik gehen und es besser machen.«

»Und wer lehrt dann den Bösewichten das Fürchten? Nee, nee, lass mal gut sein.«

Kurz vor Sebnitz griff Hellstein nach den Ausdrucken auf der Rückbank und fischte sich Silbereisens eingescannte Hotelrechnung heraus. Er wusste zwar so ungefähr, wo sich die noble Herberge befand, trotzdem konnte ein Blick auf die genaue Adresse nicht schaden. Parallel dazu erspähte er aber auch die ersten Hinweisschilder am Straßenrand.

Nur wenige Minuten darauf hielten sie auf einem breiten Parkplatz direkt auf dem Hotelgelände. Ein mehrstöckiges, erst kürzlich saniertes Gebäude mit weißer Fassade, einer Unmenge an Fenstern und heimeliger gelber Beleuchtung empfing sie. Hier würde es Linda sicherlich auch gefallen.

Drinnen war bereits alles weihnachtlich dekoriert. Ein riesiger Christbaum mit Lametta und silbernen Kugeln schmückte das Foyer. An der Rezeption empfingen sie Pyramiden und – wie sollte es anders sein – ein Schwibbogen. Der überaus schick aussah und auch in Hellsteins Wohnzimmer eine gute Figur gemacht hätte. Aber daran wollte er im Moment lieber nicht denken.

Brav zückte er seinen Dienstausweis und erkundigte sich nach Ralf Silbereisen.

»Bedaure, das kann ich Ihnen leider nicht mitteilen«, erwiderte die rothaarige Hotelmitarbeiterin in dem schwarzen Kostüm sofort.

Natürlich. Dass übliche Gewäsch über Diskretion. »Können Sie mir wenigstens bestätigen, dass Herr Silbereisen zurzeit Gast in Ihrem Hause ist?«

Sie schüttelte den Kopf. »Tut mir leid. Auch das unterliegt dem Datenschutz.«

Hellstein seufzte tief und setzte den freundlichsten Blick auf, zu dem er fähig war. Kommen Sie, es ist Weihnachten und ich will nur einen Job erledigen, versuchte er ihr telepathisch zu vermitteln – biss damit aber auf Granit. Die Rezeptionistin zuckte nicht mal mit der Wimper. »Haben Sie was dagegen, wenn wir uns ein bisschen umschauen?«

»Das kann ich nicht bestimmen. Am besten hole ich mal meinen Vorgesetzten.«

»Sparen Sie sich die Mühe. Wir werden sehr diskret sein.«

Er wartete ihre Antwort gar nicht erst ab, sondern stapfte über den roten Teppich den Flur hinab. Was genau er sich von der Aktion versprach, wusste er selbst nicht so genau. Dass Silbereisen hier ganz öffentlich herumsitzen würde, wenn er gerade dabei war, das zu tun, was Hellstein vermutete, war ziemlich abwegig. Dennoch war es zumindest einen Versuch wert. Wenn sie eh schon einmal hier waren …

Sie kamen an einem kleinen Lesezimmer mit den aktuellen Tageszeitungen und einem beeindruckend zahlreich bestückten Bücherregal vorbei. Leider sah kein einziger Gast in dem Raum dem Politiker auch nur ansatzweise ähnlich.

Den Abzweig zum Fitnessstudio ignorierte er bewusst und beim Zugang zum hoteleigenen Swimmingpool kam er ins Grübeln. Eingemummelt in ihre Straßenkleidung würden Hansen und er darin auffallen wie bunte Hunde. Diskret wäre definitiv anders.

Nein, da folgten sie lieber dem Hinweisschild zu einem Wintergarten, der seinen Namen mehr als verdiente. Ein uriger Glaspalast mit rustikalem Kamin und einem guten Dutzend Tische, die fast alle von Gästen besetzt waren, die es sich mit Kaffee und Kuchen gut gehen ließen. An den Wänden hing Weihnachtsschmuck, und eine angenehme Apfel-Zimt-Note lag in der Luft. Und siehe da, im hinteren Teil des Wintergartens, direkt am Fenster, saß ein Mann Ende 30, Anfang 40, der dem gesuchten Abgeordneten bis aufs Haar glich. Schon aus der Ferne wirkte er mit seinem zurückgekämmten welligen Blondhaar und dem Dauergrinsen ziemlich schmierig und aalglatt. Das konnte bloß ein Politiker sein. Ihm gegenüber saß eine Frau in den Zwanzigern mit dunklen, glatten Haaren und ansehnlicher Oberweite. Sie hielten nicht Händchen oder so, aber allein die Art, wie sie sich anlächelten, verriet Hellstein, dass diese beiden Menschen nicht bloß flüchtige Bekannte waren. Die vor ihnen auf dem Tisch stehenden zwei Teller mit Eierschecke hatten sie jedenfalls noch gar nicht angerührt. Vielleicht sogar nicht mal wahrgenommen.

»Guten Tag, Herr Silbereisen«, begrüßte er ihn leise und zeigte ebenso unauffällig die Dienstmarke.

»Wie haben Sie mich gefunden?«

»Wir sind von der Polizei«, sagte Hellstein beiläufig. Das musste als Antwort genügen. »Wir hätten einige Fragen an Sie. Könnten wir uns irgendwo ungestört unterhalten?«

Mit einem Blick wies er auf die Frau an Silbereisens Tisch. Der Politiker begriff zwar sofort, winkte jedoch ab. »Das ist meine Assistentin. Vor ihr habe ich keine Geheimnisse. Sie kennt meinen Terminkalender und viele berufliche Kontaktdaten besser als ich.«

Hellstein schaute sich um. Der Tisch zu seiner Linken war unbesetzt, rechts saß ein Rentnerehepaar und studierte Flyer der hiesigen Sehenswürdigkeiten. Technisch gesehen sprach nichts dagegen, das Gespräch gleich hier fortzusetzen. Mit einem Schulterzucken griff er sich einen Stuhl und ließ sich am Tisch des Politikers nieder. Daneben tat es ihm Hansen gleich und lächelte die Assistentin schüchtern an.

»Kennen Sie einen Herrn oder eine Frau Kohl?« Hansen zeigte erst ihm, anschließend der dunkelhaarigen Frau die Fotos aus dem Computer.

»Nein«, beeilten sich beide zu bestätigen. Ihre Gesichter ließen allerdings berechtigte Zweifel daran zu. Ebenso, dass sie sich für den Bruchteil einer Sekunde einen beherzten Blick zuwarfen. Es war vorüber, bevor es begonnen hatte, aber Hellstein entging es trotzdem nicht.

»Haben Sie eine Ahnung, wie das Ehepaar Kohl an diese Dokumente gelangt sein könnte?« Er legte ihm sowohl die Hotelrechnung als auch eine andere Quittung vor. Die restlichen Ausdrucke hielt er zurück. Es gab keinen Grund, schon jetzt alle Trümpfe auszuspielen.

»Nein, überrascht mich jetzt ebenfalls. Ich wüsste nicht,

wie …« Er schüttelte den Kopf und tat so, als wäre er ernsthaft bestürzt. »Diese Sachen gehen doch niemanden was an. Ich wüsste auch nicht, was die Kohls damit anfangen sollten. Schließlich sind das bloß irgendwelche Rechnungen. Keine Staatsgeheimnisse oder so.«

»Vielleicht, Sie damit erpressen?«

»Ich wüsste nicht, warum.«

»Also haben Sie in der letzten Zeit weder Erpressungs- noch Drohbriefe erhalten?«

»Na ja, Drohbriefe kriegt man als Politiker immer wieder mal. Ständig fühlt sich jemand schlecht behandelt und ist der Meinung, er müsste sich darüber beschweren. So was gehört dazu. Aber ich kann mich nicht entsinnen, dass einer davon mit Kohl unterschrieben gewesen wäre. Du etwa?« Er schaute fragend zu seiner Assistentin.

Diese schüttelte den Kopf. »Nein, nichts dergleichen«, sagte sie mit brüchiger Stimme.

Die Beamten versuchten noch einige Zeit, mehr aus dem Politiker und seiner Begleiterin herauszubekommen, sahen aber relativ bald ein, wie wenig sinnvoll das war. Das Duo verstand sein Handwerk sehr gut und verriet absolut nichts, was den Polizisten irgendwie weiterhelfen könnte. Zumindest nicht mit Worten.

»Hast du gesehen, wie die sich angesehen haben?«, raunte Hansen Hellstein auf dem Weg nach draußen zu. Inzwischen hatte der Regen etwas nachgelassen, dafür allerdings Verstärkung durch einen ziemlich kalten Ostwind bekommen. »Kann mir doch keiner erzählen, dass die bloß seine Assistentin ist. Aber zugegeben, Geschmack hat er, der feine Herr Politiker.«

Hellstein kam nicht dazu, etwas zu erwidern. Sein Handy klingelte, kaum dass er den Mund geöffnet hatte.

Es waren die Kollegen von der Spurensicherung. Das Telefonat dauerte nur wenige Sekunden, ließ ihn aber mit einem Lächeln zurück.

»Du wirst nicht glauben, was die Jungs von der SpuSi bei den Kohls gefunden haben: zwei Erpresserbriefe. Beide adressiert an Ralf Silbereisen.«

»Na, das ist ja eine Überraschung«, stimmte Hansen zu.

Ralf Silbereisen zeigte sich wenig überrascht, als die beiden Beamten nur eine knappe Stunde später wieder im Hotel auftauchten. Er war gerade dabei, sich mit Wangenküsschen von seiner Assistentin zu verabschieden. Die Teller auf dem Tisch im Wintergarten waren noch immer unberührt und Hellstein überlegte kurz, ob er sich eine der beiden Eierschecken einverleiben sollte. Sein Magen knurrte – Hansen allerdings auch. Der nämlich hatte nach einem Anruf zu Hause ebenfalls eine veritable Ehekrise zu erwarten. Schließlich war bald Weihnachten, und da war es auch geprüften Kriminalergattinnen herzlich egal, dass irgendwo ein Mord zu klären war.

Silbereisen sah seiner Sekretärin nach, seufzte und ließ sich wieder auf seinen Stuhl sinken. Dann studierte er die Briefe. Beide waren auf weißem Papier minderer Qualität gedruckt, dreimal gefaltet und etwas zerknittert. Die Lippen des Politikers bewegten sich leicht, als er den Text las. Hätte Hellstein Lippenlesen gelernt, hätte er Folgendes gehört:

»Du Dreckschwein, wir wissen alles, aber wir schweigen. 10.000 € in bar, in einer Aldi-Tüte, Mülleimer am Bahnhof, übermorgen 17 Uhr.«, stand im ersten Brief. Im zweiten stand fast der identische Text, allerdings hatte sich die Summe auf 25.000 € erhöht, und aus dem Dreckschwein war eine Drecksau geworden.

Silbereisen reichte beide Blätter an Hansen zurück. »Ja und?«, sagte er und wollte aufstehen.

Hellstein bedeutete ihm mit einem Kopfnicken, dass sie noch nicht fertig waren.

»Ich kriege gelegentlich so was«, erklärte der Politiker.

»Was meinen die Absender wohl mit ›wir wissen alles‹?«, hakte Hellstein nach.

»Das weiß ich doch nicht.«

»Kamen weitere solcher Briefe?«

»Auch das kann ich Ihnen beim besten Willen nicht sagen.«

»Warum haben Sie nicht die Polizei eingeschaltet?«, legte Hansen nach. Sein Kollege bemerkte derweil, dass Silbereisens linkes Auge nervös zuckte.

»Was hätte das genutzt?«

»Uns eine Menge. Und demjenigen, in dessen Besitz die Briefe waren, wohl auch.« Hellstein ging keinen Moment lang davon aus, dass die Mordopfer die Briefe geschrieben haben könnten, denn auch für einen Laien war klar ersichtlich, dass der altersschwache Tintenstrahldrucker im Hause Kohl ein völlig anderes Schriftbild ergeben hätte als diese gestochen scharfen Buchstaben. Die Frage, wie die Briefe zu Kohl gekommen waren, lag wohl in dessen Beruf. Wahrscheinlich hatte er beim Leeren der Papiertonnen etwas genauer hingesehen, als es sein Job erforderte. Die Gretchenfrage war allerdings: Was wollte Kohl mit den Briefen? Hellstein ahnte, dass Silbereisen dies nicht würde beantworten wollen. Und tatsächlich: Der Politiker begann viel lieber damit, die Polizeireform zu loben, die Arbeit der Kripo an sich und überhaupt. Typisches Wahlkampfgewäsch, hohle Phrasen ohne Inhalt. Hellstein wünschte sich eine Fernbedienung, um Silbereisen wegzuzappen, wie er das stets tat, wenn im Fernsehen eine Talkrunde lief. Sein Kollege erlöste ihn, indem er den Abgeordneten unterbrach.

»Wir wollen Sie nicht länger aufhalten«, fiel Hansen dem Redner ins Wort, stand auf und verabschiedete sich gerade lang genug, dass es noch als höflich gelten konnte.

»Was für eine Labertasche«, fluchte Hellstein, als er im Wagen saß, während Hansen die Windschutzscheibe mit Frostschutz aus der Sprühflasche einnebelte. Während das Eis sich unter der Chemie auflöste, stieg Hansen in den Wagen.

»So ein Lallsack«, brummte er, während der Chef den Motor startete und Kurs auf das Präsidium nahm. »Der ist ja noch schlimmer als die Wichtigtuer im Fernsehen.«

»Aber irgendwie im falschen Film«, sinnierte Hellstein. Und machte, wofür jeder Kollege ihn schallend ausgelacht hätte: Er projizierte den aktuellen Fall in das Format »Tatort«. So blöd das klang, aber manchmal brachte ihm diese Sichtweise neue Erkenntnisse, denn abseits der Realität ließ es sich besser mit den unmöglichsten Ideen spielen.

Während der Fahrt gab er sich schweigend, aber in seinem Kopf sprudelten die Ideen wie frisches Mineralwasser. Kohl könnte ein Verhältnis mit der Gattin des Politikers gehabt haben. Silbereisen könnte die Tote gebusselt haben. Der Tote könnte ein Verhältnis mit Silbereisen gehabt haben. Oder vielleicht war alles ganz anders, wie im Fernsehen so üblich, und der Täter hatte gar nichts mit dem Politiker und null mit Kohl zu tun.

»Vielleicht war das einfach Pech«, überlegte er auf dem Weg ins Büro. Im Flur warteten zwei Bordsteinschwalben, pfiffen den Beamten nach (was beiden nicht wirklich unangenehm war) und warfen Kusshändchen durch die schale Luft des Kommissariats. Hellstein und Hansen grinsten sich an, warfen die Bürotür hinter sich zu und bemerkten zeitgleich die jeweils fünf gelben Haftnotizen, welche die beiden Bildschirme zierten. Jeweils vier wiesen darauf hin, dass die jeweilige Gattin angerufen habe (was Hellstein ein Knurren entlockte, wusste er doch genau, dass das Weihnachtsgeschenk wieder einmal größer als geplant ausfallen musste, um den häuslichen Frieden zu gewährleisten). Jeweils eine hatte mit dem aktuellen Fall zu tun. Die bei Hansen wies auf ein Aktenzeichen in Sachen Hartmut Kohl hin, die an Hellsteins Bildschirm verwies auf einen Link zur Partei von Silbereisen.

»Kein Feierabend«, stellte der Kommissar fest. Hansen nickte. Gleichzeitig griffen beide zum Telefonhörer und wählten ihre heimischen Nummern an. Ließen ein bisschen Gezeter über sich ergehen, entschuldigten sich wortreich und legten beinahe in derselben Sekunde auf. Sahen sich über die Schreibtische hinweg an, grinsten schief und machten sich dann an die Arbeit. Stumm. Nur ab und an war ein Brummen zu hören, das sich unter das Klackern der beiden Tastaturen mischte. Das dauerte etwa eine Stunde.

»Ha!«, rief Hansen schließlich.

Hellstein zuckte zusammen und vertippte sich. Über den Bildschirm hinweg schickte er seinem Kollegen einen nicht gerade freundlichen Blick.

»Ich hab da was«, sagte Hansen in einer Mischung aus Entschuldigung und Jagderfolg. Er drehte den Bildschirm so, dass Hellstein die aufgerufene Seite sehen konnte.

»Ja und?« Ein roter Eimer war zu sehen, daneben ein Putzlappen.

»Warte!« Hansen klickte auf den Eimer. Digitaler Schaum stieg auf. Wurde zu einzelnen großen Blasen. Als Hansen mit der Maus darüberfuhr, ploppten Worte auf wie »Leistungen«, »Preis«, »Kontakt« und »Team«. Bei »Team« stoppte der Zeiger. Hansen klickte. Aus der Blase wuchs ein Foto, das drei Dutzend Frauen unterschiedlichen Alters, Statur und Haarfarbe zeigte. Alle trugen denselben roten Kittel.

»Ist das der Putzfrauenchor?«

»Nicht ganz. Ich hab für meine Frau einen Gutschein gesucht. Damit sie nicht selber putzen muss und so.«

»Das hast du jetzt gemacht?« Hellstein wusste nicht, ob er sauer sein sollte (immerhin hatten sie einen Fall zu lösen) oder ob er Hansen wegen seiner tollen Idee mit dem Geschenk beneiden sollte. Wäre so ein Gutschein auch etwas für seine Gattin? Wohl kaum, die wollte niemand Fremdes im Haushalt. Und selbst wenn sie eine Putzfrau hätte, würde sie vorher alles blitzblank wienern, um sich vor der anderen nicht zu blamieren.

»Nicht jetzt, vorgestern schon«, gab Hansen zurück. »Aber das fiel mir eben wieder ein.« Er ließ den Mauszeiger über die Fotos gleiten, und nacheinander vergrößerten sich die einzelnen Damen. Bis er in der zweiten Reihe bei der siebten von links anhielt.

»Das ist Frau Kohl!«

»Ganz genau. Weißt du eigentlich, was auf dem Grabstein einer Putzfrau steht?«

»Hä?«

»Die kehrt nie wieder.«

»Das ist geschmacklos«, sagte Hellstein, machte dann

aber große Augen, als Hansen ihm mit ein paar weiteren Klicks auf der Homepage unter dem Stichpunkt »Referenzen« aufzeigte, dass das Mordopfer ganz offensichtlich auch schon im Ministerium Staub gewischt hatte. Zumindest war sie auf einigen Fotos zu sehen.

»Und jetzt sag bloß, dieselbe Firma wischt und wienert auch bei Silbereisen privat?«

»Jawohl.« Hansen lehnte sich zufrieden zurück. Er machte ein Gesicht, das sagte: Den Feierabend haben wir uns verdient. Leider war sein Chef nicht von der empathischen Sorte Mensch, was derlei feine Regungen anging. Im Gegenteil, sein Jagdfieber war nun endgültig geweckt und er begann seinerseits, auf seinem PC diverse Seiten anzuklicken.

»Kurz nach halb neun«, stellte er nach einigen Minuten fest, ließ den Drucker rattern und entnahm dem Gerät ein einzelnes Blatt. Hansen schwante, was kommen sollte, und tatsächlich fand er sich kurz darauf im Wagen wieder.

Abermals zum Hause Silbereisen in Bad Schandau. Das Gartentor mit dem Bild des Schäferhundes stand offen, der Bello selbst ließ sich aber auch diesmal nicht blicken. Nach dem Klingeln erschienen allerdings weder der Politiker noch seine hübsche Gattin. Stattdessen öffnete ihnen ein Mann im blauen Sportanzug die Eingangstür, der danach sogleich die dicken Arme vor der breiten Brust verschränkte. Der Kerl wirkte weniger wie ein Fußballer vom FSC 1924 Bad Schandau, dessen Emblem er auf dem Trainingsanzug trug, sondern eher wie ein abgehalfterter Boxer.

»Helene kommt gleich«, knurrte der Mann und trat zur Seite.

Die Kommissare fanden sich in einer Eingangshalle wieder, die gut und gerne dreimal so groß war wie die jeweiligen heimischen Wohnzimmer.

»Und Sie sind?«, fragte Hansen, um seine wohl angesichts des schieren Luxus aufkeimende Unsicherheit zu verbergen.

»Marcus Vogel, ich bin …«

»… mein Bruder.« Helene Silbereisen stand auf der obersten Stufe der geschwungenen Treppe. Dass sie eine hautenge Jeans und ein über dem fast zu perfekten Busen gespanntes halb durchsichtiges Shirt trug, machte Hansen nicht gerade sicherer. Um nicht zu sagen: Atemlos. Und auch Hellstein musste schlucken, als Frau Silbereisen langsam zu ihnen hinabstieg.

»Was kann ich zu dieser Unzeit für Sie tun?«

»Wir haben noch ein paar Fragen.«

»Natürlich haben Sie die, wer hat die nicht?«, sagte Helene Silbereisen kryptisch und bat die Polizisten, ihr zu folgen. Statt in ein üppiges Wohnzimmer führte sie die beiden in einen beinahe winzigen Raum, in dem neben einer abgewetzten Eckbank Regale mit Dosen, Nudeln und anderen Vorräten standen.

»Mein Bruder sieht mit meinen Kindern gerade fern«, erklärte sie. »Und in der Küche riecht es so fettig.« Sie strich sich durch die langen blonden Haare und schob ein: »Frisch gewaschen« hinterher. Hansen ahnte, dass er hier nicht gerade eine Intelligenzbestie vor sich hatte. Doch Helene hatte zwei schlagende Argumente, die sicher auch ihren Gatten überzeugt hatten. Auf den Fotos in der Presse jedenfalls machte sie stets eine Bombenfigur, buchstäblich.

»Wir sind wegen … also …« Hellstein räusperte sich und quetschte sich neben seinen Kollegen auf die Bank.

Helene Silbereisen blieb stehen.

»Putzfrau«, brachte der Beamte schließlich hervor.

»Wie bitte?« Helene Silbereisen schnappte nach Luft. »Das ist doch Jahrzehnte her!«

»Ich meine nicht Sie«, beeilte Hellstein sich zu sagen. Und kombinierte: Die Politikergattin hatte also einst selbst mal den Mob geschwungen. Was wohl nichts zur Sache tat, aber er merkte es sich trotzdem.

»Es geht um die Frau, deren Foto wir Ihnen heute Vormittag gezeigt hatten.« Zur Erinnerung zog er noch einmal das Porträt aus der Tasche und schob es ihr über die mit einem Wachstuch bedeckte Tischplatte zu.

»Ja, das ist Cordula Kohl. Was ist mir ihr?«

Nichts mehr, wollte Hellstein sagen, biss sich jedoch rechtzeitig auf die Zunge und sagte stattdessen: »Sie wurde ermordet.«

»Was?«

»Ihr Mann auch.«

»Wie? Wann?« Das klang ein wenig schrill. Zu schrill, wie Hellstein fand.

»Also kannten Sie Frau Kohl doch näher?«, nahm Hansen den Faden wieder auf.

»Ja. Nein. Wie man halt jemanden kennt, der bei einem sauber macht.«

»Ach, das ist ja interessant. Waren Sie mal Kolleginnen?«

Jetzt lachte Helene Silbereisen. »Nein. Nein, ganz sicher nicht. Ich habe immer auf eigene Rechnung geputzt. Damals als Studentin.«

Hellstein fragte sich, was die Silbereisen jemals studiert haben mochte. Die Brötchen jedenfalls verdiente, das wusste er aus der Presse, einzig und allein ihr Gatte.

»Seit wann war Frau Kohl denn bei Ihnen beschäftigt?«

»Sie war nicht meine Angestellte. Ich hatte das Putz-unternehmen beauftragt. Die hatten mir Cordula mal zugeteilt.«

»Waren Sie nicht zufrieden mit ihr?«, fragte Hansen.

Helene Silbereisen zuckte mit den Schultern. »So lala.« Sie klang dabei wie eine Gräfin, die Ärger mit dem Personal gewohnt ist. »Jedenfalls kam seit drei Monaten eine andere. Wanda. Aus Rumänien. Spricht kein Wort Deutsch, putzt aber wie ein Teufel.«

In dem Moment ertönte im Flur ein Scheppern. Dann ein Fluch.

Die Hausherrin sprang auf. »Marcus, alles okay?«, rief sie und stürmte ohne eine Entschuldigung aus dem Raum.

Die Polizisten folgten ihr stehenden Fußes. Der Lärm hatte sich angehört, als hätte jemand etwas umgeworfen oder voller Wut irgendwo dagegengepfeffert. Vielleicht der Bruder oder Silbereisen, der von ihnen unbemerkt nach Hause gekommen war?

Gemeinsam erreichten sie das Wohnzimmer. Der Laminatboden neben der Tür war voller schwarzer Erde. Dazwischen die Überreste eines violetten Keramiktopfes, mehrere grüne Blumenblätter und ein am Boden knien-der Bruder, der hastig die Bruchstücke zusammensuchte. Unweigerlich blickte Hellstein zur Wand neben der Tür. Keine Abdrücke oder Kratzer zu sehen. Dagegengeworfen wurde also nichts.

»Was ist denn hier passiert?«, wollte Frau Silbereisen wissen.

Die Frage galt ganz eindeutig dem Bruder. Auf dem Sofa am anderen Ende des Zimmers saßen zwar zwei blonde Kinder im Alter zwischen acht und zehn, die aber beide dermaßen auf den Fernseher fixiert waren, dass sie alles andere um sich herum vergessen zu haben schienen. Als Hansen auf sie zuging, schauten sie nur kurz auf, richteten ihren Blick aber sogleich wieder auf die Flimmerkiste, in der eine Trickfilmserie auf KIKA lief.

»Tut mir leid«, sagte Marcus Vogel. »Sie ist mir aus Versehen umgefallen.«

»Aus Versehen? Die Pflanze steht dort seit Jahr und Tag. Wie kannst du sie übersehen haben? Hast du etwa gelauscht?«

»Nein! Natürlich nicht!« Der Vogel richtete sich auf und klopfte sich die Erde von den Knien. Sein Gesicht war auf einmal puterrot. »Ich wollte bloß … na ja, hab nicht hingeschaut …«

»Sie wirken auf einmal so nervös«, konstatierte Hellstein, dem das Verhalten des Bruders ebenfalls seltsam vorkam. »Kannten Sie Cordula oder Hartmut Kohl?«

»Ich … äh …« Eine Sekunde lang musterte er die Polizisten mit missmutigen Blicken, dann stürmte der Bruder unvermittelt los.

»Halt! Bleiben Sie stehen!«, rief Hellstein hinterher. Aber wann jemals hatte irgendein Flüchtiger auf diesen Spruch reagiert? In der Regel animierte es jeden Verdächtigen dazu, sich gleich noch mehr ins Zeug zu legen.

Wie aufs Stichwort setzte auch Marcus Vogel zum Sprint an. Durch den Flur und die Haustür hinaus in den Garten. Hellstein sah ihn bereits zur Straße eilen. Wenn Vogel die erreichte, standen seine Chancen auf Flucht nicht schlecht. Das durfte er nicht zulassen. Also stieß er sich an Hansen vorbei nach draußen und sah zu, dass er dem Flüchtigen hinterherkam.

So viel Eile wäre allerdings gar nicht nötig gewesen. Aus den Büschen neben dem Gartentor sprang auf einmal etwas Großes, Braunes auf Vogel zu und riss diesen mit einem Ruck zu Boden. Erst einen Atemzug später dämmerte Hellstein, dass dieses Etwas ein Schäferhund war. Er knurrte nicht und schien auch sonst nicht sonderlich wütend zu sein. Vielmehr schien der Bello anzunehmen, dies wäre ein Spiel, und der Bruder würde mit ihm herumtollen wollen. Deshalb leckte der Hund ihm auch sogleich das Gesicht ab. Was diesem im Moment jedoch überhaupt nicht zu behagen schien.

Hellstein war beeindruckt. Das hätte selbst Kommissar Rex nicht besser hinbekommen.

Inzwischen hatten auch Hansen und Helene Silbereisen sie erreicht. Die Politikergattin pfiff das Hundchen zurück, und die Polizisten halfen dem Bruder auf die Beine.

»Sie haben unsere Frage noch nicht beantwortet. Und so, wie Sie sich verhalten, fallen mir dazu gleich noch eine Menge weitere ein.«

»Ich war es nicht!«

»Was waren Sie nicht?«

»Na, das mit den Kohls. Ich habe sie nicht erschlagen!«

»Und woher wissen Sie dann, dass sie erschlagen worden sind? Das haben wir doch mit keinem Wort erwähnt.«

»Ich … äh …« Er versuchte sich loszureißen und einen weiteren Fluchtversuch zu unternehmen. Doch Hansens Griff war fest und ließ dazu keinen Spielraum.

»Moment mal, bist du nicht mal mit Cordula Kohl ausgegangen?«, fragte Helene Silbereisen. Ihrer Miene nach zu urteilen, ging ihr gerade nicht nur ein Licht, sondern ein ganzer Kronleuchter auf. »Ich hatte dir noch gesagt, dass du die Finger von ihr lassen sollst. Sie ist verheiratet und ihr Mann zählt nicht unbedingt zur verständnisvollen Sorte.«

»Wir waren auch nur einmal aus«, sagte Vogel. Er spie ihr die Worte förmlich entgegen. »Dann wollte sie nicht mehr. Können Sie sich das vorstellen, wie das ist?« Er starrte Hellstein an und schüttelte den Kopf. »Von einer Putzfrau abgewiesen zu werden! Die sich dann noch über dich lustig macht. ›Sieh dir deine Schwester an‹, hat sie gesagt. ›Helene hat es richtig gemacht und sich nen Kerl geangelt, bei dem sie ausgesorgt hat. Und du, du hast es nicht mal geschafft, über diese Beziehungen einen Job an Land zu ziehen. Wie antriebsschwach muss man sein, um nicht mal das zu schaffen?‹ Deshalb bin ich zu ihr hin. Wollte ihr zeigen, dass ich mich sehr wohl ins Zeug legen kann. Blöderweise kam dann ihr Mann nach Hause und hat uns belauscht. Als er hörte, dass ich mit seiner Frau was anfangen wollte, ist er mit dem Hammer auf mich los. Ich hab mich gewehrt und ihm das Ding weggenommen. Irgendwie ist es dann passiert.«

»Eine Affekthandlung also?«, kombinierte Hansen. »Aber wieso musste dann auch Cordula Kohl sterben?«

»Weil sie geschrien hatte. Unablässig und so schrecklich laut. Sie wollte sich einfach nicht beruhigen. Da hab ich die Nerven verloren. Ich war echt wie von Sinnen und wusste gar nicht, was ich tat. Zu mir gekommen bin ich erst danach. Um mich herum war alles voller Blut. Ich hab den Hammer fallen lassen und bin getürmt.«

»Du bist so ein Idiot!«, sagte Helene Silbereisen kopfschüttelnd. »Du hättest einfach die Finger von ihr lassen sollen. Wie ich gesagt habe.«

»Aber ich wollte doch auch mal endlich was schaffen. So wie du.«

Darauf schienen der Politikergattin die Worte zu fehlen. Mit offenem Mund stand sie da, ratlos und irritiert. Erst jetzt schien ihr zu dämmern, dass ihr Bruder zum Mörder geworden war.

Hellstein war da mit dem Kombinieren etwas fixer und zückte die Handschnellen. »Wissen Sie was? Sie begleiten uns jetzt mal nach Pirna. Da unterhalten wir uns in Ruhe. Und wenn Sie dabei alles richtig machen, spendiere ich Ihnen einen Kaffee und ein paar Pfefferkuchen. Na, wie wäre das?«

Der Schäferhund bellte zustimmend, so als würde er bei dem Angebot ebenfalls mitkommen. Lächelnd fesselte Hellstein Marcus Vogel die Hände auf dem Rücken und führte ihn ab.

REISETIPPS FÜR BAD SCHANDAU

Die Kurstadt im Herzen des Elbsandsteingebirges weiß, was Besucher wollen: Natur und wandern, erholen und entspannen. Geht auch wunderbar, seit über 500 Jahren. Den Titel »Bad« bekam das Städtchen zwar erst 1920, doch schon anno 1680 wurde mit dem »roten Flößgen« eine eisenhaltige Quelle zum Mittelpunkt des Bäderbetriebes. Aus dem Umschlagsplatz für die Elbschifffahrt wurde ein beliebter Kurort, der besonders die Romantiker des 19. Jahrhunderts in die einzigartige Welt des Sandsteingebirges lockte.

Wenn Sie mehr über die Region und die weltweit einmalige Landschaft erfahren möchten, empfiehlt sich ein Besuch im Nationalparkzentrum in der Dresdner Straße 2b. Hier finden Sie Informationen zum Nationalpark, Ausstellungen und Veranstaltungen in der Sächsischen Schweiz. Natürlich ist die Sächsische Landesstiftung Natur und Umwelt auch im Internet zu finden: www.lanu.de.

Den besten Blick auf Bad Schandau und die Landschaft hat man vom Schiff aus. Und man kann buchstäblich mit Kohldampf auf Volldampf gehen: Historische Schiffe locken mit Touren, bei denen geschaut und geschlemmt werden kann. Tickets und Termine gibt es bei der Sächsischen Dampfschifffahrt im Internet oder unter Telefon 0351/866090.

Die »Toscana« liegt mitten in Bad Schandau – als Erlebnistherme. Ob Baden im Licht oder pure Entspannung im heilenden Warmwasser, wer das Ticket löst, hat damit quasi einen Kur(z)urlaub gebucht. Reinschnuppern kann man im Internet unter www.toscanaworld.net oder täglich persönlich ab 10 Uhr. An Wochenenden ist die Therme in der Rudolf-Sendig-Straße bis Mitternacht, bei Vollmond bis 1 Uhr nachts geöffnet.

Von Bad Schandau in den Regenwald ist es nur ein Katzensprung. Und zwar ins Erich-Wustmann-Museum. Der Forschungsreisende hat bei den Indianern im tropischen Regenwald und in Skandinavien und Südamerika viele spannende Exponate gesammelt. Diese Mitbringsel sind im Museum der Stadt in der Badstraße 11 zu sehen – ebenso alles rund um die Elbschifffahrt, die Stadtgeschichte und ungewöhnliche Einblicke in die (vergangene) Welt des Bergsteigens.

Die sieben Ortsteile von Bad Schandau haben jeder einzelne viel zu bieten. Ostrau ist seit über 100 Jahren wegen des Blicks über das Elbtal und aufgrund seiner prächtigen Villen aus Holz bei Touristen beliebt. Erbaut wurden sie von Rudolf Sendig, Hotelier und Pionier in Sachen Tourismus. Von hier aus bieten sich Wanderungen mit Blick auf die Schrammsteine und das Elbtal an.

Postelwitz ist ein Schifferdorf mit sehenswerten Fachwerkhäusern. Bis heute ist das Ortsbild geprägt von den Sandsteinwänden der ehemaligen Steinbrüche. Steine aus Postelwitz wurden unter anderem in der Frauenkirche oder im Dresdner Zwinger verbaut.

Schmilka lockt jene Wanderer, die es in die Sächsische und Böhmische Schweiz zieht. Wer kühleres Wetter nicht scheut, sollte im Februar kommen. Dann nämlich findet die traditionelle Schifferfasnacht statt.

Krippen lockte schon im Mittelalter Maler, Künstler und Kaufleute an. Ende des 19. Jahrhunderts lebte hier mit Friedrich Gottlob Keller der Erfinder des Holzschliffpapiers. Im ehemaligen Wohnhaus ist heute ein Museum rund um den Beginn der Papierindustrie untergebracht. Bekannt ist auch der Sonnenuhrweg, auf dem man 23 individuell gestaltete Sonnenuhren bewundern kann.

Eisenbahnfreunde sollten einen Abstecher nach Porschdorf machen. Die Sächsisch-Böhmische Semmeringbahn führt durch zahlreiche Tunnel und über imposante Viadukte.

Prossen entstand im Lauf der Jahrhunderte neben einem Rittergut. Seinen Beinamen »Sommerfrische« hat der Ortsteil zu Recht. Wassersportler können im Hafen ankern, wer ohne eigenes Boot kommt, kann auf die Dampfschifffahrt zählen.

In Waltersdorf hat Napoleon seine Spuren hinterlassen. Der »Hausberg« Lilienstein diente dem Heerführer anno 1813 als Ausgangspunkt für seine Kriegszüge. Von hier aus ließ er die heute als Kaiserstraße bekannte Straße zur Burg Stolpen bauen.

Oder Sie besuchen die Kletterschule Lilienstein und lassen sich beibringen, wie man richtig kraxelt. Unvergessliche Bergerlebnisse inklusive. Weitere Infos gibt es unter der Telefonnummer 03 50 22 / 9 18 28 sowie im Internet auf www.kletterschule-lilienstein.de.

Der renommierte Fotograf Andreas Levi bringt bei seinen geführten Wochenenden anderen das Fotografieren bei. Besonders reizvoll ist so ein Kurs natürlich in der Sächsischen Schweiz, wo einem die Motive quasi im Meter-Abstand vor die Linse laufen. Informationen und Termine gibt es unter Telefon 0 36 31 / 69 24 24 oder im Internet unter www.foto-wandern.com.

Metas Extratipp: Reisen Sie doch mal wie zu Großvaters Zeiten – mit der historischen Straßenbahn oder Dampffähre. Unter www.ovps.de und der Telefonnummer 03 50 22 / 54 80 haben Sie die Gelegenheit, die besonderen Fahrten zu buchen. Oder schauen Sie in der Kirnitztalstraße 8 vorbei.

VON BAD SCHANDAU NACH SCHÖNA

Meta hoffte, dass Kurt das Klicken des Auslösers nicht hören würde. Sie hatte ihn im Sucher und stellte die Blende scharf. Nun war sein Profil gegen den verschwommenen Hintergrund bestens zu erkennen. Sie zoomte noch ein Stück näher und drückte auf den Knopf. Im Kasten!

»Das hab ich gemerkt!« Kurt drehte sich zu ihr und lachte.

»Was?« Meta gab sich unschuldig und schlenderte auf ihn zu.

Kurt grinste und zeigte auf den markanten Felsen. »Den wirst du ja nicht abgelichtet haben?«

»Doch, auch, aber mehr so im Hintergrund.« Meta stellte sich neben Kurt und hörte aufmerksam zu, als dieser erklärte, dass der vierkantige Teufelsturm, heute begehrtes Ziel von Kletterern, den Bauern in Reinhardtsdorf einst als Sonnenuhr gedient hatte. »Das da drüben ist übrigens der sogenannte ›Henkel‹«, sagte Kurt. »Wenn die Sonne einen bestimmten Stand hat, formt der Schatten eine Art Kaffeekanne. Das war das Zeichen für die Bauern, Pause zu machen.«

»Kaffee ist eine tolle Idee.« Meta spürte, dass sie Hunger bekam. Bis zum Abend war es noch lang, aber gegen ein Stück Kuchen hatte sie nichts einzuwenden. Die beiden schlenderten zurück zum Auto. Immer wieder machte Meta Aufnahmen.

»Wie gemalt«, murmelte sie, als sie am Wegesrand einen

Stein entdeckte, der mit sattgrünem Moos überwuchert war. Ein kleiner Marienkäfer sonnte seine roten Flügel.

»Wo du das sagst ...« Kurt räusperte sich. Meta kannte diesen speziellen Tonfall schon.

»Sag bloß, hier gibt's Käfermörder?«

»Nein, aber da war was mit einem Gemälde. Hier in Schöna. Ist noch gar nicht lange her.«

»Erzähl!«, forderte Meta ihn auf. Und staunte auf dem Spaziergang Richtung Schöna nicht schlecht, als sie Kurts Worten lauschte. Sie fanden ein kleines Café in dem verträumten Fleckchen. Ehe sie eintraten, machte Meta einige Fotos von den typischen Umgebindehäusern. Aber eigentlich war sie in Gedanken auf einem alten Dachboden, den Kurt mit seinem Bericht gerade zum Leben erweckte.

SCHÖNA, 2011

Julia Schlönzig hoffte, dass bald wieder Ruhe einkehren würde. Die vergangenen Wochen waren stressig und chaotisch genug gewesen. Ihren Opa dazu zu überreden, freiwillig ins Altenheim zu ziehen, hatte einiges an Zeit und noch mehr Geduld erfordert. Nicht nur ihre, sondern auch die ihrer Eltern und Geschwister.

Trotz Engelszungen hatten sie lange Zeit vergeblich auf ihn eingeredet, bis schließlich kurzfristig im Seniorenstift in Bad Schandau ein schönes Zimmer mit Blick auf die Elbe frei geworden war. Das war das ausschlaggebende Argument gewesen. Ein tolles Heim und obendrein eines in der von ihm so heißgeliebten Sächsischen Schweiz. Was wollte man für den Lebensabend mehr? Julia war mit ihren Anfang 20 zwar hoffentlich noch weit weg von ihrem Lebensabend, hegte aber keinen Zweifel daran, dass es Opa dort gefallen würde. Zumal er ja einen Großteil seiner vertrauten Sachen und Möbelstücke hatte mitnehmen dürfen. Für einen flüchtigen Blick sah sein Zimmer dort fast genauso wie seine alte Stube aus. Die inzwischen von Julias Schwester Marion und deren Freund Sven bewohnt wurde. Aber das war ein anderes Thema.

Julia war auf jeden Fall heilfroh, dass der Umzug abgeschlossen und ein Großteil von Opas restlichem Gerümpel entsorgt worden war. Alles, was noch blieb, war der Dachboden. Wovor ihr graute. Sie war seit Ewigkeiten nicht mehr dort oben gewesen, hatte aber noch gut in

Erinnerung, wie viel uralter Hausrat da gebunkert wurde. Besser war das seither sicher nicht geworden.

Schwer seufzend zog sie die Klapptreppe auf und stapfte ins Dachgeschoss hinauf. Die Kisten mit dem angeblich guten Geschirr ihrer verstorbenen Oma würdigte sie bewusst keines Blickes. Das Zeug hatte ihr schon als Kind nicht gefallen und konnte auch ohne eingehende Kontrolle komplett entsorgt werden. Ebenso wie die alten Küchenmöbel im schönsten 70er-Jahre-DDR-Stil. Wahrscheinlich kämen ihr beim Öffnen der Schranktüren gleich noch einige Packungen »Im Nu« entgegengeflogen. Oder wie immer das Zeug von damals hieß.

Brrr …

Interessanter war da eher die schwere Holzkiste in der hintersten Ecke des Bodens. Opas Heiligtümer befanden sich darin. Uralte Bücher und Zeitschriften, manche noch in altdeutscher Schrift. »Die sind irgendwann mal viel wert«, behauptete er immer. Aber nur weil sie etliche Jahre auf dem Buckel hatten, würden sie nicht unweigerlich im Preis steigen. Wen interessierten schon irgendwelche längst veralteten Werke über Saatgut, Maschinenbau, oder Wanderwege in der Bastei? Bei einer Mappe mit teils handschriftlich beschriebenen Blättern darin zögerte sie aber doch. Zuerst dachte sie, es wären Liebesbriefe, als Opa jung gewesen war und Oma den Hof gemacht hatte. Aber ein großer Romantiker war der Mann ihres Wissens nach nie gewesen. Außerdem waren die meisten Seiten Notizen über Hausbau, Agrareinkäufe und anderen unwichtigen Kram. Doch halt, weiter unten in der Mappe lagen eine Bleistiftzeichnung und etwas, das durchaus als persönlicher Brief durchging.

Das Bild interessierte sie mehr. Es zeigte eine Frau, die in den Bergen stand und die Felslandschaft vor sich betrachtete, während über ihr eine Handvoll Wolken den Himmel bedeckten.

Sieht nett aus, fand Julia und widmete sich wieder dem Schreiben, das an eine gewisse Charlotte gerichtet war. Beides hing offensichtlich zusammen. Der Autor hatte die Frau während eines Wanderausflugs ins Elbsandsteingebirge im August 1800 getroffen, und sie hatte ihn zu der beigefügten Zeichenstudie inspiriert. Als Dank dafür hatte er ihr voller Hochachtung dieses Bild überlassen. Unterschrieben war der Brief von Caspar David Friedrich.

Julia musste den Namen dreimal lesen, bevor ihr dämmerte, was sie da in den Händen hielt. Auch dann konnte sie es kaum glauben. Wie auch? Caspar David Friedrich zählte zu den bedeutendsten Malern der Romantik. Gemälde von ihm hingen in Galerien rund um den Globus. Konnte es wirklich sein, dass sie eine seiner Zeichnungen in den Händen hielt? Womöglich ein noch unbekanntes Frühwerk?

Auf einmal zitterten ihre Beine so stark, dass sie sich setzen musste. Minutenlang betrachtete sie Bild und Schreiben. Immer wieder schüttelte sie den Kopf. Jahrelang hatte sie bloß geschmunzelt, wenn Opa davon erzählte, dass auf dem Dachboden wertvolle Sachen schlummern würden. Was offenbar ein kolossaler Irrtum gewesen war.

Sie dachte an die Schlagzeilen über diese eine Auktion vergangenes Jahr in Paris, auf der ein Caspar-David-Friedrich-Bild mit einem Startpreis von 100 Euro angeboten worden war, weil keiner der Beteiligten geahnt hatte, was er da in den Händen hielt. Letztendlich waren trotzdem satte 350.000 Euro rausgesprungen. Kein schlechter Preis dafür, dass die Leute nicht mal gewusst hatten, was für ein Schatz da zum Verkauf stand.

Nicht auszudenken, wie viel Geld sie mit dem vorliegenden Bild verdienen könnte, wenn sie es geschickt anstellte. Sicher genug für ein eigenes Haus, ein Auto und Reisen rund um die Welt. Vor ihrem geistigen Auge sah sie sich in teuren Designerkleidern den Broadway entlangschlendern. Was für eine Vorstellung! Und sogar zum Greifen nahe.

Sie musste bloß dafür sorgen, dass ihre Familie nichts von dem Fund mitbekam. Später konnte sie immer noch einen Lottogewinn vorgaukeln und so den überraschenden Reichtum erklären. Oder sie haute einfach ab.

Vorsichtig packte sie Bild und Anschreiben zusammen mit den anderen Blättern in die Mappe zurück. Für alle Fälle überprüfte sie noch einmal den restlichen Kisteninhalt, stieß aber auf keine weiteren unbekannten Meisterwerke.

Auf dem Weg die Holztreppe hinab pochte ihr Herz immer schneller. Die Mappe unter ihre Achsel geklemmt, lauschte sie an der Tür. Aus der Küche vernahm sie die gedämpften Stimmen ihrer Mutter und ihrer Schwester. Der Rest der Familie war vermutlich außer Haus.

Diese Chance musste sie nutzen.

Schnurstracks lief sie zu ihrem Zimmer am anderen Ende des Flurs. Nur noch wenige Sekunden. Plötzlich schob Jens seinen Kopf aus dem Raum nebenan.

»Was rennst'n du so?«

Einen Moment lang starrte sie ihren Bruder fassungslos an. »Ich … äh … ach, geh mir aus dem Weg.«

»He! Mal nicht so hastig.«

Im nächsten Augenblick geschahen zwei Dinge gleichzeitig: Vater Wilfred kam aus dem Badezimmer zu ihrer Rechten und zog eine unangenehme Duftwolke hinter sich her. Und Jens nutzte Julias Verblüffung, um ihr die Mappe zu entreißen. »Was haben wir denn hier?«

»Gib das her! Das gehört mir.«

»Diese uralten Zettel? Wo hast du die denn her?«

Ihr Vater trat neben sie und lugte Jens über die Schultern. »Die sehen wertvoll aus.«

»Sind sie aber nicht.«

»Und was ist mit dem Bild hier? Hast du das gemalt? Sieht richtig gut aus.«

»Quatsch, das ist nicht von ihr«, widersprach Jens sofort. »Guck mal, in dem alten Schrieb ist von einer Zeichenstudie die Rede. Das gehört bestimmt zusammen.«

Als wenn es nicht noch schlimmer werden könnte, beugte sich ihr Vater so weit über das Blatt, dass seine Nasenspitze fast das Papier berührte. »Unterschrieben ist es mit Caspar David Friedrich. Hieß nicht so der eine Maler, von dem die Bilder in Dresden hängen? In der Galerie Neue Zeichner?«

»Neue Meister«, korrigierte Julia ganz automatisch – bereute es aber sogleich.

»Haste das auf'm Boden gefunden? Ich hab gehört, wie du hochgegangen bist.«

Sämtliche Träume platzten. Lügen war zwecklos. Julia erzählte ihnen, wie sie an die Mappe gekommen war. Noch während sie sprach, gesellten sich Mutter Luise und Marion aus der Küche zu ihnen. Alle lauschten gespannt, blieben aber auch nach eingehender Begutachtung der Zeichnung skeptisch.

»Das ist bestimmt ne Fälschung«, vermutete ihre Mutter. »War der Bleistift damals überhaupt schon erfunden?«

Schwester Marion zückte ihr Smartphone und nickte gleich darauf. »Ja, laut Wiki hat Nicolas-Jacques Conté das Patent für den Bleistift 1795 angemeldet.«

»Das Ding ist echt. Das spüre ich bis in die Knochen«, beharrte ihr Vater.

Jens drehte sich zu Julia und verengte die Augen zu Schlitzen. »Und du wolltest es für dich behalten!«

»Wollte ich nicht. Ich wollte nur erst mal recherchieren, ob es sein kann und ob es uns überhaupt rechtmäßig gehört.«

»Wieso sollte es denn nicht?«, fragte ihr Vater. »Von dieser Charlotte im Anschreiben ist nicht mal ein Nachname genannt. Folglich kann niemand zuordnen, für wen das Bild mal bestimmt gewesen war. Sprich: Es gehört uns. Vielleicht war es sogar eine unserer Verwandten. Wir könnten ja Opa fragen, ob er was darüber weiß. Aber der würde bei so was bloß spitze Ohren kriegen. Am besten bleibt das ein Geheimnis zwischen allen Anwesenden.«

»Was ist mit deinem Lover Sven?«, fragte Jens an Marion gewandt.

Seine Schwester zuckte mit den Schultern. »Wir sind schließlich nicht verheiratet. Außerdem ist der eh die nächsten drei Wochen auf Montage.«

Alle bis auf Julia nickten zustimmend. Die Finderin wurmte die plötzliche Wendung noch immer sehr.

Die kommenden Tage herrschte große Aufregung im Hause Schlönzig. Jeder malte sich aus, was er mit seinem Anteil vom Erlös anstellen würde. Von einer eige-

nen Jacht war die Rede. Ebenso von einem teuren Sport-
wagen und von einer Villa in der Südsee.

Über die Frage, wie das Bild verkauft werden sollte,
waren sie sich allerdings uneinig. Julias Mutter schlug
vor, im Internet nach einer entsprechenden Auktions-
plattform zu suchen. Ihr Mann hielt davon gar nichts
und wollte direkt bei allen großen deutschen Galerien
anfragen. Marion und Julia hingegen bestanden darauf,
einen Agenten zu engagieren, der für sie das beste Angebot herausschlagen und davon einen Anteil bekommen
sollte. Einzig Jens war mit allen Vorschlägen einverstan-
den. Hauptsache, er kam möglichst schnell an seine Portion vom Gewinn.

Vielleicht war es die Vorfreude darauf, die ihn unacht-
sam werden ließ. In Aussicht auf den kommenden Reichtum kaufte er gleich mal eine neue Satellitenschüssel samt
digitalem Receiver. Schließlich wollte er etwas sehen von
der Welt und sich – wie er es nannte – so Inspirationen
für die nächsten Einkäufe holen. Handwerklich begabt,
wie er war, ließ er es sich allerdings nicht nehmen, die
Technik noch am selben Tag unterhalb der Dachschräge
installieren zu wollen.

Laut dem späteren Polizeibericht beugte er sich dabei
zu weit aus dem Fenster und verlor den Halt. Ein Fremd-
verschulden schlossen die Ermittler bei ihrer oberflächlichen Untersuchung jedenfalls aus. An den Tatsachen
änderte es nichts: Mit gerade einmal 25 Jahren fiel Jens
Schlönzig bei seinem Sturz aus dem ersten Stock so
unglücklich, dass er sich beim Aufprall das Genick brach.
Wahrscheinlich ging es so schnell, dass er selbst kaum
etwas davon mitbekommen hatte.

Die Beerdigung fand an einem trüben Donnerstagnachmittag auf dem Friedhof in Reinhardtsdorf statt. Julia und ihre Familie holten Opa aus dem Altenheim ab. Stumm standen sie um das karge Loch im Boden und versuchten, den plötzlichen wie viel zu frühen Tod zu begreifen. Mit Tränen in den Augen warf Julia eine Blume auf seinen Sarg. Sie war froh, als der schreckliche Tag endlich vorüber war.

Erschüttert von der Trauer rückten die Bemühungen um den Bildverkauf für einige Zeit in den Hintergrund. Eine Lösung, die allen Beteiligten zusagte, war ohnehin schwer zu finden. Julia war schon froh, ihrem Vater ausreden zu können, mit der Zeichnung in der Tasche direkt in die Dresdner Gemäldegalerie zu fahren. »Wenn wir das tun, erfährt in Windeseile jeder von unserem Fund«, erklärte sie ihm. »Wir müssen dabei viel umsichtiger vorgehen.«

Schützenhilfe erhielt sie nach einigen Tagen unerwartet von ihrer Mutter Luise. Diese hatte zusammen mit Marion das Internet nach vertrauenswürdigen Online-Auktionshäusern mit dem Schwerpunkt Kunst durchsucht, dabei keine einzige Adresse gefunden, die sie vollends überzeugte. »Vielleicht sollten wir uns doch an einen Agenten oder einen Kunsthändler wenden. Der weiß bestimmt, wie man bei so was diskret und sicher vorgeht.«

Julia nickte erleichtert. »Ich habe in den vergangenen Tagen ebenfalls ein wenig recherchiert. Wusstet ihr, dass es für solche Sachen in Deutschland sogar extra einen Kunsthändlerverband gibt? Die können uns bestimmt einen Experten vermitteln, der weiß, wie wir weiter vorgehen sollen.«

Weder Mutter noch Schwester hatten was dagegen, und auch der Vater war relativ leicht davon zu überzeugen. Genau genommen waren nur drei Flaschen Radeberger dafür erforderlich. Noch am gleichen Tag schickte Julia eine E-Mail heraus.

Die Antwort ließ nicht lang auf sich warten. Der Verband zeigte sofort großes Interesse und verwies sie an einen Mann namens Dr. Lutz Steinborn, der nicht nur als Koryphäe auf dem Kunstmarkt, sondern obendrein als großer Caspar-David-Friedrich-Experte galt.

Julia zögerte nicht, sofort dessen Telefonnummer zu wählen. Als der Fachmann von ihrem Überraschungsfund hörte und gleich darauf ein Digitalkamera-Foto zugeschickt bekam, schnappte er aufgeregt nach Luft. »Das wäre eine Sensation. Ich mache mich gleich auf den Weg«, verkündete er. Allerdings lebte Steinborn in Greifswald, oben an der Ostseeküste, und brauchte einige Zeit, einen Flug nach Dresden zu bekommen und von da aus in die östlichste Sächsische Schweiz zu gelangen. Trotz Navi schaffte er es, sich auf dem Weg nach Schönau dreimal zu verfahren, wie er später zugab.

Was Julia bei seinem Anblick nicht wunderte: Steinborn war ein kleiner Mann im mausgrauen Anzug, mit fast kahlem Schädel, dunklen Augen und einer offenbar angeborenen und über die Jahre gepflegten Langsamkeit. Selbst beim Smalltalk an der Wohnungstür hatte sie das Gefühl, dass sich der Experte jedes Wort vor dem Aussprechen genau überlegte. Hektisch wurde er erst, als er die Bleistiftzeichnung und das dazugehörige Anschreiben vor sich auf dem Stubentisch liegen sah.

Minutenlang inspizierte er beide Blätter von allen Seiten mit einer Lupe, schnupperte am Papier, strich bedächtig darüber und schien sich nur schwer bremsen zu können, nicht auch noch einen Geschmackstest vorzunehmen. Immer wieder leckte er sich gierig über die Lippen.

»Ich bin sprachlos«, sagte er schließlich und sank auf dem Stuhl zurück. Die zwei Fundstücke ließ er nicht einen Moment aus den Augen. »Ich glaube, wir haben es hier mit einer Sensation zu tun. Eine umfangreiche Analyse kann zwar nur ein Labor vornehmen, aber nach meiner ersten oberflächlichen Überprüfung handelt es sich tatsächlich um eine bislang unbekannte Zeichnung von Caspar David Friedrich.«

Die Auskunft zauberte ihnen allen ein breites Lächeln ins Gesicht.

»Wie geht es nun weiter?«, fragte Marion.

»Am besten wäre es, wenn ich das Bild für abschließende Tests mitnehmen und zu einem Labor schicken würde. Nur so können wir endgültig sicher …«

»Es können gern Leute vorbeikommen«, widersprach Vater Wilfred mit donnernder Stimme, »und hier Tests anstellen, aber das Bild selbst bleibt bei uns.«

»Aber zum Beispiel eine Radiokarbondatierung ist viel zu aufwendig, um sie …«

»Egal. Wir wissen, wie wertvoll das Bild ist, und geben es nicht aus den Händen.«

Julia für ihren Teil wusste zwar nicht, wie wertvoll das Bild war, fand die Entscheidung ihres Vaters aber trotzdem grundsätzlich gut.

Der Experte schaute erwartungsvoll in jedes einzelne Gesicht, doch niemand schien im Traum daran zu denken, Vater Wilfred zu widersprechen. Was auch Steinborn schließlich einsah und tief seufzte. »Also gut. Dann schaue ich mal, was wir stattdessen tun können. Ich befürchte allerdings, die meisten Galerien, Museen und Privatsammler auf der Welt werden auf zertifizierte Tests bestehen. Ich melde mich, sobald ich etwas Neues weiß.«

Als er in seinen Mietwagen stieg, wirkte er nicht besonders erfreut. Julias Mitleid und das ihrer Familie hielt sich allerdings in Grenzen.

Zu ganz anderen Gefühlsregungen kam es allerdings am Nachmittag darauf. Den ganzen Tag über hatte es geregnet, sodass es zunächst niemanden verwunderte, als Mutter Luise nicht wie üblich gegen halb fünf von ihrer Arbeit im 17 Kilometer entfernten Hohnstein zurückkehrte.

Doch die Stunden vergingen und Luise ließ immer noch auf sich warten. Dass sie auch auf Handyanrufe nicht reagierte, setzte der gesamten Familie sichtlich zu. Als nach dem Dunkelwerden noch immer jede Spur von ihr fehlte, keimte in Vater Wilfred von einer Sekunde auf die nächste ein übler Verdacht.

Julia und Marion zuckten zusammen, als er urplötzlich vom Essenstisch aufsprang und in die zweite Etage stürmte. Gleich darauf hörten sie ihn im Flur hantieren und folgten ihm hinauf. Oben sahen ihn die Schwestern den gesamten massiven Eichenschrank auf den Kopf stellen. Achtlos zog er Sachen heraus und warf sie zu Boden. Wonach er suchte, lag auf der Hand: Die Mappe mit der Zeichnung und dem Anschreiben, die sie nach Steinborns Besuch dort versteckt hatten. Wer würde schon vermuten, dass die Familie die wertvollen Funde in einem Kleiderschrank bunkerte?

Ihr Vater murmelte unverständliche Worte. Er schien der Panik nahe. Jedoch nur einen Moment lang. Dann entspannte er sich wieder. »Ah, da ist sie ja.«

Er zog die Mappe aus dem Schrank und vergewisserte sich, dass sich beide Kunstschätze noch immer darin befanden. Was der Fall war.

»Hast du echt geglaubt, sie hätte sich damit aus dem Staub gemacht?«, fragte Julia.

Sofort schüttelte er den Kopf. »Nein, natürlich nicht.« Es klang wenig überzeugend. Dass er ihrem Blick auswich, sagte alles.

Trotzdem blieb die Frage, wo Luise sich befand und weshalb sie nicht heimkam. Mehrere Stunden versuchten sie weiter, sie auf dem Handy anzurufen. Ohne Erfolg. Als Wilfred gerade anfangen wollte, Luises Arbeitskollegen abzutelefonieren, klingelte es.

Sie liefen alle zur Tür, in der Hoffnung, dass die Vermisste bloß ihre Hausschlüssel vergessen hatte. Doch vor der Tür standen zwei uniformierte Beamte. Und sie erzählten eine völlig andere Geschichte: Das Auto von Luises Mutter war in einer der bergigen und kurvigen Straßen hinter Hohnstein von der regennassen Fahrbahn abgekommen und etliche Meter in die Tiefe gestürzt. Gestoppt hatte es erst ein Baum, den der Wagen frontal gerammt hatte.

Bedauerlicherweise war zum Unfallzeitpunkt niemand sonst auf der Straße unterwegs gewesen und das Fahrzeug selbst war erst nach mehreren Stunden bemerkt worden. Für Luise Schlönzig kam da schon jede Hilfe zu spät.

Julia schluckte hart. Tränen quollen aus ihren Augen. Das alles konnte nicht wahr sein. Wieder war jemand gestorben. Schon die zweite Person aus ihrer Familie, seit sie die olle Zeichnung und das Schreiben des Malers gefunden hatten. Das konnte unmöglich Zufall sein! Lastete ein Fluch auf dem Kunstschatz? Mussten sie alle um ihr Leben fürchten? Allein die Vorstellung war lachhaft. Dennoch fühlte sie sich auf einmal so benommen und so verloren – und überlegte, ob es nicht besser gewesen wäre, sie hätte die Sachen auf dem Dachboden niemals gefunden.

Viel Zeit zum Nachdenken blieb Julia nicht. Der markerschütternde Schrei ihres Vaters holte sie in die brutale Wirklichkeit zurück. So hatte sie ihn noch nie gesehen, blass wie frischer Schnee, den Mund weit aufgerissen stand er im Flur und brüllte wie ein Tier.

»Papa«, rief Julia erschrocken und wollte ihn in den Arm nehmen. Doch er wandte sich ab und stürmte die Treppe nach oben. Hilflos sah sie zu Marion. Aber die starrte auf die Haustür, die sich eben hinter den Polizisten geschlossen hatte. Die Beamten hatten angeboten, einen Seelsorger zu schicken, was aber beide Schwestern mit einem Kopfschütteln abgelehnt hatten.

Julia trat einen Schritt auf ihre Schwester zu. Legte ihr die Hand auf die Schulter. Und schwieg. Was gab es auch zu sagen? Die Erinnerung an das, was in den folgenden Tagen notwendig war und getan werden musste, war wegen der Beerdigung des Bruders noch allzu frisch.

»Ich muss mal raus«, flüsterte Marion, nahm ihre Jacke vom Haken und trat in die Nacht hinaus. Julia blieb ratlos und stumm zurück. Widerstand dem Impuls, der Schwester zu folgen. Lauschte ins Haus und hielt sich die Ohren zu, als das wimmernde Heulen ihres Vaters zu ihr drang. Dann ging sie in die Küche, stellte das Radio laut und begann damit, die Spülmaschine einzuräumen. Mitten in der Bewegung erstarrte sie. Ließ Teller Teller sein und machte sich auf den Weg nach Bad Schandau zum Altenheim. Jemand musste mit dem Großvater sprechen. Ihm sagen, dass seine Tochter tot war. Julia warf einen Blick auf die Uhr. Es war kurz nach neun. Wenn sie Glück hatte, hatte Opa seine Schlaftropfen noch nicht genommen.

Als sie im Heim ankam, war dort weniger als die Hälfte der Fenster beleuchtet. Die meisten Bewohner lagen wohl schon in den Betten. Hinter mancher Gardine sah sie das Flackern von Fernsehern. Sie zählte die Reihen ab und fand das Zimmer des Großvaters beleuchtet. Erst jetzt schellte sie an der Tür. Es dauerte mehr als fünf Minuten, bis eine ungehaltene Männerstimme ein barsches »Was?« durch die Sprechanlage knarzte.

»Ich möchte meinen Großvater besuchen«, sagte Julia.

»Jetzt?« Der Pfleger hatte wirklich keine gute Laune.

»Es ist ... ich muss ... etwas passiert.«

»Kann das nicht bis morgen warten?« Die Hektik in der Stimme aus dem Lausprecher war kaum zu überhören.

»Leider nein«, entschuldigte sich Julia. »Seine Tochter ist tot.« Als sie das sagte, wurde ihr mit einem Schlag die ganze Tragweite bewusst. Ihr wurde schlecht und sie musste sich mit der Hand an der Wand abstützen.

»Oh. Ja, Moment.« Es summte. Julia drückte die Tür auf und hielt automatisch die Luft an. Wie jedes Mal, wenn sie das Heim betrat, schlug ihr der abgestandene Geruch entgegen, eine Mischung aus Kantinenessen, Desinfektionsmittel und Alter. Sie durchquerte die Halle. Hinter dem Empfang stand der Pfleger. Er war kaum älter als sie, sah aber ausgezehrt aus. Sein Namensschild auf dem blauen Kittel wies ihn als Kai Kruse aus.

»Hauser. So heißt mein Opa«, sagte Julia und kämpfte gegen die aufsteigenden Tränen an.

»Ja. Gut. Soll ich mitkommen?« Jetzt klang Kruse netter als eben. Sein Mund, in dessen Unterlippe ein Piercingring klemmte, verzog sich zu etwas, das Julia als echte Anteilnahme verstand.

Sie verneinte und machte sich auf zu Opas Zimmer im dritten Stock. Der Lift ließ sich wie immer Zeit, die sie dazu nutzte, sich zu schnäuzen. Dann klopfte sie mit zitternder Hand an die Zimmertür und öffnete sie. Großvater stand am Fenster und starrte auf die nachtschwarze Elbe. Julia trat hinter ihn und legte ihm die Hand auf die Schulter.

»So später Besuch?« Als der Opa sich ihr zuwandte, musste Julia schwer schlucken. Sie brachte kein Wort heraus und nickte nur. Dann tat sie es dem alten Mann gleich, minutenlang standen beide schweigend am Fenster. Julia betrachtete die Lichtspiegelungen auf dem Fluss und wünschte sich, nicht hergekommen zu sein.

»Ist was passiert?«, fragte der Großvater schließlich.

Julia holte tief Luft und blinzelte die Tränen weg.

»Liebeskummer?« Der Großvater nickte Richtung Couch. Auf dem Tisch davor stand eine offene Packung Haloren-Kugeln. Die halfen immer, bei Langeweile, bei Heißhunger und bei Liebeskummer. »Nimm eine.«

»Ich mag nicht.« Julia sah ihrem Opa dabei zu, wie er im Schildkrötentempo zum Sofa schlurfte und sich in die Polster fallen ließ. Neben den Pralinen stand ein blaues Plastikbecherchen.

»Mein Abendschnaps«, sagte er schmunzelnd. »20 Tropfen davon wirken besser als eine Pulle Williams.«

Julia lächelte.

»Also, was ist passiert?« Als der Opa sie auffordernd ansah, konnte sie die Tränen nicht mehr zurückhalten.

»Mama ... sie ist ...«, schluchzte Julia.

Mehr musste sie nicht sagen. Opa verstand. Starrte sie aus wässrigen Augen an. Öffnete den Mund. Schloss ihn wieder. Schnaufte schwer. »Was ist passiert?«, presste er schließlich hervor.

Julia berichtete in knappen Worten.

Der Großvater hörte schweigend zu. Und sagte dann: »Das verdammte Bild.«

Wie sie nach Hause gekommen war, wusste Julia nicht mehr. Alles war verschwommen, als hätte sie Opas Schlaftropfen eingenommen. Als sie am nächsten Morgen aufwachte, hämmerte ihr Kopf und ihre Augen brannten. In ihrem Mund mischte sich der schale Geschmack des Schlafes mit zuckersüßen Resten von Schokolade.

»Das verdammte Bild«, hatte der Großvater gesagt. Und dann nichts mehr. Irgendwann war der Pfleger ins Zimmer gekommen, hatte den Opa ins kleine Bad geführt und ihm geholfen, den Schlafanzug anzuziehen. Ihn ins Bett gebracht. Ihm die Tropfen aus dem blauen Becher gegeben. Julia hatte zugesehen, als sei dies alles ein Film, weit weg. Sie war geblieben, bis der alte Mann eingeschlafen war und leise schnarchte. Sie erinnerte sich, dass sie im Gang beinahe mit Kai Kruse zusammengestoßen wäre, als dieser aus dem Nachbarzimmer kam. Der Pfleger hatte erschrocken aufgeschrien und einen Stapel Papiere fallen lassen. Julia hatte sich automatisch entschuldigt, während er sich rasch bückte und hektisch die losen Blätter zusammenklaubte. Julia hatte vergilbte Briefe erkannt, ein paar Kontoauszüge. Nachdem sie gegangen war, verschwand Kruse in Großvaters Zimmer.

»Jemand muss zu Opa«, sagte Marion, als Julia in die

Küche kam. Ihre Schwester war bereits fertig angezogen und hatte eine Tasse Kaffee vor sich stehen.

»Da bin ich gestern schon gewesen«, antwortete Julia. »Wo warst du eigentlich?«

»Weiß nicht. Draußen. Ist doch egal.«

»Schläft Papa noch?«

»Nein. Der ist seit sieben weg. Wollte zum Bestatter oder so.«

Julia schenkte sich ebenfalls eine Tasse Kaffee ein und setzte sich an den Küchentisch. Als ihr die Worte des Großvaters wieder einfielen, schauderte sie. »Opa hat von der Zeichnung gesprochen.«

»Wie?«

»Na ja, er meinte, das Bild sei verdammt.«

»Was hat denn das Bild mit Mama zu tun?« Marion, die schon immer die rationalste unter den Geschwistern gewesen war, tippte sich an die Stirn.

»Das weiß ich nicht. Aber es ist doch merkwürdig, dass ihm der Caspar David Friedrich gerade dann einfällt, wenn er erfährt, dass seine Tochter tot ist.«

»Wahrscheinlich hat sie ihm beim letzten Besuch davon erzählt?«

»Das glaube ich kaum.«

»Stimmt. Komisch ist, dass er das Bild überhaupt erwähnt hat. Ich dachte, er weiß gar nichts mehr davon.«

»Na, so senil ist er auch noch nicht«, widersprach Marion. Und wollte gerade etwas hinzufügen, als das Telefon schellte. Die beiden Schwestern erstarrten. Hatten vermutlich denselben grausigen Gedanken: Jetzt war Papa auch noch was passiert. Aber als Julia mit zitternder Hand die Sprechtaste drückte, meldete sich Steinborn. Und teilte mit, dass er in drei Stunden in Dresden landen und sich alsdann mit einem Mietwagen auf nach Schöna machen würde.

»Ich setze voraus, dass ich einen Platz habe, an dem ich in Ruhe arbeiten kann«, fügte er hinzu und erteilte Julia genaue Anweisungen, was er brauchte. Ein Zimmer, welches abgeschlossen werden konnte. Einen leeren Tisch. Eine gute Lampe. Den Rest würde er mitbringen. Als der Kunstexperte aufgelegt hatte, zuckte Marion mit den Schultern.

»Dann muss er ins Gästezimmer. Woanders ist kein Platz.«

»Aber irgendwie … heute ist das nicht gut«, sagte Julia lahm und schalt sich selbst, warum sie den Fachmann nicht vertröstet hatte. Andererseits hatte der sie trotz seiner gemächlichen Sprache nicht zu Wort kommen lassen. Und offensichtlich seine Reise schon gebucht.

»Dann räume ich mal auf«, beschied sie und leerte die Kaffeetasse in einem Zug. Marion nickte müde und schnäuzte sich. Beide wussten, dass es noch ein, zwei Tage dauern würde, bis die Tränen flossen. Schlönzigs weinten erst verzögert. Es brauchte Zeit, bis Schlimmes bei ihnen ankam. Das kannten sie schon vom Tod des Bruders.

Zwei Stunden später, Vater Wilfred war noch nicht zurück, läutete es an der Tür. Marion war zum Einkaufen gefahren, essen mussten sie ja trotz allem. Julia hatte sich gerade an den Aufstieg auf den Dachboden machen wollen. Als sie die Tür öffnete, staunte sie nicht schlecht: Mit zwei silbernen Metallkoffern in den Händen stand dort Steinborn.

»Sie?«, entfuhr es ihr. »Sind Sie Überschall geflogen?«
Der Experte hustete kurz und erklärte dann, dass die

Straßen wie leer gefegt gewesen seien. Julia hörte nur mit halbem Ohr zu und ließ ihn eintreten. Noch im Flur wollte er wissen, wo die Zeichnung sei. Ein solch zielstrebiges Vorgehen hatte sie dem Mann gar nicht zugetraut. Trotzdem zögerte sie nicht, ihm das Bild zu überreichen.

»Danke«, murmelte Steinborn kaum hörbar und ließ sich dann das Gästezimmer zeigen.

»Was genau müssen Sie denn darin arbeiten?«, fragte sie unterwegs.

Er winkte ab. »Ach, nur weitere Forschungen. Mit den technischen Details möchte ich Sie nicht belasten. Aber seien Sie sich gewiss, dass sie zwingend notwendig sind. Und nun lassen Sie mich bitte in Ruhe arbeiten. Ich möchte nicht gestört werden.«

Mit den Worten dirigierte er sie aus dem erst kurz vorher frei geräumten Zimmer und ließ die Tür ins Schloss fallen.

Irritiert kehrte Julia in die Küche zurück und schenkte sich erst mal ein Mineralwasser ein. Einige Minuten ärgerte sie sich über das ruppige Auftreten des Fachmanns, dann beschloss sie, es zu ignorieren und sich wieder ihren ursprünglichen Plänen zu widmen.

Sie werkelte zwei Stunden lang auf dem Dachboden, lauschte aber immer wieder mit einem Ohr ins Untergeschoss. Ungewöhnlich still war es da. Was um alles in der Welt machte Steinborn dort?

Irgendwann hielt sie es nicht mehr aus und schlich sich zum Gästezimmer. Sie hatte schon die Hand zum Anklopfen gehoben, hielt dann jedoch inne. Sollte sie das tatsächlich tun? Immerhin hatte er darum gebeten, bei seiner Arbeit nicht unterbrochen zu werden. Worum auch immer es sich handelte …

Nach kurzem Zögern ging sie in die Knie und linste durchs Schlüsselloch. Den Schreibtisch hatte sie in weiser Voraussicht so aufgestellt, dass der nicht weit vom Fenster und von der Tür entfernt stand. Das zahlte sich jetzt aus. Steinborn saß mit einer Lupe über einem Blatt gebeugt. Vermutlich der Zeichnung von Caspar David Friedrich. Sie wollte sich schon wieder aufrichten, als ihr auffiel, dass der Fachmann das Bild nicht nur intensiv betrachtete, sondern parallel dazu mit einem Bleistift herumkritzelte. Doch er notierte sich nichts. Nein, er bewegte den Stift so, als würde er malen.

Abmalen.

Als würde er das Bild abmalen!

Julias Gehirn zog sofort die richtigen Schlüsse: Der sogenannte Gelehrte stellte keine weiteren Forschungen an, er erstellte vielmehr eine Kopie der Zeichnung. Sicherlich um nach getaner Arbeit das Original einzustecken und ihnen die Fälschung zu überlassen!

Doch da hatte er sich getäuscht!

Entschlossen riss Julia die Tür auf. Das hieß, sie versuchte es. Von innen war abgesperrt. Aber das konnte sie nicht aufhalten. Wie in den amerikanischen Filmen im Fernsehen stemmte sie ihre Schulter mit voller Wucht dagegen. Das morsche Holz des Türrahmens splitterte und das Schloss sprang auf.

Mit einem Satz war sie im Zimmer und stürzte auf Steinborn zu.

Dieser versuchte noch hastig, seine halb fertige Zeichnung unter seinen Malblock zu schieben, reagierte aber nicht schnell genug.

»Unterstehen Sie sich!«, fuhr sie ihn an und riss ihm die Fälschung aus den Händen. Zugegeben, der Mann besaß durchaus Talent. Das, was er kopiert hatte, ähnelte dem Original auf frappierende Weise. Wenn er seine Arbeit fertiggestellt hätte, wären beide Bilder sicherlich kaum voneinander zu unterscheiden gewesen. Wahrscheinlich hätten sie als Laien den Unterschied nicht mal gemerkt.

Weiterer Zorn kochte in ihr hoch. Am liebsten hätte sie Steinborn eine geknallt. Verdient hatte er es für diese bodenlose Frechheit allemal. Stattdessen schnappte sie sich mit einer hastigen Bewegung auch noch das Originalbild.

In diesem Moment zog der Gelehrte ein Messer aus seiner Tasche und schwang es bedrohlich in ihre Richtung. Das Deckenlicht spiegelte sich auf der bestimmt 15 Zentimeter langen Klinge und ließ die Waffe angriffslustig funkeln.

Julia bekam es mit der Angst zu tun. Sie wich zurück, bis ihr Rücken die Flurwand berührte. Steinborn folgte ihr mit triumphierendem Lächeln. »Nun mal langsam.« Er streckte die andere Hand nach ihr aus. Was er wollte, war klar.

»Aber es gehört uns«, flüsterte sie.

Steinborn zuckte mit den Schultern. »Das ist wie Perlen vor die Säue. Sie könnten das überhaupt nicht gebührend würdigen.«

»Trotzdem …«

»Ist mir egal! Her mit dem Bild!« In seiner Stimme lag so viel Entschlossenheit, dass Julia der Gedanke kam, dass das bedächtige, fast schon trottelige Auftreten bei seinem ersten Besuch wohl bloß eine Maskerade gewesen war, damit sie seinetwegen gar nicht erst auf falsche Gedanken kamen.

Widerwillig hob sie den Arm, um ihm die Zeichnung auszuhändigen.

»Was ist denn hier los?«, erklang auf einmal eine andere Frauenstimme. Marion! Sie war vom Einkaufen zurück! Und sie war nicht allein: Direkt hinter ihr taumelte ihr Vater mit mattem Blick und Speichelfäden von den Lippen hinabhängend. Offenbar hatte er wieder getrunken. Julia konnte es ihm nicht mal verübeln.

Irritiert riss Steinborn sein Messer herum und zeigte damit auf Marion. Doch gegen zwei – beziehungsweise drei – Gegner konnte er sich nicht gleichzeitig zur Wehr setzen.

Julia holte das nach, was sie vorhin schon tun wollte, und verpasste ihm eine schallende Ohrfeige. Das warf den Fälscher vollends aus der Bahn. Entgeistert riss er die Augen auf und rieb sich die jetzt knallrote Wange. Julia glaubte sogar, den Abdruck ihrer Hand darauf genau wiederzuerkennen. Steinborn schüttelte den Kopf, stürmte ins Arbeitszimmer zurück und räumte übereilt seine Sachen zusammen.

Die zwei Schwestern ließen ihn nicht eine Sekunde unbeobachtet und begleiteten den Fachmann und seine zwei silbernen Koffer auf dem Weg zur Haustür. Hinter ihnen lallte ihr Vater Unverständliches.

»Scheren Sie sich zum Teufel«, rief Marion dem Fälscher hinterher. »Und lassen Sie sich hier nie wieder blicken!«

Mit jeder Menge Genugtuung verfolgten Julia und sie, wie Steinborn in sein Auto stieg und sich mit laut aufheulendem Motor entfernte. Marion konnte noch immer kaum fassen, was sich gerade abgespielt hatte.

Bei einem Gläschen Wilthener Goldkrone erzählte Julia ihrer Schwester und ihrem Vater von Steinborns ursprünglichem Plan. Beide schüttelten den Kopf. Papa vermutlich bloß, weil er es bei Marion sah und ihrem Beispiel folgen wollte. Besonders klar schien er momentan nicht im Kopf zu sein. Deshalb überraschte es Julia auch nicht, dass sie einige Minuten darauf aus seiner Richtung ein leises Schnarchen vernahm. Julia zog ihm daraufhin die schweren Schuhe aus, während Marion eine Stoffdecke über seinen Oberkörper legte.

»Als ich vom Einkaufen zurückfahren wollte, habe ich ihn am Straßenrand herumtorkeln gesehen. Voll wie tausend Russen. Ein Wunder, dass er überhaupt noch aufrecht stehen konnte.«

»Die letzten Tage waren nicht leicht für ihn. Für keinen von uns.«

»Wem sagst du das?«

Seufzend sanken sie aufs Sofa zurück und konnten nicht verhindern, dass die Traurigkeit Einzug hielt. Die Tränen ließen aber immer noch auf sich warten.

Julia ließ die jüngsten Ereignisse Revue passieren. War es möglich, dass Steinborn gar nicht in seine Heimat zurückgekehrt war und stattdessen hier aus reiner Habgier eine Reihe von tödlichen Unfällen fingiert hatte? Allerdings war Jens schon mehrere Tage, bevor sie den Fachmann kontaktiert hatten, vom Dach gestürzt. Wie ein kaltblütiger Mörder hatte er ebenfalls nicht gewirkt. Dennoch wurmte es Julia, ihn nicht darauf angesprochen zu haben. Aber hätte er ihr überhaupt eine aufrichtige Antwort gegeben? Sie bezweifelte es.

Einige Minuten lang grübelte sie über alles und erhob sich dann. Irgendwie passte das alles nicht richtig zusammen. Irgendein wichtiges Puzzleteil schien zu fehlen. Und sie hatte so eine Ahnung, wo sie es bekommen könnte.

Mit Vollgas düste sie zum Seniorenstift nach Bad Schandau. Die Zeichnung von Caspar David Friedrich lag sicher in der kantigen Ledertasche auf dem Beifahrersitz verwahrt. Im Autoradio dudelte der Song »Every day« der Popband Superior. Was früher mal ihr Lieblingslied gewesen war. Jetzt war sie dermaßen in Gedanken, dass sie es kaum wahrnahm.

All die Ereignisse der letzten Tage. Das verfluchte Bild. Die Trauer. Der Schmerz. Das alles erschien ihr so übermächtig, dass sie selbst nicht einmal mehr wusste, wo ihr der Kopf stand. Sie fühlte sich so wütend und so verletzlich zugleich. Weder vorne noch hinten schien mehr etwas zu stimmen. Deshalb brauchte sie Klarheit. Und das so schnell wie möglich.

Gott sei Dank musste sie diesmal nicht an der Gegensprechanlage warten. Die Tür des Altenheims stand tagsüber wie überall offen und Besucher waren herzlich willkommen. Dafür musste sie sich den Aufzug mit einer Rollstuhlfahrerin mit purpurner Dauerwelle teilen, die die ganze Zeit über wie ein Kühlschrank brummte. Gleichzeitig lächelte die alte Frau so goldig, dass es Julia das Herz erwärmte.

Im dritten Stück flitzte sie zu Opas Zimmer und hatte die Tür nur einen Sekundenbruchteil nach ihrem Anklopfen geöffnet.

»Herein«, rief der alte Mann und erblickte seine Enkelin im selben Atemzug.

Für einen Moment grinsten sie einander schelmisch an,

dann fielen sie sich in die Arme. Trotzdem entging dem Großvater nicht, wie aufgelöst Julia war.

»Was hast du auf dem Herzen?«, fragte er, nachdem sie auf seiner Couch Platz genommen hatten.

»Wo soll ich da anfangen?« Julia seufzte schwer und beschloss, ihm noch einmal die ganze Geschichte der vergangenen Tage zu erzählen. Diesmal in Ruhe und mit sämtlichen relevanten Einzelheiten. Ihre Ledertasche hatte sie wie ein Mahnmal zwischen sie gestellt.

Mehrfach schüttelte Opa während des Berichts den Kopf, wagte aber nie, sie zu unterbrechen. Als Julia bei Steinborns Betrugsversuch angekommen war, ließ er angriffslustig seine Knöchel knacken.

»Ich bin so unschlüssig, was ich von alledem halten soll«, beendete sie ihren ellenlangen Monolog.

»War alles ein bisschen viel.« Opa nickte mitfühlend und kratzte sich am Kinn. »Und das alles wegen dem blöden Bild.«

»Meinst du wirklich, dass *alles* damit zusammenhängt?«

»Womit denn sonst? Du musst wissen, dass deine Großmutter und ich kurz nach der Wende schon mal versucht haben, das Bild zu verkaufen. Zu DDR-Zeiten hätte sich das nicht gelohnt. Aber obwohl wir vorsichtig waren, hatte es jede Menge lichtscheues Gesindel angelockt. Als Oma dann unter kuriosen Umständen ums Leben kam, habe ich beschlossen, das Bild niemals zu verkaufen. Ich wollte nicht, dass noch jemand zu Schaden kam. Warum habe ich es damals nicht gleich vernichtet? Es hätte alles einfacher gemacht.«

»Ich dachte, Oma starb bei einem Verkehrsunfall?«

»Technisch gesehen stimmt das. Aber wusstest du, dass

sie im Auto verfolgt wurde? Weil jemand fälschlicherweise annahm, sie hätte die olle Zeichnung dabei. Glaub mir, so viel das Bild auch einbringen könnte, das ist es einfach nicht wert.«

Obwohl ihr die Neuigkeiten ein weiteres Mal den Boden unter den Füßen wegzuziehen drohten, spürte sie deutlich, wie recht ihr Großvater mit dieser Einschätzung hatte. Dieses Bild förderte einfach das Schlechteste der Menschen zutage.

Wie auf's Stichwort wurde die Tür aufgerissen. Pfleger Kai Kruse stürmte mit seinem blauen Kittel in den Raum. Zunächst dachte sich Julia nicht viel dabei. Sie wunderte sich bloß, wie energisch der Altenpfleger auftrat.

Als er näher kam, dachte sie zuerst, er wollte Opa abholen oder ihm etwas bringen. Doch er lief geradewegs auf Julia zu, stieß sie beiseite und schnappte sich in derselben Bewegung ihre Tasche.

Geistesgegenwertig bäumte sich Julia auf und griff ebenfalls danach.

»Auf keinen Fall«, schrie sie. Sämtliche Wut schien sich in diese drei Worte zu verlagern. Sie erkannte sich selbst kaum wieder.

Der Pfleger funkelte sie angriffslustig an. »Lass los. Oder du erlebst dein blaues Wunder.«

»Von wegen!«

»Reiz mich nicht, Mädel«, fauchte er sie an. Sein Atem stank nach Zigaretten und das Piercing in seiner Unterlippe wippte bedrohlich wie eine Waffe hin und her. »Sonst ergeht es dir wie deiner Mutter. Die wollte auch nicht auf mich hören. Dabei hätte sie mir bloß verraten müssen, wo ihr das Scheiß-Bild daheim versteckt habt.« Er schüttelte den Kopf, als könnte er es selbst kaum fassen. »Nachdem mein Timing schon so schlecht war und ihr es vor mir auf dem Dachboden gefunden habt. Wäre ich nur einen Tag früher gekommen …«

»Du hast …« Das unerwartete Geständnis raubte Julia die Worte. Einige Sekunden lang war sie dermaßen perplex, dass sie die kantige Tasche in ihren Händen vollkommen vergaß.

Es genügte Kruse, um das Lederstück vollständig an sich zu reißen. Doch es blieb nur einen Moment lang in seinem Besitz.

Wie aus dem Nichts schnellte Opas Faust hervor und traf den Dieb mit voller Wucht am Kinn. Es knirschte dumpf, dann sank der Pfleger mit einem Keuchen zu Boden.

Sofort war der Großvater über ihm und verpasste ihm einen weiteren Schlag. Diesmal auf die Nase. Ein leises Knacken ertönte, dann sprudelte das Blut wie aus einer Fontäne.

»Ich hab doch gewusst, dass du mich neulich belauscht hattest, als ich mich mit Erwin unterhalten hab. Hätte ich das verdammte Bild dabei bloß nie erwähnt. Und mir hätte auffallen müssen, wie oft du in den Tagen danach um mich herumgeschwänzelt bist. Aber ich war ja neu hier und dachte, das gehört zum Service.«

Kruse machte Anstalten, etwas zu erwidern, doch sofort verpasste Opa ihm einen weiteren Kinnhaken. Der Pfleger gab ein gurgelndes Geräusch von sich, verdrehte die Augen nach oben und verlor dann die Besinnung.

Julias Mitleid hielt sich in Grenzen. Noch immer fassungslos starrte sie auf den am Boden liegenden Mann und den darübergebeugten Großvater, dem Blut an der Faust klebte.

Mit einem zufriedenen Lächeln winkte der alte Mann in ihre Richtung. »Reich mir mal dein Handy aus der Tasche. Ich schätze, es ist an der Zeit, meinen alten Freund Hans Jürgen Rabenschmidt zu verständigen. Von hier an soll die Kripo übernehmen.«

Julia fand, dass das eine sehr gute Idee war. Noch besser gefiel ihr aber, als Opa ein Feuerzeug aus Kruses Tasche nestelte. Sie verstand, was er wollte, und kramte das Originalbild aus der Tasche. Mit zitternder Hand nahm der alte Mann es entgegen, warf einen letzten Blick darauf und ging in das kleine Bad. Als die Flammen das wertvolle Papier im Waschbecken umzüngelten, blinzelte er gegen den Rauch an.

Die Zeichnung »Die Frau in den Bergen« und die damit zusammenhängenden Ereignisse sind zwar unserer Fantasie entsprungen, die Eckdaten um Caspar David Friedrich und seine Reise(n) in die Sächsische Schweiz beruhen allerdings auf Tatsachen.

Wenn Sie Lust haben, auf seinen Spuren zu wandeln und zu wandern, empfehlen wir Ihnen den Caspar-David-Friedrich-Weg. An elf Punkten dieser Wanderroute finden Sie Informationstafeln mit der Abbildung von Landschaftsmotiven, die Friedrich von den jeweiligen Stand- bzw. Blickpunkten aus gezeichnet hat. So haben Sie die Möglichkeit, gleich an Ort und Stelle die Inspirationsquelle mit der künstlerischen Umsetzung zu vergleichen. Start und Ende der Rundwanderroute ist der Ort Krippen nahe Bad Schandau. Von da aus geht es nach Schöna, Reinhardtsdorf, auf den Wolfsberg und wieder zurück ins Elbtal.

Genauere Informationen inklusive der GPS-Daten sämtlicher Etappen finden Sie auf der Homepage www.saechsische-schweiz.de (unter Urlaubsthemen → Aktivurlaub → Wandern → Rundwandertouren).

Die einzigartige Landschaft übt(e) allerdings nicht nur auf Caspar David Friedrich große Faszination aus. Über die Jahre kamen auch etliche andere Maler wie Johan Christian Dahl oder Christian Gottlob Hammer in die Region, um die beeindruckende Natur in ihren Bildern festzuhalten. Wenn Sie sich auch auf deren Spuren begeben wollen, empfehlen wir Ihnen den Malerweg. Er verläuft von Liebethal nach Stadt Wehlen, Hohnstein, Altendorf, Schmilka und Weißig. Unterwegs sehen Sie unter anderem die Schrammsteine, die Affensteine, den Lichtenhainer Wasserfall und die Räumichtmühle. Der gesamte Malerweg umfasst die recht sportliche Strecke von 112 Kilometern. Die Sie aber natürlich nicht am Stück zurücklegen müssen. Außerdem gibt es unterwegs etliche tolle Gelegenheiten, um eine – gern auch längere – Pause einzulegen. Weitere Informationen dazu finden Sie auf der offiziellen Homepage des Tourismusverbandes Sächsische Schweiz: www.malerweg.de.

Übrigens deckt sich ein Teil der Maler-Route mit dem Caspar-David-Friedrich-Weg. Da bekommen Sie quasi gleich zwei Ausflugsziele auf einmal. Ist doch super, oder?

Abgesehen von diesen beiden Spezialwegen gibt es um Schöna herum noch jede Menge andere Ziele, die jedes Wanderherz höher schlagen lassen. Zum Beispiel die Kaiserkrone, die Sie am besten über den Pfad am südöstlichen Dorfausgang erreichen, die Hunskirche, die ihnen einen wunderschönen Panoramablick auf das Elbtal bietet, und den Zirkelstein, den Sie erreichen, wenn Sie von Schöna aus in Richtung Naturfreundehaus laufen und dann dem Pfad anderthalb Kilometer auf den Felsen hinauf folgen.

Das Naturfreundehaus, auch bekannt als ZirkelsteinResort, bietet am Fuße des Waldes Familien, Schulklassen und sonstigen Erholungssuchenden das ganze Jahr über Ferienaufenthalte zum Wohlfühlen. So können Sie dort zum Beispiel in einem selbst gebauten Lehmbackofen Brot, Pizza oder Kuchen backen. Oder Sie nutzen die Chance, Körbe zu flechten sowie mit Staffelei und Farbe die herrliche Landschaft abzumalen.

Interessant ist auch die Niedermühle (Rölligmühle), die letzte vollkommen erhaltene Mühle ihrer Art im ganzen Elbsandstein-Gebirge. Bis 1968 war die Stahlkonstruktion in Betrieb und dient heute als Museum. Die Öffnungszeiten (mit Voranmeldung!) sind samstags und sonntags von 8–17 Uhr. Eintritt: 1,50 € / Kinder 0,50 €. Kontakt: Herr Büttner, Telefon 03 50 22 / 4 25 55, Handy 01 52 / 08 35 88 86.

Ideal für heiße Sommertage ist das Waldbad Schöna, das bereits seit 1932 existiert und in den 1950er- und 1990er-Jahren komplettsaniert und erweitert wurde. Trotz laufend durchgeführter Modernisierungen hat das Bad seinen ursprünglichen Charakter als Naturbad behalten und ist noch immer ein Spaß für Groß und Klein. Neben Ein-Meter-Sprungbrett, Schwimmer- und Nichtschwimmerbereich und Kinderbecken gibt es ein Volleyball- und Federballfeld und die Möglichkeit, sich Spiel- und Sportgeräte auszuleihen.

Es heißt ja, das größte Glück der Erde liegt auf dem Rücken der Pferde. Wenn Sie schon immer reiten lernen oder auf einem Bauernhof Urlaub machen wollten, ist der Reiterhof im Reinhardtsdorf eine sehr gute Adresse für Sie. Es gibt einen großen, beleuchteten Sand-Reitplatz, auf dem Einzel- und Gruppenunterricht stattfindet. Natürlich sind auch Ausritte zu den umliegenden

Orten möglich. Nähere Informationen finden Sie unter www.reitverein-reinhardtsdorf.de.

Etwas dazulernen können Sie übrigens auch auf dem Naturlehrpfad. Hier werden Sie in verschiedenen Wanderetappen durch die Natur geführt. Sie haben die Möglichkeit, barfuß über verschiedene Bodenoberflächen zu laufen, dem unterschiedlichen Klang verschiedener Holzarten zu lauschen oder in Tastboxen versteckte Gegenstände zu erfühlen. Die Rundwanderung dauert etwa zwei Stunden und lohnt sich mit Sicherheit.

Metas Extratipp: Sollten Sie Schönau im Januar und Februar besuchen, nutzen Sie die Chance, sich eine der Prunksitzungen des Karnevalsklubs und den Faschingsumzug anzuschauen. Zu Ostern gibt es die Osterandacht und das Ostersingen. Regelmäßig im November findet das Adventskonzert der Chorgemeinschaft Reinhardtsdorf-Schöna statt. Außerdem finden Ende November / Anfang Dezember die Weihnachtsmärkte in Reinhardtsdorf und Schöna statt, die ebenfalls Besuche wert sind.

VON SCHÖNA NACH BAD GOTTLEUBA

Meta war froh, dass sie den Nachmittag noch mit Kurt verbringen konnte. Zwar graute es ihr vor dem späteren Aufbruch und der daraus resultierenden Nachtfahrt, dennoch hätte sie nichts in der Welt jetzt schon aufbrechen lassen können.

Gerade waren sie nach Bad Gottleuba gefahren. Dort kannte Kurt in der Nähe des Kurparks ein kleines, aber feines Lokal, in dem sie essen wollten.

Hinweisschilder kündigten das Besucherbergwerk an. Meta hatte davon gelesen, würde sich aber diese Tour für den nächsten Besuch aufsparen. Ja, sie würde wiederkommen. Das wurde ihr in dem Moment klar, als Kurt ihr die Tür zur Gaststätte aufhielt. Sie lächelte in sich hinein.

»Du hast gute Laune?«, fragte Kurt, als sie sich an einen Zweiertisch nahe dem Fenster gesetzt hatten. Bis auf ein paar Kurgäste waren sie die Einzigen im Raum. Es fühlte sich beinahe so an, als seien sie ganz privat.

»Ja«, gab Meta zu.

»Obwohl du nachher zurückfährst?«

Täuschte sie sich, oder schwang da Bedauern in Kurts Worten mit? Nein, sie irrte sich nicht. Auch er schien nicht zu wollen, dass dies die letzten Stunden waren, die sie miteinander verbrachten.

»Ja«, sagte Meta. »Aber nur, weil ich dann ja wiederkommen kann.«

Jetzt strahlte Kurt über das ganze Gesicht. »Genau,

hier gibt es noch so einiges zu entdecken«, sagte er und legte seine Hand auf ihre.

»Das gibt es wohl«, flüsterte Meta.

Die Kellnerin kam und riss die beiden aus ihrer erdachten Zweisamkeit. Beide räusperten sich verlegen und fühlten sich ein bisschen wie ertappte Teenager. Dann bestellten sie Würzfleisch und Bier.

»Der Stollen zum Beispiel«, nahm Kurt das Gespräch wieder auf.

»Zum Nachtisch?«

»Nein, kein Dresdner Stollen«, sagte Kurt lachend. »Der hier im Bergwerk. Darin kann man sich verlieren«, begann er eine weitere Geschichte. Und während Meta zuhörte, verlor sie sich in Kurts tiefblauen Augen.

BAD GOTTLEUBA – BERGGIESSHÜBEL, 2017

»Ich hab dir gleich gesagt, dass das gruselig ist.« Silke Porath verschränkt die Arme vor der Brust und sieht ihren Kollegen herausfordernd an. Sören Prescher grinst und zuckt mit den Schultern. Dann lässt der Autor sich auf einen der beiden Stühle in der kleinen Felsenkammer sinken und umklammert das Buch, aus dem das Schriftstellerduo in einer halben Stunde lesen soll. »Wer mordet schon in der Sächsischen Schweiz?«. Ein krimineller Reiseführer.

»Wir hätten nicht so viele umbringen sollen«, stöhnt Silke und setzt sich auf den zweiten Stuhl. »Das ist die Rache.«

»Du spinnst.« Sören tippt sich an die Stirn. »Wir haben uns das doch nur ausgedacht.«

»Ja, wissen das die Leute?«

Sören Prescher steht auf. Geht fünf Schritte und rüttelt an der Holztür mit den dicken Eisenbeschlägen. Auch bei diesem Versuch öffnet sie sich nicht.

»Ich hab genau gehört, wie da jemand entlanggeschlichen ist. Aber ich dachte, das sei jemand vom Personal.« Silke Porath springt auf. Sieht sich in dem kargen Zimmer um, in in welches sich die Autoren vor der Lesung im Marie Louise Stolln zurückziehen sollten. Auf dem quadratischen Holztisch stehen noch immer die mit Salami und Käse belegten Brötchenhälften, daneben je zwei Flaschen Bier, Wasser und Orangensaft.

»Wenigstens müssen wir nicht verhungern«, sagt Sören und verzieht das Gesicht. »Die holen uns bestimmt gleich raus. Ich mein, wir sind ja gebucht.«

»Hahaha. Hast du irgendwo ein Plakat gesehen? Einen Handzettel? Ich nicht.« Silke nimmt sich eine Wasserflasche und schraubt sie auf. In das Zischen der Kohlesäure hinein sagt sie: »Das Ganze war von Anfang an komisch.«

»Na ja, Veranstalter sind manchmal so«, versucht Sören eine Erklärung und schnappt sich eine Flasche Saft.

»Darf ich mal?« Silke drängt sich an ihrem Kollegen vorbei und kramt in ihrer Handtasche, die auf dem Boden steht. Dann zieht sie einen Zettel heraus. »Hier!« Sie hält ihn Sören unter die Nase. Der liest laut vor: »Geheime Lesung im Stollen. Wir laden Sie als Autorengespann herzlich ein, Ihre mörderischen Geschichten vor Ort zu präsentieren.«

»Ja und?«, sagt er schließlich und legt den Ausdruck der vor gut einem halben Jahr verschickten E-Mail auf den Tisch. »Da ist doch nichts dabei.«

»Doch.« Silke zeigt mit dem Finger auf die letzte Passage. Dort steht das exorbitant hohe Honorar. »Vielleicht haben wir uns davon blenden lassen?«

»Jetzt mach mal einen Punkt.« Sören rüttelt halbherzig an der Tür. Die – natürlich – wieder nicht zu öffnen ist. Dann drückt er das rechte Ohr gegen das Holz und lauscht in den Gang, den die beiden vorhin von einem ziemlich schweigsamen, nach altem Schweiß riechenden Mitarbeiter entlanggeführt worden waren. Behauener Stein, wie es eben in einem stillgelegten Bergwerk so ist. Und ehrlich gesagt hatte keiner der beiden Autoren wirklich darauf geachtet, wie oft sie abgebogen waren. Beiden hatte noch der Schreck vom Gang unter Tage in den

Knochen gesteckt. Der schwitzende Führer nämlich hatte wortreich geschildert, wie tief sie hinabstiegen, welches immense Gewicht an Stein nun auf ihnen laste und was wohl geschehen würde, wenn ein Erdbeben käme. Man musste kein mit Fantasie gesegneter Schreiberling sein, um zu schaudern. Den beiden Krimi-Autoren aber war deutlich die Muffe gegangen.

»Ich muss hier raus.« Silke greift sich an den Hals. »Ich ersticke.«

»Quatsch.« Sören legt ihr die Hand auf die Schulter. »Das ist alles ein Missverständnis.«

»Dein Wort in Gottes Ohr.«

In dem Moment knackt es über der Tür. Blechern. Die beiden zucken zusammen. Durch das diesige Licht der schwachen Deckenlampe ist der schwarze Lautsprecher gegen die Steinwand kaum zu erkennen. Es knackt noch einmal, dann knarzt eine Stimme: »Willkommen in unserem Bergwerk.«

»Ja, hallo«, sagt Silke automatisch.

»Tag«, ergänzt Sören.

»Schön, dass Sie hier sind«, knackt der Lautsprecher.

Na, ich weiß ja nicht, denkt Silke. Und Sören sagt laut: »Wer sind Sie?«

»Wer ich bin, tut nichts zur Sache«, kommt es aus dem schwarzen Kästchen. Sören scannt mit seinen Blicken die Wände ab. Und entdeckt gegenüber der Tür eine winzige Kamera.

»Der kann uns sehen«, flüstert er kaum hörbar.

»Ich kann Sie sehen und hören«, kommt es aus dem Off.

»Was soll der Scheiß?« Silke Porath kann auch anders. Zwar schlottern ihr die Knie, aber das hier ist … zu albern, um echt zu sein.

»Ein Spiel, nichts weiter«, antwortet der Lautsprecher.
»Sie kommen schon rechtzeitig zu Ihrer Lesung. Sie müssen vorher nur ein paar Aufgaben erfüllen.«

»Bitte was?« Sören erinnert sich. Neulich hat er in der Zeitung gelesen, dass es immer mehr solcher »Gesellschaftsspiele« gibt, bei denen sich Menschen irgendwo einschließen lassen, in stillgelegten Gefängnissen, Burgen oder anderen gruseligen Orten. Um sich dann gemeinsam und mithilfe ihres Verstandes aus der Bredouille zu befreien. Das allerdings freiwillig. Sehr freiwillig und gegen Geld!

»Lass den Blödsinn«, brüllt er den Lautsprecher an. Der schweigt, gibt dann ein Knacken von sich und schließlich eine Art Hinweis, wie die beiden Schriftsteller dem Tageslicht ein Stück näher kommen könnten.

»In der Wand, in der Wand, wo der Schlüssel verschwand.« Einmal knackt es noch, dann herrscht bleierne Stille.

»Hä?« Silke und Sören sehen einander an. Dann dämmert den beiden, dass dieses Mal nicht sie die Fäden in der Hand halten, wie das beim Schreiben ist. Hier führt jemand anders Regie. Und der hat ihnen eben eine Aufgabe gestellt.

»Du hier, ich da.« Sören hat sich als Erster gefasst. Er beginnt, die Wand rechts von sich abzutasten. Seine Kollegin macht dasselbe auf der anderen Seite. Hektisch fahren sie mit den Händen über den kalten Stein. Die meisten sind glatt, an manchen gibt es kleine Kanten. Aber von einem Schlüssel oder einer Nische ist keine Spur.

»Das bringt nichts«, stellt Silke schließlich fest und wischt sich die Hände an der Hose ab. Sören grinst.

»Trägt man das jetzt so?«, fragt er.

Silke flucht. Auf Schwäbisch. Ihre bis gerade noch weiße Jeans sieht aus, als hätte sie sich im Dreck gewälzt.

»Das müssen wir logisch angehen.« Sören betrachtet die Getränke auf dem Tisch und entscheidet sich für ein Mineralwasser.

»Reich mir mal ein Bier«, bittet Silke mit leiser Stimme. »Ist jetzt sowieso egal.«

Gerade, als die beiden sich zuprosten, knackt der Lautsprecher. »Falsche Fährte. Nicht nur Krimiautoren können das.« Die Worte werden gefolgt von fiesem, viel zu hohem Kichern. Es klingt wie aus einem Horrorfilm.

»Armleuchter«, ruft Sören dem Lautsprecher zu. Er ist sonst ein besonnener Mensch. Aber irgendwann reicht es auch ihm.

»Wer hat denn angefangen?« Die Lautsprecherstimme klingt fast ein bisschen pampig. »Denkt mal an Meta.« Es knackt erneut. Dann ist es still.

»Meta?« Silke schüttelt den Kopf. Die haben sie doch nur erfunden. Und wie könnte eine literarische Figur den beiden beim Ausbruch aus diesem Verlies helfen?

»Logik, Logik, Logik«, murmelt Sören und geht auf und ab. Nach jedem dritten Schritt trinkt er einen Schluck. »Meta ist Buchhändlerin und Fotografin. Meta macht hier Urlaub. Meta hat ein Hotel gebucht. Im Hotel gibt es Schlüssel.«

Silke starrt die Tür an. »Meta. Meta. Meta«, flüstert sie und hält sich die Flasche an den Mund. Stockt. Zögert. Haucht auf die Flasche. »Meta. Atem. Andersrum!«, ruft sie.

Sören bleibt stehen. »Könnte sein. Aber wie? Was hat das hier mit Atem zu tun?«

»Ich hab da so eine Idee.« Silke geht zur Tür, bückt sich leicht und pustet durch das Schlüsselloch im Eisenbeschlag. Und tatsächlich: auf der anderen Seite ist ein leises Klirren zu hören, als etwas auf den Boden fällt. Sören drückt die Klinke. Die Tür geht auf.

»Gib mir fünf!« Die Autoren klatschen sich ab und starren unschlüssig in den Steinflur hinaus. Seit vorhin scheint sich nichts verändert zu haben. Ist das ein gutes Zeichen?

In diesem Moment knackt es wieder, dieses Mal irgendwo rechts von ihnen im Flur. Kurz darauf hallt die Lautsprecherstimme durch den Stollen: »Glückwunsch, das haben Sie gut gemacht. Aber wenn wir ehrlich sind, war das relativ einfach zu lösen. Zeit, dass wir Sie mal ein bisschen mehr fordern. Folgen Sie dem Gang bis zu dem Raum auf der linken Seite. Dort gibt es mehrere Vertiefungen in der Wand. Darin gibt es jeweils einen kleinen Hebel, den Sie verschieben müssen. Einer davon öffnet die Tür zum nächsten Raum. Die anderen lassen schwere Steinplatten auf die Hand desjenigen heruntersausen, der sie in die Vertiefung gesteckt hat.«

»Auf keinen Fall«, ruft Silke sofort und stellt ihre Flasche am Boden ab. »Ich spiele Ihr komisches Spiel nicht mit!«

»Das sollten Sie aber. Andernfalls bleiben Sie auf immer und ewig hier drinnen. Es führt für Sie nur ein einziger Weg nach draußen. Und der ist, wie sagt man so schön, mit einigen Hindernissen gepflastert. Sie kennen das ja aus Ihren Geschichten. Dort hat es auch nie jemand einfach.«

»Haben wir Sie irgendwie gekränkt?«, fragt Sören, nachdem er sich ebenfalls seiner halbleeren Glasflasche entledigt hat. »Was immer es ist, lassen Sie uns doch darüber reden. Ich bin sicher, wir finden eine Lösung, die …«

»Folgen Sie dem Gang und erfüllen Sie die Aufgaben! Das reicht schon.«

Es knackt kurz im Lautsprecher, danach folgt nichts mehr.

»Himmelherrschaftsackzement!«, flucht Silke. Ob ihr bewusst ist, dass das genau derselbe Schimpfspruch ist, den auch der von ihr erfundene krimiverliebte Pater Pius immer ausstößt? Sören ist sich nicht sicher, aber jetzt ist auch nicht der Zeitpunkt, um sie darauf hinzuweisen.

Vorsichtig tritt er auf den Gang hinaus, den sie vorhin entlanggegangen waren. Vereinzelte Lampen erhellen den Felsentunnel mit ihrem gelben Schein. Niemand ist zu sehen oder zu hören. Nichts anderes hat er befürchtet. Also folgt er dem Korridor aus behauenem Stein in die gleiche Richtung, aus der sie gekommen sind. Silke geht unschlüssig hinterher und schaut sich immer wieder um. Vielleicht befürchtet sie eine neue Falle. Was gar nicht mal so unwahrscheinlich wäre.

Nach gut 50 Metern erreichen sie den Eingang zu dem von der Lautsprecherstimme erwähnten Raum. Die Tür steht offen. Natürlich.

Trotzdem denkt Sören nicht daran einzutreten, sondern geht weiter, bis der Gang hinter der nächsten Biegung vor einer weiteren Tür endet. Diesmal einer Stahltür, die noch dazu verschlossen ist.

»Durch die sind wir vorhin gekommen«, erinnert Silke.

Sören hämmert mehrere Male kraftvoll dagegen. Davon, dass er das Metall damit aufbrechen könnte, geht er nicht mal aus. Er hofft nur, dass sie jemand hört. Irgendjemand da draußen.

Doch niemand reagiert.

Er probiert es erneut. Mit demselben Erfolg. Schließlich lässt er die Arme sinken und dreht sich mit grimmiger Miene um.

»Und nun?«, fragt Silke.

»Sehr viele Möglichkeiten bleiben uns nicht.« Er bereut es, sein Handy nicht einstecken zu haben. Aber untertage gäbe es vermutlich eh keinen Empfang. Es ist zum Aus-der-Haut-fahren! Wie konnten sie bloß in eine solche Situation geraten? Und warum? Eine Antwort darauf fällt ihm nicht ein und er stapft missmutig in Richtung des anderen Zugangs zurück.

»Sollen wir wirklich?« Silke lugt unschlüssig ins Innere des Raums. Drinnen sieht es nicht viel anders aus als draußen. Jede Menge weitere schroffe Felswände, an denen im Abstand von mehreren Metern mattgelbe Leuchten hängen.

»Wenn du was Besseres weißt, ich bin für alle Vorschläge offen.«

»Haha.«

Zögernd treten sie ein. Achten auf jeden ihrer Schritte. Sören hat sogar den Eindruck, dass Silke vor Anspannung die Luft anhält.

Doch in der Kammer ist nichts. Nichts, abgesehen von einem kleinen Kameraauge in der rechten oberen Ecke, der Andeutung einer massiven, aber verschlossenen Steintür auf der gegenüberliegenden Seite sowie jeder Menge schroffer Felsmauern. Linkerhand erkennt er in der Wand die von der Lautsprecherstimme erwähnten Löcher. Sie sind so tief, dass ihr Ende mit bloßem Auge nicht zu erkennen ist.

»Und da sollen wir reingreifen?« Silke rümpft die

Nase. »Wer weiß, was für Viehzeugs einem da entgegenspringt.«

»Ja, die gemeine Stollenschlange. Sie soll schon Hunderte Opfer auf dem Gewissen haben.«

»Mach du nur deine Witze. Ich lass dir hier gern den Vortritt. Mal schauen, ob du nachher immer noch lachst.«

Sören erspart sich die Antwort und streckt den Arm nach dem faustgroßen Loch aus. Im letzten Moment zögert er. Was, wenn Silke recht hat? Nicht wegen irgendwelcher Tierchen. So was lauerte hier sicherlich nicht im Gestein. Aber etwas Gefährliches befindet sich in den Hohlräumen bestimmt. Der Mann aus dem Lautsprecher hatte von schweren Steinplatten gesprochen, die sich nach der Betätigung des Hebels hinabbewegen würden. Allerdings nicht so gemächlich wie in den Indiana-Jones-Filmen. Nein, der genaue Wortlaut war »heruntersausen« gewesen. Will er hier wirklich seine Hände – oder gar Arme – riskieren? Seiner Gesundheit und seinem Wohlbefinden zuliebe lautet die Antwort eindeutig Nein.

Er geht vor einer Vertiefung in Hüfthöhe auf die Knie und beugt sich so nah wie möglich an das Loch in der Wand heran. Noch immer ist nichts zu sehen. Was, wenn der Mann sie bloß auf den Arm genommen hatte?

Zögernd schiebt er die Hand in die Öffnung, darauf gefasst, sie jeden Augenblick zurückzuziehen. Nun ist er es, der vor Aufregung den Atem anhält.

Er hat den Arm schon bis zum Ellenbogen in der Vertiefung, bevor er endlich auf Widerstand trifft. Obwohl er nur äußerst behutsam dagegenstößt, zuckt er bei der Berührung erschrocken zusammen. Reißt den Arm zurück und presst ihn instinktiv an die Brust.

»Oh Gott! Was ist?«, ruft Silke neben ihm. Mit weit aufgerissenen Augen sucht sie ihn nach Verletzungen ab.

Sörens Herz rast vor Anspannung. Gleichzeitig perlt ihm der Schweiß auf der Stirn.

»Ich glaube, da hinten war einer der erwähnten Hebel.« Eine Sekunde später dämmert ihm, dass nichts an dieser Antwort den Schrecken erklärte, der ihm gerade eben durch die Glieder geschossen ist.

Im Grunde genommen war auch überhaupt nichts passiert. Dennoch kann er sich nicht überwinden, den Arm ein weiteres Mal in die Vertiefung zu stecken. Vor seinem geistigen Auge sieht er, wie schwere Felsen seine Knochen zermalmen. Nein, das würde er nicht zulassen.

»Das ist Irrsinn! Wir sind doch hier nicht bei ›Saw‹!«, flucht er in die kalte Stille des Höhlenraumes. Er schaut sich ein weiteres Mal um, doch da ist nichts, das ihm weiterhelfen könnte.

Nicht hier.

Plötzlich kommt ihm eine Idee und er stürmt los. Silke ist so verdutzt, dass sie nicht weiß, ob sie hierbleiben oder ihm nachjagen soll. Aber nach einer halben Minute hat sich die Frage eh erledigt. Sören ist zurück, die Hände voll mit den sechs Glasflaschen aus dem anderen Raum.

»Gute Idee: Wir betrinken uns«, sagt sie und hebt den Daumen. »So lässt sich das Elend gleich viel besser ertragen.«

»Nicht ganz«, murmelt Sören und versucht, die halb leere Wasserflasche in die Öffnung zu schieben. Es funktioniert ohne Probleme. Zentimeter für Zentimeter bewegt er sie vorwärts, bis er auf Widerstand trifft.

Nun ist es so weit.

Er zögert.

Beißt die Zähne zusammen.

Stößt die Flasche vorwärts und reißt nur einen Sekundenbruchteil später die Hand zurück.

Gerade noch rechtzeitig. Ein dumpfes Knirschen aus dem Inneren der Wand ertönt, dicht gefolgt von einem hohen Klirren. Wassertropfen und Glasstaub spritzen ihm entgegen.

Aber er ist wohlauf, und nur das zählt.

»Das war knapp«, meint Silke.

»Und offenbar die falsche Vertiefung.«

Er wiederholt die Prozedur bei dem Loch schräg darüber. Sörens Puls rast, als er die Flasche einführt, gegen den Hebel stößt und die Hand zurückzieht.

Dasselbe Ergebnis.

Dumpfes Knirschen. Hohes Klirren. Nichts sonst.

»Willst du mal?«, fragt Sören seine Co-Autorin.

»Och, nö, lass mal.«

Die Antwort wundert ihn wenig. Er hätte diesen Kelch auch gern an sich vorübergehen lassen. Er tritt einige Schritte nach links und probiert abermals sein Glück.

Wieder ein Fehlschlag.

Auch beim Versuch danach.

Eine einzige Flasche ist ihnen noch geblieben. Wenn sie abermals scheiterten, würden sie sich etwas anderes einfallen lassen müssen. Skeptisch betrachtet er die noch verbliebenen Vertiefungen. Vier Stück sind es, und alle sehen sie gleich aus. Diejenige mit dem richtigen Hebel herauszupicken, ist eine reine Glückssache.

Nach kurzem Abwägen der Möglichkeiten entscheidet sich er für die Vertiefung in der Mitte der Wand und führt die letzte Glasflasche vorsichtig ein. Seine Finger sind kalt und nass vor Schweiß. Einmal drohen sie abzurutschen. Nur im letzten Moment verhindert er die Katastrophe.

Dann berührt das Flaschenende vorsichtig den Hebelanfang. Sofort hält Sören inne. Atmet tief durch. Beißt die Zähne zusammen und stößt die Flasche nach vorne. In nahezu derselben Bewegung reißt er den Arm zurück.

Eine Sekunde verstreicht. Dann noch eine.

Das befürchtete Knirschen in der Wand lässt auf sich warten.

Hat er möglicherweise nicht genug Druck ausgeübt? Er ist doch genau wie bei den vorherigen Malen vorgegangen. Sören öffnet bereits den Mund, um die Frage laut zu stellen, als doch etwas passiert.

Es knirscht ebenfalls steinern und gewichtig. Aber trotzdem völlig anders als zuvor. Außerdem kommt das Geräusch nicht aus der Wand neben ihm, sondern von der zu seiner Linken. Die dortige Steintür rutscht schwerfällig beiseite.

»Du hast es geschafft!«, ruft Silke verzückt.

Sören nickt zwar und ist erleichtert, traut dem Frieden aber noch nicht. Erst als das Portal komplett in der hinteren Wand verschwunden ist, geht er darauf zu. Vor ihm liegt eine bleierne Schwärze, die mit jedem Schritt zunimmt. Irgendwo weiter vorne funkelt und wabert etwas.

Was kann das sein? Einen kurzen Augenblick denkt Sören an die unheimlichen Wesen in den Horrorgeschichten, die er gerne liest und schreibt. Doch das, was vor Silke und ihm liegt, hat nichts Unnatürliches an sich. Das begreift er, sowie seine Schuhsohlen in eine dünne Pfütze treten und ein leises Plätschern verursachen.

Vor ihnen liegt ein unsichtbarer See. Von welchem

Umfang und welcher Tiefe lässt sich in der Finsternis nicht abschätzen. Das einzige Licht stammt aus dem Raum mit den Wandvertiefungen.

»Ladies first«, bietet er höflicherweise an. Silke grinst teuflisch, geht aber voran, bis sie das Ufer erreicht. Sie kniet nieder und berührt den schroffen Steinboden und das dahinter befindliche Wasser. Beides ist eiskalt. »Ich trau mich gar nicht zu fragen, was wir hier machen sollen.«

»Meinte unser Lautsprecherfreund vorhin nicht, dass für uns nur ein einziger Weg nach draußen führt?«

»Aber doch nicht da durch! Das Wasser hat höchstens fünf Grad. Wahrscheinlich weniger. Ein Wunder, dass es nicht zugefroren ist.«

»Das hätte es uns leichter gemacht.«

»Wir sehen doch nicht mal, wohin wir müssen!«

»Vermutlich ist genau das der Reiz daran.« Sören kratzt sich nachdenklich am Kinn. Allein die Vorstellung missfällt ihm zutiefst.

»So was nennst du Reiz? Für mich ist das der blanke Horror! Keine zehn Pferde werden mich dazu bringen, dort hineinzugehen. Da friert man sich ja alles ab.«

Unfreiwillig beginnt Sören zu grinsen. Er hat auf einmal das Bild der auf einer Tür im Eismeer treibenden Kate Winslet vor Augen, die tatenlos mitansehen muss, wie Leonardo di Caprio im arktischen Meer untergeht. Dabei hätten sie beide doch genug Platz auf der ollen Tür gehabt. »Wir können auch in den Nebenraum zurückkehren und abwarten. Vielleicht sucht ja jemand nach uns.«

Genau das tun sie auch. Eine gefühlte Ewigkeit lang. Wie lang, vermag keiner von beiden abzuschätzen. Schließlich hat Silke genug.

»Also gut. Dann will ich mal schauen, ob sich mein Seepferdchenabzeichen bezahlt gemacht hat.«

Sie schlüpft aus ihren Schuhen und taucht den Fuß zögernd in den Bergsee. »Gott, ist das kalt. Das schaffen wir niemals!«

Trotzdem geht sie tapfer voran. Zuerst reicht ihr das Wasser bis zu den Knien, dann bis zu den Hüften und schließlich bis zu den Schultern. Es ist so eisig, dass es auf ihrer Haut brennt und ihr die Lungen zuschnürt. Lang wird sie das sicher nicht aushalten können. Trotzdem geht es immer tiefer hinab.

Obwohl sich alles in ihr dagegen sträubt, schreitet sie weiter voran. Noch einmal holt sie tief Luft, dann taucht sie unter.

Sören schaut ihr zögernd hinterher. Er weiß, dass er keine andere Wahl hat, als ihr zu folgen. Die Kälte lässt ihn einige Male zögern und zurückweichen. Schließlich beißt er die Zähne zusammen und rennt in die eisige Dunkelheit, bis auch ihm das Wasser buchstäblich bis zum Hals steht. Ein letztes Mal atmet er ein und taucht dann ebenfalls ab.

Er hat keine Ahnung, wohin seine Schreibpartnerin unterwegs ist. Zu sehen gibt es nichts. Dafür glaubt er kilometerweit entfernt leise Geräusche zu hören. Vermutlich ist das Silke. Er hofft es und bewegt sich unter Wasser an einem von oben hinabwachsenden Felsen entlang.

In seinen Lungen beginnt es zu brennen. Die Luft darin wird langsam knapp. Doch das ist nicht mal sein größtes Problem. Die Eiseskälte scheint mit jeder Sekunde zuzunehmen. Sein ganzer Körper fühlt sich an wie mit Säure übergossen. Zusätzlich dazu scheint ihn jemand mit Schlägen zu malträtieren. Zumindest fühlt es sich so an.

Als es fast nicht mehr auszuhalten ist, glaubt er, in der Ferne ein gelbes Schimmern wahrzunehmen. Ohne zu zögern, schwimmt er darauf zu. Mit dem Knie stößt er gegen eine spitze Felskannte, doch auch das kann ihn nicht aufhalten.

Und das ist gut so, denn schon wenige Sekunden später und gefühlt vor dem Exitus durch Erfrieren erreicht er das rettende Ufer. Dort kauert eine vor Kälte wie eine Gans schnatternde Kollegin. Immerhin ist sie in eine dicke Decke eingewickelt, deren Pendant ihn geradezu anbrüllt. Er wickelt sich ebenfalls ein und lässt den Blick schweifen. Ein wenig abseits entdeckt er zwei Bündel.

»Anziehen!«, herrscht die beiden aus dem Nichts die Lautsprecherstimme an.

»Brrrrr«, macht Silke.

»Brrrr«, macht Sören. Dann machen beide, was der Unbekannte will, und ziehen sich hinter je einem anderen Felsvorsprung die klatschnassen Klamotten aus und die grauen, kratzenden Overalls an.

»Das sieht doch scheiße aus«, jammert Silke. »Ich komme mir vor wie ein Kartoffelsack.«

»Die Schuhe dürften dir auch nicht gefallen«, kommt es von Sören, als dieser in die schweren Holzpantinen schlüpft. Die drücken. Aber das sagt er nicht. Silke schon. Und dann sagt der Lautsprecher: »Kapuzen auf!« Die beiden sind so verdattert und verfroren, dass sie ohne einen Mucks gehorchen und sich die sackartigen Mützen überstülpen.

Wie beim Ku-Klux-Klan, denkt Sören.

Plötzlich werden die beiden von hinten gepackt und vorwärts bugsiert.

Das sind also mindestens zwei, schlussfolgert Silke

und tapst in den Pantinen Schrittchen für Schrittchen vorwärts. Minutenlang gehen die beiden und ihre stummen Begleiter. Es hallt von den Steinwänden wider. Beide Autoren lauschen, können sich aber keinen Reim darauf machen, wo es hingehen soll. Eine Tür knarzt. Fällt krachend ins Schloss. Sören bemerkt, dass es mit einem Mal deutlich wärmer wird. Und dass ihn niemand mehr an den Schultern hält.

»Kapuze ab!« Die Stimme aus dem Lautsprecher ist den beiden mittlerweile vertraut, und so erschrecken sie nicht, als der Befehl ertönt.

Silke blinzelt in das grelle Deckenlicht. Sören kneift die Augen zu. Dann sehen sie sich um. Sie stehen mitten in einer Art Holzverschlag. »Vier mal vier Meter«, schätzt Sören flüsternd. In der Mitte des quadratischen Raumes, dessen Dach aus rostigem Wellblech besteht, befindet sich ein wackeliger Tisch, der dem Design nach noch aus DDR-Zeiten stammt. Davor zwei einfache Hocker, wie sie in jedem schwedischen Möbelhaus zu bekommen sind. Auf dem Tisch steht eine Stahlkiste. An deren Verschluss ein Zahlenschloss hängt.

»Na, super.« Silke versucht, durch die Bretter einen Blick nach draußen zu erhaschen. Was ihr nicht gelingt. Sie hätte gerne gewusst, wohin die Männer sie gebracht haben. Nach einem gemütlichen Lesungsort, wie versprochen, sieht das definitiv nicht aus. Und natürlich bringt es nichts, an der Tür zu rütteln. Sie haben schließlich auch deutlich gehört, wie jemand von außen zweimal abgeschlossen hat.

Sören begutachtet derweil die Kiste. Sie wiegt nicht allzu schwer, ist aber sehr gut verschlossen. Das Rütteln am Schloss bringt ebenfalls nichts.

»Dass wegen uns nicht der Schützenverein Breitenau mit einer Parade aufläuft, ist ja okay«, unkt Silke. »Aber das hier ist doch ein merkwürdiger Empfang.« Sören knurrt etwas Unverständliches.

»Böhmische Musik wär auch fein gewesen. Oder eben gar nichts, ganz normal eine Lesung.«

»Jetzt hör mal auf zu jammern, ich versuche, mich zu konzentrieren«, fällt Sören der Kollegin ins Wort.

»Worauf? Dass du die Kiste mit Telepathie aufkriegst?«

»Gedankenspiele sind die Lösung.« Der Lautsprecher über der Tür knackt. »Drei Zahlen, drei Fragen. Und immer nur ein Versuch. Sonst bleibt die Tür zu.«

Sören und Silke verdrehen die Augen.

»Wir können tatsächlich so lang probieren, bis die Kiste aufspringt«, flüstert Silke.

Sören will ihr schon zustimmen, als der Unsichtbare orakelt: »Nur dreimal drehen! Manchmal ist Medizin die Lösung.« Knack. Stille.

»Einen Arzt könnte ich jetzt gebrauchen.« Silke lässt sich auf einen Hocker plumpsen und zupft genervt am kratzenden grauen Hemd.

»Medizin. Arzt. Klinik?« Sören setzt sich ebenfalls und wirft Stichworte Richtung Lautsprecher. Silke fällt ein. Nach und nach nennen sie alles, was ihnen zum Stichwort in den Sinn kommt, als sei dies hier ein Spiel für Schulkinder. Hustensaft. Röntgengerät. Gipsbein. Kurgarten. Wellness. Wandern. Schnupfen. Nichts geschieht.

»Das muss anders gehen«, sagt Sören. »Wie Meta und Atem.«

»Nizidem?«, versucht Silke. Nichts. Die beiden starren die Kiste an.

»Ach, warte mal!« Silke springt auf. Sören zuckt erschrocken zusammen. »Neun! Die erste Zahl ist eine neun!«

»Hä?«

»Na, klar doch! Das hab ich recherchiert, als wir den Reiseführer gemacht haben. In Bad Gottleuba gibt es einen Verein namens SV Medizin.«

»Ein Ärzteteam?«

»Nein. Ein Kegelklub. Kegeln. Alle Neune!«

»Alle Achtung«, knackt der Lautsprecher. »Hat gedauert, aber ja. Neun.«

Sören stellt das erste Rädchen am Zahlenschloss auf die Ziffer.

»Dann lass mal hören, wie es weitergeht!«, ruft er beinahe übermütig Richtung Lautsprecher. Die Blechstimme orakelt erneut: »Auch Kleinen geht mal ein Licht auf.«

Knacken. Stille.

»Hahaha.« Silke fällt dazu nichts ein.

»Licht. Licht. Licht.« Sören umrundet den Tisch. Einmal, zweimal.

»Im Stollen braucht man Leuchten, Zwerge vielleicht, wie sie in Märchen vorkommen?«, schlägt Silke vor.

»Sieben Zwerge?«

»Nicht wirklich. Glaube ich nicht. Die erste Frage hatte mit Bad Gottleuba zu tun.«

»Die zweite dann wohl auch. Hm. Hm. Hm.« Sören nimmt seine Runde wieder auf. Nach drei Umrundungen ruft er: »Ha!«

»Erschreck mich doch nicht so.«

»Ich hab's. Pass auf. Klein. Und Licht. Das passt mit dem Lichtelfest zusammen.«

»Das muss schön sein, leider war ich da noch nie.«

»Egal. Geh halt dieses Jahr.«

»Wenn wir hier rauskommen. Also, hast du die zweite Zahl?«

Sören nickt. »Das ist immer am dritten Advent. Viele Weihnachtsbäumchen. Viele Lichter.«

»Sauber!«

Sören sieht Silke zu, wie sie das mittlere Rädchen auf die Drei stellt. Ihre Finger zittern und sie fragt sich, wie lange sie wohl schon hier drinnen sind. Langsam bekommt sie Hunger.

»Neun. Drei. Und?«, kommt die Knackstimme aus dem Off.

»Ja, sag's halt«, murrt Sören.

Sagt der Lautsprecher natürlich nicht. Sondern: »Erst schnaufen, dann johlen.«

Knack. Stille. Nur in den Köpfen der Autoren rattert es. Schnaufen? Sport. Laufen. Rennen. Schwimmen. Klettern. Es gibt ja nichts, was man hier in der Gegend nicht tun kann. Und johlen? Über den Sieg? Dass man den Gipfel erreicht hat? Das alles macht Sinn und doch wieder nicht, weil nirgendwo eine Zahl in Sicht ist.

Sören setzt sich. Silke steht auf. Setzt sich. Steht wieder auf.

»Jetzt mach mich halt nicht nervös«, sagt Sören.

»Ich bin völlig ruhig«, behauptet seine Kollegin. »Die Ruhe selbst.«

»So ruhig wie ein Wintertag«, lacht Sören, der immer noch das Lichtelfest im Sinn hat.

»Pfff.«

»Moment. Mooooment. Schnee!«

»Was? Draußen ist Sommer.« Silke krempelt die Ärmel des Kratzhemdes hoch. »Und hier drin ist es auch nicht gerade kalt.«

»Nein, aber da gibt es einen Waldweg. Die sogenannte ›Rodelbahn‹.«

»Ja und?«

»Da war ich mal mit meinen Kindern. Die haben ganz schön geschwitzt beim Anstieg. Und dann gejohlt, als es talwärts ging.«

»Das könnte in der Tat passen.« Silke nickt anerkennend. »Wenn du jetzt noch die passende Zahl lieferst. Vier wie die Anzahl deiner Kids?«

»Nein. Eins.«

»Eins?«

»Ja, ich hatte mich erkundigt, der Weg ist einen guten Kilometer lang.«

»Dann nimm die Eins.« Silke drückt beide Daumen, als Sören die letzte Ziffer eingibt.

Ein leises Knacken.

Dann springt das Schloss auf.

»Yeah!« Die beiden Autoren reißen die Arme nach oben. Sören hebt den Deckel und starrt in die Kiste. Sie ist leer.

»Veräppeln kann ich mich selber!«, brüllt er Richtung Lautsprecher. Dann wird alles schwarz. Irgendetwas quietscht. Kreischt. Und schließlich spürt er ein Rütteln an der Schulter.

»Boah, wach auf, wir müssen hier raus!«

Silke steht vor ihm, die Reisetasche geschultert und klammert sich am Haltegriff fest. Rings um die beiden herum beginnen Reisende damit, das Gepäck aus den Ablagen zu zerren. Sören wischt sich über die Augen.

»Im Zug?«, flüstert er. »Hä?«

»Hast du schlecht geträumt oder was?«, will Silke wissen und gähnt. »Ich kann ja auf Reisen nie schlafen, aber ich hatte einen komischen Traum gerade.«

Als der Zug den Bahnhof erreicht, steht Sören auf.

»Ich auch. Irgendwie was mit Stollen und Zahlen.«

»Was?« Silke wird blass. Klammert sich noch fester an den Haltegriff. »Und grauen Anstaltsklamotten?«, fragt sie mit banger Stimme.

»Ja.« Sören schluckt schwer.

Es knackt im Abteil. Und eine ihnen sehr vertraute Stimme tönt über den Lautsprecher: »Bad Gottleuba, der Zug endet hier, Ausstieg in Fahrtrichtung links.«

Sören reißt die Augen auf. Sie sollten heute Abend im Parkcafé lesen. Das im alten Bahnhof untergebracht ist. Den es seit Jahren nicht mehr gibt. Weil die Strecke von Pirna her stillgelegt wurde.

Geografisch grenzt Bad Gottleuba beinahe ans Osterzgebirge. Der Doppelkurort (Gottleuba und Berggießhübel) wirbt mit Ruhe und mit der Nähe zu Dresden und
Prag. Mit den insgesamt zwölf Ortsteilen hat das ›Bad‹
jede Menge zu bieten. Und zwar ganz egal, ob man als
Kurgast kommt oder Aktivurlaub machen möchte.

Geschichte und Geschichten gibt es in der Heimatstube
zu entdecken. Mitten im Zentrum von Berggießhübel
steht das historische Johann-Georgen-Bad, das die im
November 2012 eröffnete Ausstellung beherbergt. Geöffnet ist das kleine, feine Museum freitags von 14 bis 18 Uhr
und jeden ersten und dritten Sonntag im Monat von 9 bis
11:30 Uhr. Führungen können vereinbart werden unter
Telefon 03 50 23 / 6 02 06.

Wer wissen will, wie Urgroßvater kurte, sollte die medi-
zinhistorische Sammlung besuchen. Möbel, Geräte und
Instrumente können im Maschinenhaus im Gesundheits-
park bestaunt werden. Dies ist übrigens die größte deutsche Sammlung dieser Art, die an einem Originalschau-
platz zu sehen ist. Die Öffnungszeiten sind: Dienstag bis
Donnerstag von 13 bis 17 Uhr, Samstag von 13 bis 17 Uhr
und Sonntag von 10 bis 17 Uhr.

In der Pirnaer Straße lockt das Heimatmuseum Bad Gottleuba. Bergbau oder Handwerk, Industrie und natür-

lich der Kur- und Bäderbetrieb können im Bürgerhaus anschaulich nacherlebt werden. Eine extra Abteilung zeigt, wie vielfältig die Gesteine und Mineralien hier am Rande des Erzgebirges sind. Geöffnet ist das Museum dienstags von 13 bis 18 Uhr, donnerstags von 13 bis 16 Uhr und freitags von 13 bis 15 Uhr.

Seit über 100 Jahren thront der Bismarckturm auf der Panoramahöhe über Berggießhübel. Der 25 Meter hohe Turm, einst von Fabrikant Carl Eschebach gestiftet, ist aus heimischem Granit und Sandstein errichtet. Wer die 100 Stufen bis zur Plattform geschafft hat, kann bis zum Dresdner Elbtal und den Tafelfelsen der Sächsischen Schweiz schauen.

Wandern – viele Touristen kommen genau deswegen in die Sächsische Schweiz. Einen schönen Rundgang bietet die Talsperre Gottleuba. Die Staumauer kann nicht betreten werden, dafür liegt das große Becken, mit welchem die Trinkwasserversorgung der Region gesichert wird, wie ein stiller See in der Landschaft. Ausgehend vom Marktplatz in Bad Gottleuba führt ein etwa 4,5 Kilometer langer Rundweg hier und an vielen Aussichtspunkten vorbei.

Heute ein Museum, ist die Bähr-Mühle (benannt nach dem letzten Betreiber) heute die letzte historische funktionstüchtige Mahl- und Sägemühle im Gottleuba-Tal. Die Mühle wurde 1388 das erste Mal in einer Urkunde verzeichnet. Seitdem ist viel Wasser die Gottleuba hinuntergeflossen und vieles hat sich geändert. Die Mahlwerke werden heute mit Turbinen betrieben. Das Klappern der Mühle aber klingt wie anno dazumal. Das Mehl jedenfalls schmeckt und auch ein Blick in die Säge lohnt.

Eine ganz besondere Auszeit gibt es in der Salzscheune. Gute zehn Tonnen Salz aus Pakistan sorgen dafür, dass es im Salzraum mit dem Salznebel samt schönem Licht und entspannender Musik einen Kurzurlaub für Atemwege und Seele gibt. Übrigens – hier praktiziert »Dr. Medifisch«. Diese Knabberfische mit enormem Hunger befreien ihre »Patienten« von lästigen Hautschuppen. Die Salzscheune der Familie Rehn befindet sich im Gewerbegebiet Oberer Ladenberg.

Wasserratten sollten im Sommer »Billy« besuchen. Das Freibad wurde bereits 1926 als Musteranlage eingerichtet. Bis heute ist das – mittlerweile grundlegend sanierte – Freibad ein Anziehungspunkt für Groß und Klein. Wer länger bleiben mag, kann einen der Caravanstellplätze mieten.

Gänsehaut verspricht bei den nordwestlich des Stadtzentrums (in Nachbarschaft zum Kurzentrum in Bad Gottleuba) gelegenen Raabsteinen schon allein der Name. Der Name dieser Felseninsel könnte vom Wort »Raubsteine« stammen, denn die Lage am ehemaligen Handelsweg vom Elbtal ins böhmische Reich bot sich bestens als Unterschlupf für zwielichtige Gestalten an. Oder der Name deutet auf die Kolkraben hin – und die waren in vergangener Zeit als Aasfresser gerne in der Nähe von Hinrichtungsstätten zu Hause …

Interessant ist auch ein Abstecher ins sogenannte »Labyrinth«. Das ist eine im Wald bei Langenhennersdorf versteckte und völlig zerklüftete Felseninsel mit engen Durchgängen, Höhlen, Leitern und luftigen Plateaus. Am Langenhennersdorfer Wasserfall gibt es die »Zwergenhöhle«. Der Sage nach findet sich in dieser etwa 25 Meter tiefen Klufthöhle der Bau der Querkse vom Cottaer Spitzberg.

Metas Extratipp: Tiefe Einblicke, genau wie Meta das mag, gibt es buchstäblich im Besucherbergwerk »Marie Louise Stolln« in Berggießhübel. Entweder fährt man mit einer Besucherführung ein (dauert etwa eine Stunde), oder man lauscht am unterirdischen See Märchengeschichten bei Kaffee und Tee.

Die ganz Kleinen kommen groß raus, denn im Stollen gibt es Kindergeburtstage mit Schatzsuche. Aber auch Klangschalenzeremonien und Konzerte stehen auf dem Programm. Einfach mal reinlinsen unter www.marie-louise-stolln.de!

Und haben Sie keine Angst, denn das, was den beiden Autoren passiert ist, haben die sich tatsächlich nur ausgedacht.

... BIS BALD!

Kurt sah Metas Wagen nach, bis die Rücklichter in der Dunkelheit verschwunden waren. Dann drehte er sich um, steckte die Hände in die Taschen seiner Jacke und befühlte den Zettel, auf dem sie Adresse und Telefonnummer notiert hatte. Ja, sie würde wiederkommen. Ganz bestimmt. Das hatte sie versprochen. Und auch, dass er einen Platz in Wiesbaden in ihrem Gästezimmer finden würde.

Kurt lächelte und ahnte schon, was er seiner neuen Freundin – und das war sie, sie hatten sich geküsst! – bei deren nächsten Besuch zeigen würde. Die Sächsische Schweiz hatte so viele Schätze zu bieten. Das würde auch noch für einen dritten oder vierten Besuch reichen.

Klar, zum Klettern waren sie beide nicht mehr gut genug in Form, wie er zugeben musste. Trotzdem könnte man einen Ausflug nach Königstein in den dortigen Kletterpark machen. Oder in den Hochseilgarten von Sebnitz. Oder zur Häntzelstiege mit ihren spektakulären Routen. Spannende Fotomotive wären das allemal.

Nein, er und Meta würden eher wandern gehen. Vielleicht auf seiner Lieblingsroute, die von Bad Schandau nach Rathmannsdorf führte. Von der Elbe zum Hochplateau gelangte man problemlos, und oben angekommen wartete ein barrierefreier Aussichtsturm. Kurt malte sich aus, wie er Meta dort oben dabei beobachten könnte, wie sie Fotos von der Gegend schoss. Und wer wusste schon, ob sie nicht mutig genug war, eine Tour mit dem Quad zu machen? Die konnte man schließlich überall mieten, und warum nicht auch mal den ehemaligen Deutschlandring testen, der bei Motorradfahrern hoch im Kurs stand? Radfahren war nicht so sein Ding, obwohl auch hier gute Touren lockten. Über die Napoleonstraße zum Beispiel, entlang der Elbe bis nach Stadt Wehlen.

Auf dem Weg zurück zu seinem Wagen war Kurt so in Gedanken versunken, dass er das herannahende Auto in seinem Rücken erst in letzter Sekunde bemerkte. Das Fahrzeug kam mit quietschenden Reifen zum Stehen, als er sich mit einem gewagten Sprung auf den Gehweg gerettet hatte.

»Was soll das?«, brüllte er die Blechkarosse an und sah sich selbst mitten in einem seiner Krimis. Das Fenster auf der Beifahrerseite senkte sich beinahe geräuschlos herab und – Meta schaute ihn an!

»Ich habe noch ein bisschen Resturlaub«, sagte sie und nickte ihm zu. »Den muss ich ja mal nehmen.«

Kurt schwieg und öffnete die Tür. Als er sich angeschnallt hatte, legte Meta ihre rechte Hand auf sein Knie. Dann gab sie Gas.

*Weitere Titel finden Sie auf den
folgenden Seiten und im Internet:*

WWW.GMEINER-SPANNUNG.DE

Silke Porath
im Gmeiner-Verlag:

**Nicht ohne
meinen Mops**
ISBN 978-3-8392-1207-3

ISBN 978-3-8392-2240-9

Mops und Möhren
ISBN 978-3-8392-1344-5

Mops und Mama
ISBN 978-3-8392-1489-3

**Pater Pius
(mit Andreas Braun)
1. Fall: Klostergeist**
ISBN 978-3-8392-1124-3

2. Fall: Klosterbräu
ISBN 978-3-8392-1315-5

3. Fall: Klosterkeller
ISBN 978-3-8392-1829-7

**weitere:
Hermingunde
ermittelt in Balingen**
ISBN 978-3-8392-1585-2

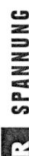

WWW.GMEINER-VERLAG.DE
Wir machen's spannend

S. PRESCHER / S. PORATH
Wer mordet schon in der
Oberlausitz?
. . . .
978-3-8392-1779-5 (Paperback)
978-3-8392-4821-8 (pdf)
978-3-8392-4820-1 (epub)

MÖRDERISCHE FERIEN Fantasyautor Robert Krauss macht sich mit seinem neuen Roman im Gepäck auf den Weg in die Oberlausitz. Doch statt einer gemütlichen Woche voller entspannender Leseabende begegnen ihm in jeder Stadt Mord, Totschlag, Lug und Betrug.

Ganz nebenbei aber entdeckt er auch die schönen Seiten der Region: die einzigartige Landschaft, die Lausitzer Kultur und nicht zuletzt die Menschen; allen voran die Kommissarin Franzi Hartmann und ihren Partner Roland Krämer, die stets ein Auge darauf haben, dass in der Oberlausitz alles mit rechten Dingen zugeht.

S. PRESCHER / S. PORATH
Wer mordet schon
zwischen Alb und Donau?

978-3-8392-1581-4 (Paperback)
978-3-8392-4451-7 (pdf)
978-3-8392-4450-0 (epub)

MÖRDERISCHE FERIEN Ruhestand … wegen einem bisschen Bandscheibe! Kommissar Jochen Schädle ist stinkwütend. Aber statt sich ins Rentnerdasein zu fügen, fährt er los. Von Rottweil über Donaueschingen bis Fridingen und dann Richtung Balingen und Hechingen. Ruhe findet er unterwegs aber nicht: Egal, wo er anhält, überall erinnert er sich an Mord und Totschlag. Der Leser folgt dem ungewöhnlichen Ermittler bei dessen Reise in eine kriminelle Vergangenheit und entdeckt so nebenbei die schönsten Plätze der Region.

GMEINER SPANNUNG

WWW.GMEINER-VERLAG.DE
Wir machen's spannend

Joachim Anlauf
Leipziger Maskerade
Kriminalroman
384 Seiten
12 x 20 cm, Paperback
ISBN 978-3-8392-2726-8
€ 13,00 [D] / € 13,40

Bürgermeisterwahlen in Leipzig: Hinter der Rathaus-
fassade entbrennt ein erbitterter Kampf um die
Posten. Die Ereignisse überschlagen sich, als Demon-
stranten die Sozialbürgermeisterwahl verhindern.
Kurz darauf sitzt eine maskierte Leiche am Schreibtisch des Oberbürgermeisters. Doch wer trägt noch
eine Maske? An Tatverdächtigen mangelt es nicht.
Kriminalhauptkommissar Carlo Hoffmann stößt auf
eine Koalition des Schweigens und sucht zwischen
Missgunst und Intrigen nach dem Täter.

GMEINER SPANNUNG

WWW.GMEINER-VERLAG.DE
Wir machen's spannend

Frank Goldammer
Revierkampf
Kriminalroman
343 Seiten
12 x 20 cm, Paperback
ISBN 978-3-8392-2750-3
€ 13,00 [D] / € 13,40

Hauptkommissar Falk Tauner besucht mit seinen
drei Scheidungskindern den Dresdner Zoo. Dabei
wird er Zeuge, wie Theo, ein Orang-Utan, eine Tier-
pflegerin würgt. Tauner und die Zoopfleger greifen
ein, aber sie kommen zu spät, die Frau ist tot. Ein
Kollege der Toten glaubt nicht an einen Übergriff
des Tieres. Tauner übernimmt den Fall. Als der Affe
ausbricht und ein weiterer Mord geschieht, zweifelt
der Hauptkommissar langsam an der Welt: Hat er
es tatsächlich mit einem tierischen Serienmörder zu
tun?

GMEINER SPANNUNG

WWW.GMEINER-VERLAG.DE
Wir machen's spannend

DIE NEUEN

ISBN 978-3-8392-2628-5

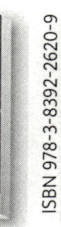
ISBN 978-3-8392-2615-5

ISBN 978-3-8392-2620-9

ISBN 978-3-8392-2635-3

ISBN 978-3-8392-2618-6

ISBN 978-3-8392-2623-0

ISBN 978-3-8392-2630-8

ISBN 978-3-8392-2631-5

ISBN 978-3-8392-2632-2

ISBN 978-3-8392-2405-2

ISBN 978-3-8392-2622-3

ISBN 978-3-8392-2545-5

ISBN 978-3-8392-2629-2

ISBN 978-3-8392-2634-6

GMEINER KULTUR

WWW.GMEINER-VERLAG.DE
Mensch, Kultur, Region